HUANJING XINGZHENG ZHIFA
JINGDIAN ANLI JINGBIAN YU JIEXI

环境行政执法经典案例精编与解析

主　编　方富贵　栗晓勉
副主编　李元员　吴景义　刘云海　吴　瑕　吕经纬

知识产权出版社
全国百佳图书出版单位

图书在版编目（CIP）数据

环境行政执法经典案例精编与解析／方富贵，栗晓勉主编．—北京：知识产权出版社，2017.6

ISBN 978-7-5130-4952-8

Ⅰ.①环… Ⅱ.①方… ②栗… Ⅲ.①环境保护—行政执法—案例—中国 Ⅳ.①D922.685

中国版本图书馆 CIP 数据核字（2017）第 133593 号

责任编辑：雷春丽　　　　　　　　　责任出版：刘译文
封面设计：SUN 工作室　韩建文

环境行政执法经典案例精编与解析

主　编　方富贵　栗晓勉

副主编　李元员　吴景义　刘云海　吴　瑕　吕经纬

出版发行：知识产权出版社 有限责任公司	网　　址：http://www.ipph.cn
社　　址：北京市海淀区西外太平庄 55 号	邮　　编：100081
责编电话：010-82000860 转 8004	责编邮箱：leichunli@cnipr.com
发行电话：010-82000860 转 8101/8102	发行传真：010-82000893/82005070/82000270
印　　刷：北京科信印刷有限公司	经　　销：各大网上书店、新华书店及相关专业书店
开　　本：720mm×1000mm　1/16	印　　张：22.25
版　　次：2017 年 6 月第 1 版	印　　次：2017 年 6 月第 1 次印刷
字　　数：340 千字	定　　价：56.00 元
ISBN 978-7-5130-4952-8	

出版权专有　侵权必究

如有印装质量问题，本社负责调换。

《环境行政执法经典案例精编与解析》
编辑委员会

主　编：方富贵，北京首特律师事务所　主任
　　　　栗晓勉，北京首特律师事务所　律师
副主编：李元员，北京市石景山区环境保护局　局长
　　　　吴景义，北京市石景山区环境保护局　副局长
　　　　刘云海，北京市石景山区环境保护局　副局长
　　　　吴　瑕，北京市石景山区环境保护局　副局长
　　　　吕经纬，北京市石景山区环境保护局　副局长

编　委：周建勋，北京市石景山区环境保护局　办公室主任
　　　　张清江，北京市石景山区环境保护局　监察队队长
　　　　相桂玲，北京市石景山区环境保护局　监理科科长
　　　　郭钦民，北京市石景山区环境保护局　辐射科科长
　　　　杨　峰，北京市石景山区环境保护局　环评科科长
　　　　王　昕，北京市石景山区环境保护局　排管站站长
　　　　程忠元，北京市石景山区环境保护局　宣法科科长
　　　　李君鹏，北京市石景山区环境保护局　宣法科科员
　　　　张勤勤，北京市石景山区环境保护局　宣法科科员
　　　　王红蕾，北京首特律师事务所　律师

序　言

2014年10月28日，十八届四中全会审议通过了《中共中央关于全面推进依法治国若干重大问题的决定》，该决定对依法治国作出了全面部署。全面推进依法治国、建设法治型政府，亟须提高行政机关的执行能力，行政机关要坚持法定职责必须为、法无授权不可为的执法理念和原则。

2015年4月23日，环境保护部出台了《环境执法人员行为规范》，对各级环境保护主管部门执法人员提出严格执法、规范执法、公正执法、文明执法、廉洁执法等行政执法的要求。

2016年是确定"十三五"环境保护顶层设计的一年，也是"十三五"开局之年。2016年7月2日，全国人大常委会审议并通过了对《中华人民共和国环境影响评价法》的修正决定，中国环境保护事业站在了新的历史起点上。北京首特律师事务所主任方富贵律师自2004年起担任北京市石景山区环境保护局的法律顾问至今已14年，其与北京市石景山区环境保护局一起总结多年来环境执法经验和学习体会，组织相关科室根据环境行政执法过程中遇到以及学习到的案例，编写的本书，不仅是北京市石景山区环境保护局的环境执法经验和学习体会的总结，而且也为研究环保法律的其他人员提供了生动的参考案例和研究视角。尤其是2016年12月25日全国人大常委会表决通过的《中华人民共和国环境保护税法》（该法将于2018年1月1日起实施），这是我国首部环境保护税法，有利于提高纳税人环保意识和遵从度，强化企业治污减排的责任，更有利于推进我国生态文明的建设，有利于构建促进经济结构调整、发展方式转变。

本书分为四篇，十一个章节，五十个案例，涉及环境行政处罚、行政许可、行政处罚听证、行政复议、信息公开、行政处分、行政赔偿、环境刑事责任、信访、环保公益诉讼等多个方面，涵盖了环保行政执法的方方面面。

每个案例都体现出编委在环境法研究方面的严谨扎实和较高水平。对每个案件的梳理、焦点问题的分析、法律条款的理解与适用、证据的运用等，无不凝聚着编委的智慧和辛勤汗水。五十个生动鲜活的案例，不仅具有针对性、实用性、研究性，也充分表现出其学术价值。尤其是本书收录的基层环境保护局作为被告的行政公益诉讼案例，不仅体现了检察机关对环境执法的监督作用，而且可以对不履行法定职责的环境保护主管部门起到警示与教育作用。环境保护主管部门如果怠于行政执法，将随时可能被检察机关提起行政公益诉讼，甚至被追究刑事责任。环境行政公益诉讼的进行，将对改善我国环境执法力度不强的局面起到极大的推动作用。

保护环境、节约资源是我国的基本国策，依法行政可推进我国基本国策的顺利实施，事关人民群众的根本利益。希望本书的出版，能够帮助社会各界准确认识和把握环境保护行政执法的要点和难点，使环境保护部门能更准确和严格的执法，使司法机关能更公正地审理和判决环境案件，真正以法治保障我国的生态文明建设，促进我国环境质量的更快改善。

是为序。

中国政法大学环境与资源法研究和服务中心主任、教授、博士生导师
2017 年 1 月 16 日

目 录 CONTENTS

第一篇　行政执法

第一章　环境行政处罚 ··· 003

案例一　安阳县泽润鸿鑫物资有限公司未依法提交建设项目环评文件擅自开工建设行政处罚案 ····················· 004

案例二　陈某某私自设置暗管偷排污水行政处罚上诉案 ········· 014

案例三　德庆塑胶五金（深圳）有限公司擅自增设污染工艺行政处罚案 ··· 023

案例四　周某某因大气污染防治设施没有建成投入生产行政处罚案 ··· 026

案例五　北京吉利石油产品服务有限公司未正常使用大气污染物处理设施行政处罚案 ··································· 032

案例六　深圳市恒波商业连锁股份有限公司噪声超标行政处罚案 ····· 039

案例七　廖某某未取得排污许可证，擅自排放污染物行政处罚案 ····· 045

案例八　广东核力工程勘察院出借环评资质行政处罚案 ········· 051

案例九　本溪市平安车业有限责任公司未经批准擅自将危险废物转移处理行政处罚案 ···································· 056

案例十　莱美金鼠中药饮片有限公司未执行环境保护"三同时"制度，擅自投入生产行政处罚案 ····························· 061

案例十一　佛山市三英精细材料有限公司停业关闭行政处罚案 ··· 068

案例十二　海丽国际高尔夫球场有限公司非法占用海域行政处罚案 ··· 072

案例十三　南沙区环境保护局对梅山热电厂有限公司大气污染物
　　　　　超标排放按日连续处罚案 ···················· 076

案例十四　梦达驰汽车系统有限公司拒绝苏州工业园区环境保护局
　　　　　进入现场检查行政处罚案 ···················· 081

案例十五　平江县格林莱环保实业有限公司未正常使用水污染处理
　　　　　设施行政处罚案 ···························· 086

案例十六　北京海马世纪汽车销售有限公司将危险废物混入非危险
　　　　　废物中贮存行政处罚案 ······················ 095

案例十七　中国瑞达投资发展集团公司门诊部辐射安全许可证
　　　　　未按照规定办理延续手续行政处罚案 ············ 099

第二章　环境行政许可 ······································ 103

案例十八　徐某某诉山东省环保厅撤销环境影响报告书批复行政
　　　　　许可案 ···································· 105

案例十九　卢某等204名小区业主因道路改造项目未听取利害关系
　　　　　意见请求撤销项目行政许可案 ·················· 116

案例二十　巢湖市应力新型环保建材有限公司不服项目环评被废止
　　　　　行政许可案 ································ 128

案例二十一　绍兴奥恒纺织品有限公司因车辆核发黄色环保标志行政
　　　　　　许可案 ·································· 132

案例二十二　业主购买房屋噪音超标请求撤销项目环保预验收行政
　　　　　　许可案 ·································· 137

案例二十三　北京市申圣通垃圾能源利用技术有限责任公司租赁房屋
　　　　　　产权不明未获环评审批行政许可案 ············ 142

案例二十四　许某某等41位村民要求撤销行政审批意见行政许可案
　　　　　　 ·· 147

案例二十五　申请确认《环境影响报告书的批复》行政许可行为
　　　　　　违法案 ·································· 155

案例二十六　锦州市霞峰乳制品厂诉行政验收意见函行政许可案 ······ 166

案例二十七	夏某某等 4 人撤销环境影响报告表的审批意见的行政许可案	169

第三章　环境行政处罚听证会 … 172
案例二十八　北京辛普劳食品加工有限公司水污染物超标排放行政处罚听证案 … 172

第四章　环境行政复议 … 180
案例二十九　范某某向环境保护部申请信息公开行政复议案 … 180
案例三十　胡某某不服行政处罚申请行政复议案 … 185

第五章　环境信息公开 … 191
案例三十一　中华环保联合会诉修文县环境保护局环境信息公开案 … 191
案例三十二　源头爱好者环境研究所申请危险废弃物监管信息公开案 … 196
案例三十三　陈某某就已经公开的环保信息申请信息公开案 … 201
案例三十四　李某某申请环保部公开项目规划环评案 … 206

第二篇　权责统一

第六章　环保行政处分 … 213
案例三十五　粗心误认污染源，分别被记过、记大过行政处分 … 213

第七章　环境行政赔偿 … 218
案例三十六　卢某某、沈某、杨某某、朱某某与荣县人民政府环保行政赔偿案 … 218

第八章　环境刑事责任 … 227
案例三十七　电镀厂负责人翁某某污染环境罪一案 … 227
案例三十八　程某某走私废物罪一案 … 236
案例三十九　陈某、罗某非法处置进口的固体废物罪一案 … 244
案例四十　环境保护局监察支队队长汪某受贿罪一案 … 249

- 案例四十一　汶上县环境保护局单位受贿罪、局长贪污、受贿罪
  一案 ·· 258
- 案例四十二　张某玩忽职守、受贿罪一案 ·············· 277
- 案例四十三　环境监察队长崔某环境监管失职罪一案 ······ 283
- 案例四十四　环境保护局局长欧阳某、副局长彭某某滥用职权罪
  一案 ·· 290

第九章　不履行法定职责案例 ································· 296
- 案例四十五　王某某诉山东省环境保护厅不履行法定职责案 ······ 296
- 案例四十六　王某某诉北京市丰台区环境保护局不履行法定
  职责案 ··· 303

第三篇　信访专题

第十章　环保信访案例 ·· 313
- 案例四十七　济南长城炼油厂废气泄漏事件信访案 ········ 313

第四篇　环保公益诉讼

第十一章　环保公益诉讼案例 ······································ 323
- 案例四十八　中华环保联合会诉德州晶华集团振华有限公司首例
  雾霾公益诉讼案 ·· 323
- 案例四十九　中华环保联合会等诉定扒造纸厂水污染侵权公益
  诉讼案 ··· 333
- 案例五十　贵州锦屏县人民检察院诉锦屏县环境保护局公益诉讼案 ······ 341

后　记 ·· 345

第一篇

行政执法

2014年10月28日,党的十八届四中全会正式通过《中共中央关于全面推进依法治国若干重大问题的决定》,这次全会是我们党的历史上第一次专题研究法治的中央全会,是第一次对全面推进依法治国作出重大决定的中央全会,是第一次确定全面推进依法治国总目标的中央全会,充分说明十八大之后以习近平同志为总书记的党中央对全面推进依法治国问题的高度重视。

其中,《中共中央关于全面推进依法治国若干重大问题的决定》第三部分详细充分论述了"深入推进依法行政,加快建设法治政府",那么建成法治政府的标准是什么?《中共中央关于全面推进依法治国若干重大问题的决定》中讲了六条标准,即加快建设职能科学、权责法定、执法严明、公开公正、廉洁高效、守法诚信的法治政府。

行政执法是行政机关大量的日常性行政活动,与人民群众的切身利益密切相关。在我国,众多的法律、法规都是由行政机关执行的。建设法治政府,建设法治国家,最大的软肋是行政执法,最需要加强的也是行政执法。

作为行政执法部门之一的环境保护部门,是行政执法的重要领域,必须严格执法,加强管理,提升行政执法水平,提升领导干部运用法治解决社会矛盾的能力,规范行政执法行为,加强行政执法,提升政府环境行政职能,提高政府管理社会的水平,防控法律风险和社会风险。

2015年8月12日发生在天津的爆炸案,把环保行政执法中的环境影响评价推上风口浪尖,同时亦警示了政府以及职能部门等行政机关,尤其是行政执法部门,必须提高行政执法的能力建设。

依法行政的重中之重是行政执法,放在本书的第一部分。本书从最为典型的、普遍的行政处罚入手,进而对有关行政许可、行政复议、听证会、信息公开、信访等的典型案例展开分析,以期引起政府行政执法部门的关注,从而提升行政执法水平,早日实现中国梦、法治梦!

第一章　环境行政处罚

我国现行的环境行政处罚种类大多规定在环境法律、行政法规的"法律责任"或"罚则"章节中，其中有些环境行政处罚的种类与《行政处罚法》第8条规定的"行政处罚的种类：（一）警告；（二）罚款；（三）没收违法所得、没收非法财物；（四）责令停产停业；（五）暂扣或者吊销许可证、暂扣或者吊销执照；（六）行政拘留；（七）法律、行政法规规定的其他行政处罚"不尽相同，更加多样化。

据不完全统计，目前环境法律、行政法规中设置的环境行政处罚种类有：警告、罚款、停止生产和使用、责令重新安装和使用、限期治理、责令停业和关闭、没收违法所得、责令拆除、没收设施、没收销毁、取消生产和进口配额、责令限期建设配套设施、责令退运危险废物、责令进口者消除污染、责令搬迁、责令停业治理、行政拘留等。

环保行政部门作出的行政行为属于环境行政处罚时，就必须严格遵循《行政处罚法》《环境行政处罚办法》《环境行政处罚听证程序规定》等规定的处罚法定、事先告知、举行听证等要求；如果行政处罚案件进入行政诉讼，人民法院同样得依照《行政处罚法》《环境行政处罚办法》《环境行政处罚听证程序规定》等规定的标准进行合法性审查。因此，掌握行政处罚的相关规定和执法流程尤为重要。图1也许能够帮助我们更加直观地掌握行政处罚的法定程序、流程。

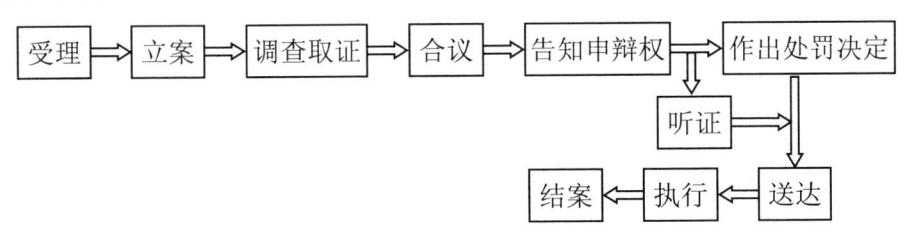

受理 → 立案 → 调查取证 → 合议 → 告知申辩权 → 作出处罚决定 → 听证 → 送达 → 执行 → 结案

图1　行政处罚的法定程序

案例一

安阳县泽润鸿鑫物资有限公司未依法提交建设项目环评文件擅自开工建设行政处罚案

一、当事人概况

原告：安阳县泽润鸿鑫物资有限公司
被告：安阳县环境保护局

二、基本案情

2013年4月8日，被告履行检查发现，原告未报批环境影响评价文件，擅自开工建设溶剂油加工生产线一条。

2013年4月22日，被告立案。

2013年4月8日，被告对该公司进行现场检查勘察，并询问了公司法人代表吴某某，当日分别向原告下达了《环境违法行为限期改正通知书》及《告知权利通知书》。

2013年4月24日，被告向原告下达了《行政处罚事先告知书》《行政处罚听证告知书》。

2013年5月10日，被告向原告作出安县环罚决字〔2013〕第23号《行政处罚决定书》。在规定期限内原告未主动履行该行政处罚决定书，被告申请安阳县人民法院强制执行，原告向法院提出执行异议，安阳县人民法院在审查过程中，发现被告在送达《行政处罚决定书》时未按照法律规定程序依法送达，便于2013年11月8日作出〔2013〕安行审执字第357号《行政裁定书》，遂对被告作出的安县环罚决字〔2013〕第23号《行政处罚决定书》裁定不准予强制执行。

法院送达不准予强制执行裁定书后，被告又于2013年12月3日依法向原告送达了〔2013〕第114号《行政处罚事先告知书》和〔2013〕第114号

《行政处罚听证告知书》。原告负责人拒绝签收，后被告采用留置送达方式进行了送达。原告在规定期限内未要求听证。

被告于2014年1月13日作出了安县环罚决字〔2014〕第6号《行政处罚决定书》，认定原告未报批环境影响评价文件，擅自开工建设溶剂油加工生产线一条，该行为违反了《中华人民共和国环境影响评价法》第22条的规定。依据《中华人民共和国环境影响评价法》第31条和《河南省环境行政处罚裁量标准（试行）》的规定，对原告作出如下处罚决定：

1. 责令你单位停止建设；
2. 处10万元罚款的行政处罚。

被告在向原告邮寄送达未能送达原告后，又于2014年2月21日在《安阳日报》公告送达原告安县环罚决字〔2014〕第6号《行政处罚决定书》。

原告不服，于2014年2月14日向法院提起行政诉讼。

被告于2014年7月30日向法院提供了作出被诉具体行政行为的证据：

1. 原告2013年11月3日强制执行异议申请书。证明原告对被告申请人民法院强制执行的〔2013〕第23号行政处罚决定有异议；

2. 2013年11月8日〔2013〕安行审执字第357号行政裁定书。证明安阳县法院裁定对安阳县环境保护局申请强制执行的〔2013〕第23号行政处罚决定不准予强制执行；

3. 2013年4月22日立案登记表；

4. 2013年4月8日询问该公司法定代表人的吴某某笔录。证明新建溶剂油生产线由原告所建；

5. 2013年4月8日对该公司现场检查笔录；证明原告存在新建溶剂油生产线的违法行为和事实；

6. 2013年4月8日对该公司下发限期改正通知书及送达回执；

7. 2013年4月8日向该公司下达告知权利通知书及送达回证；

8. 2013年4月8日被告调查终结报告。证明第3~8号证据系被告作出〔2013〕第23号行政处罚决定所适用的证据；

9. 2013年11月15日处罚事先告知书及送达回证；

10. 2013年11月15日处罚听证告知书及送达回证。证明〔2013〕第23

号行政处罚决定被法院裁定不准予强制执行，后重新启动处罚程序；

11. 2014年1月13日呈请处罚审批表。证明该审批表和2013年5月9日的处罚审批相同；

12. 2014年1月13日安县环罚决字〔2014〕第6号行政处罚决定书；

13. 2014年1月20日邮寄送达退回单；

14. 2014年2月15日送达情况说明。证明该行政处罚决定书邮寄送达无人签收后退回情况；

15. 2014年2月17日《安阳日报》公告送达及有关送达法律文书照片录像光盘。证明送达法律文书的情况。

原告诉称：

1. 2013年，被告以相同的事实和理由向原告作出过同样的行政处罚决定。后在法院强制执行阶段，原告提出执行异议申请法院对其处罚决定裁定不准予强制执行。被告又依据相同的事实和理由对原告作出同样的行政处罚决定，原告认为其属重复处罚。

2. 被告在对原告作出处罚决定之前，并没有以书面形式告知原告所享有的相应的权利，其中包括听证的权利。

3. 被告作出的行政处罚事实不清，主体错误。处罚所涉溶剂油加工生产线不属原告投资兴建，而是由路某某个人投资建设，其利用了原告的场地，我们双方有协议，该生产线并不在原告公司的营业执照经营范围。原告认为，被告所作出处罚决定违法、事实不清、证据不足、程序违法、主体错误，应依法予以撤销。

被告辩称：

1. 对原告作出的〔2014〕第6号行政处罚决定不属重复处罚。

2. 对原告送达告知事先听证的有关法律文书是合法有效的。2013年12月3日，对原告分别送达了《行政处罚事先告知》和《行政处罚听证告知》，因该公司负责人拒绝签收适用留置送达，符合法律规定。

3. 原告未报批环境影响评价文件，就擅自开工建设溶剂油加工生产线，经对现场调查，事实清楚，证据确实充分。

综上所述，被告认为，原告未批先建的行为违反法律规定，对其作出的行政处罚决定事实清楚，证据充分，程序合法，适用法律、法规正确，处罚主体无误，请求依法驳回原告诉讼请求。

三、处理结果

维持安阳县环境保护局 2014 年 1 月 13 日作出的安县环罚决字〔2014〕第 6 号行政处罚决定。【注：《行政诉讼法》（2015 年）的规定，是驳回原告的诉讼请求，已经不存在"维持"的判决结果。】

四、点评解析

（一）被告安阳县环境保护局所作行政处罚是否属于重复处罚

首先，被告安阳县环境保护局依法具有对本辖区的环境保护工作实施统一的监督管理的法定职责。根据《中华人民共和国环境保护法》（以下简称《环境保护法》）第 10 条之规定，本案被告安阳县环境保护局作为地方人民政府环境保护行政主管部门，享有对在本行政区域内有关环境违法行为进行监督、管理、查处、处罚的法定职权。

其次，根据《最高人民法院关于执行〈中华人民共和国行政诉讼法〉若干问题的解释》第 54 条第 2 款之规定，人民法院以违反法定程序为由，判决撤销被诉具体行政行为的，行政机关重新作出具体行政行为不受行政诉讼法第 55 条【注：《行政诉讼法》（2015 年）第 71 条规定】的限制。

本案中，被告于 2013 年 5 月 10 日作出安县环罚决字〔2013〕第 23 号行政处罚决定书。在申请人民法院强制执行过程中，以未按照法律规定送达相关行政文书，违反法定程序为由，裁定不准予强制执行，重新作出行政处罚，不受《行政诉讼法》第 55 条"不得以同一事实和理由作出与原具体行政行为基本相同的具体行政行为"的规定限制。故被告于 2014 年 1 月 13 日作出的安县环罚决字〔2014〕第 6 号行政处罚决定，不属于重复处罚。

（二）被告安阳县环境保护局所作的行政处罚证据确凿

原告法定代表人吴某某在被告调查时认可，在**未报批**环境影响评价文件的情况下，公司投资建设溶剂油加工生产线。原告的上述违法行为和事实，有被告制作的询问笔录和现场检查为证。因此，对原告作出行政处罚事实清楚，证据确实，处罚主体正确，是合法的。为了保证执法的严谨，环保局还可以对现场违法的事实拍摄照片或录像，与其他证据形成完整的、闭合的证据链条。

（三）被告安阳县环境保护局所作行政处罚适用法律、法规错误，不符合法定程序

本案中，在适用法律上存在问题，原告作为建设单位，未依法报批建设项目环境影响评价文件，被告作为有权审批该项目环境影响评价文件的环境保护行政主管部门，依据我国《环境影响评价法》（2002年旧法）第31条第1款之规定，应当先责令原告停止建设，限期补办手续。如果原告逾期不补办手续，才可以处5万元以上20万元以下的罚款，对建设单位直接负责的主管人员和其他直接责任人员，依法给予行政处分。换句话说，环保局在进行行政处罚即罚款之前，其应当履行一个前置程序，即责令原告限期补办手续这一强制措施，否则是不能进行行政处罚的。而该法第31条第2款规定，建设项目环境影响评价文件**未经批准**或者**未经原审批部门重新审核同意**，建设单位擅自开工建设的，环保部门责令停止建设，可以处5万元以上20万元以下的罚款，不存在限期补办手续这一前置条件。即第31条第1款与第2款之间的区别关键在于适用条件的不同，即"未依法报批"与"未经批准"。"未依法报批"是指建设单位没有向环保部门报批，而"未经批准"是指建设单位完成环境影响评价工作后，依法将环境影响评价文件报有关的环境保护行政主管部门或者其他部门审批，但由于该环境影响评价文件不符合有关法律、法规的规定等，没有得到审批机关的批准，而建设单位却违反环境影响评价法的规定，擅自开工建设。

但是，新的《环境影响评价法》（2016年）对上述两种情形作了统一规定。修正后的《环境影响评价法》第31条第1款规定："建设单位未依法报批建设项目环境影响报告书、报告表，或者未依照本法第二十四条的规定重新报批或者报请重新审核环境影响报告书、报告表，擅自开工建设的，由县级以上环境保护行政主管部门责令停止建设，根据违法情节和危害后果，处建设项目总投资额百分之一以上百分之五以下的罚款，并可以责令恢复原状；

对建设单位直接负责的主管人员和其他直接责任人员,依法给予行政处分。建设项目环境影响报告书、报告表未经批准或者未经原审批部门重新审核同意,建设单位擅自开工建设的,依照前款的规定处罚、处分。"

五、实务提示

1. 环保局在进行行政执法时,如何固定好企业违法行为和事实的证据?
2. 建设单位未依法报批建设项目环境影响评价文件,环保局在未作出责令限期补办手续时,是否可以直接作出行政处罚的决定?

六、法条链接

■《中华人民共和国环境保护法》【2015年】

第十条　国务院环境保护主管部门,对全国环境保护工作实施统一监督管理;县级以上地方人民政府环境保护主管部门,对本行政区域环境保护工作实施统一监督管理。

县级以上人民政府有关部门和军队环境保护部门,依照有关法律的规定对资源保护和污染防治等环境保护工作实施监督管理。

【旧法第七条,未作修改】

第六十一条　建设单位未依法提交建设项目环境影响评价文件或者环境影响评价文件未经批准,擅自开工建设的,由负有环境保护监督管理职责的部门责令停止建设,处以罚款,并可以责令恢复原状。

《中华人民共和国环境保护法》【1989年旧法】

第七条　国务院环境保护行政主管部门,对全国环境保护工作实施统一监督管理。

县级以上地方人民政府环境保护行政主管部门,对本辖区的环境保护工作实施统一监督管理。

国家海洋行政主管部门、港务监督、渔政渔港监督、军队环境保护部门和各级公安、交通、铁道、民航管理部门,依照有关法律的规定对环境污染防治实施监督管理。

县级以上人民政府的土地、矿产、林业、农业、水利行政主管部门,依照有关法律的规定对资源的保护实施监督管理。

■《环境保护部关于〈环境保护法〉(2014年修订)第六十一条适用有关问题的复函》(环政法函〔2016〕6号)

湖北省环境保护厅：

你厅《关于对新修订的〈中华人民共和国环境保护法〉第六十一条适用有关法律问题的请示》(鄂环保文〔2015〕33号)收悉。对地方环保部门在适用该条文过程中遇到的具体问题，经征求全国人大常委会法制工作委员会意见，现函复如下：

一、关于执法主体

2014修订的《环境保护法》(以下简称新《环境保护法》)第六十一条是在修订后新增加的条款。对于"未批先建"的行政处罚，此前在单行法层面已有《环境影响评价法》第三十一条作出了规定。对于执法主体，新《环境保护法》作出了新的规定，将《环境影响评价法》第三十一条规定的"有权审批该项目环境影响评价文件的环境保护行政主管部门"，修改为"负有环境保护监督管理职责的部门"。

根据新法优于旧法的规则，我们认为：

第一，新《环境保护法》第六十一条规定的执法主体不限于环保部门，还包括其他负有环境保护监督管理职责的部门，如海洋行政主管部门。

第二，环保部门作为执法主体的，新《环境保护法》第六十一条规定的执法主体，已不限于《环境影响评价法》第三十一条规定的"有权审批该项目环境影响评价文件的环境保护行政主管部门"，而是应当包括涉案违法建设项目所在地的县级以上各级环保部门。

在环境执法实践中，两个以上环保部门都有管辖权的环境行政处罚案件，根据《环境行政处罚办法》第十八条的规定，由"最先发现或者最先接到举报的环境保护主管部门管辖。"

下级环保部门认为其管辖的案件重大、疑难或者实施处罚有困难的，根据《环境行政处罚办法》第二十条的规定，"可以报请上一级环境保护主管部门指定管辖。"

立案处罚的环保部门在决定立案处罚的同时，应当将立案情况通报其他有处罚权的各级环保部门。

二、关于罚款数额

新《环境保护法》第六十一条对罚款数额未作出具体规定。在这种情况下，我们认为，可以根据《环境影响评价法》第三十一条的规定，罚款额度为"5万元以上20万元以下"。

三、关于"未批先建项目"是否适用"限期补办手续"的问题

《环境影响评价法》第三十一条规定，建设单位未依法报批建设项目环境影响评价文件，擅自开工建设的，由环保部门责令停止建设，限期补办手续；逾期不补办手续的，可以处以罚款。

新《环境保护法》第六十一条规定，建设单位未依法提交建设项目环境影响评价文件或者环境影响评价文件未经批准，擅自开工建设的，由负有环境保护监督管理职责的部门责令停止建设，处以罚款，并可以责令恢复原状。

根据新法优于旧法的规则，我们认为：对"未批先建项目"，应当适用新《环境保护法》规定的处罚措施，不再适用《环境影响评价法》第三十一条有关"限期补办手续"的规定。

四、关于新法实施前已经擅自开工建设的项目的法律适用

建设单位未依法提交建设项目环境影响评价文件或者环境影响评价文件未经批准，在2015年1月1日前已经擅自开工建设，并于2015年1月1日之后仍然进行建设的，立案查处的环保部门应当根据新《环境保护法》第六十一条的规定责令停止建设，处以罚款，并可以责令恢复原状；被责令停止建设，拒不执行，尚不构成犯罪的，除依照有关法律法规规定予以处罚外，应当根据新《环境保护法》第六十三条第一项的规定将案件移送公安机关处以拘留。

对已经建成投产或者使用的前述类型的违法建设项目，立案查处的环保部门应当按照全国人大常委会法制工作委员会《关于建设项目环境管理有关法律适用问题的答复意见》（法工委复〔2007〕2号）确定的法律适用原则，分别作出相应的处罚。即对违反环评制度的行为，依据新《环境保护法》和《环境影响评价法》作出相应处罚；同时，对违反"三同时"制度的行为，依据《水污染防治法》《固体废物污染环境防治法》《环境噪声污染防治法》《放射性污染防治法》《建设项目环境保护管理条例》等现行法律法规作出相

应处罚。

地方各级环保部门在执行过程中，如遇到问题，或有相关意见建议，请及时向我部反映。

特此函复。

环境保护部
2016 年 1 月 8 日

■《中华人民共和国行政诉讼法》【2015 年】

第七十一条　人民法院判决被告重新作出行政行为的，被告不得以同一的事实和理由作出与原行政行为基本相同的行政行为。

【旧法第五十五条，已作修改】

■《中华人民共和国行政诉讼法》【1989 年旧法】

第五十五条　人民法院判决被告重新作出具体行政行为的，被告不得以同一的事实和理由作出与原具体行政行为基本相同的具体行政行为。

■《中华人民共和国环境影响评价法》【2016 年】

第三十一条　建设单位未依法报批建设项目环境影响报告书、报告表，或者未依照本法第二十四条的规定重新报批或者报请重新审核环境影响报告书、报告表，擅自开工建设的，由县级以上环境保护行政主管部门责令停止建设，根据违法情节和危害后果，处建设项目总投资额百分之一以上百分之五以下的罚款，并可以责令恢复原状；对建设单位直接负责的主管人员和其他直接责任人员，依法给予行政处分。

建设项目环境影响报告书、报告表未经批准或者未经原审批部门重新审核同意，建设单位擅自开工建设的，依照前款的规定处罚、处分。

建设单位未依法备案建设项目环境影响登记表的，由县级以上环境保护行政主管部门责令备案，处五万元以下的罚款。

海洋工程建设项目的建设单位有本条所列违法行为的，依照《中华人民共和国海洋环境保护法》的规定处罚。

【旧法第三十一条，已作修改】

《中华人民共和国环境影响评价法》【2002 年旧法】

第三十一条　建设单位**未依法报批**建设项目环境影响评价文件，或者未依照本法第二十四条的规定重新报批或者报请重新审核环境影响评价文件，擅自开工建设的，由有权审批该项目环境影响评价文件的环境保护行政主管部门责令停止建设，限期补办手续；逾期不补办手续的，可以处五万元以上二十万元以下的罚款，对建设单位直接负责的主管人员和其他直接责任人员，依法给予行政处分。

建设项目环境影响评价文件**未经批准**或者**未经原审批部门重新审核同意**，建设单位擅自开工建设的，由有权审批该项目环境影响评价文件的环境保护行政主管部门责令停止建设，可以处五万元以上二十万元以下的罚款，对建设单位直接负责的主管人员和其他直接责任人员，依法给予行政处分。

海洋工程建设项目的建设单位有前两款所列违法行为的，依照《中华人民共和国海洋环境保护法》的规定处罚。

■《建设项目环境保护管理条例》【1998年】

第二十四条　违反本条例规定，有下列行为之一的，由负责审批建设项目环境影响报告书、环境影响报告表或者环境影响登记表的环境保护行政主管部门责令限期补办手续；逾期不补办手续，擅自开工建设的，责令停止建设，可以处10万元以下的罚款：

（一）未报批建设项目环境影响报告书、环境影响报告表或者环境影响登记表的；

（二）建设项目的性质、规模、地点或者采用的生产工艺发生重大变化，未重新报批建设项目环境影响报告书、环境影响报告表或者环境影响登记表的；

（三）建设项目环境影响报告书、环境影响报告表或者环境影响登记表自批准之日起满5年，建设项目方开工建设，其环境影响报告书、环境影响报告表或者环境影响登记表未报原审批机关重新审核的。

第二十五条　建设项目环境影响报告书、环境影响报告表或者环境影响登记表未经批准或者未经原审批机关重新审核同意，擅自开工建设的，由负责审批该建设项目环境影响报告书、环境影响报告表或者环境影响登记表的环境保护行政主管部门责令停止建设，限期恢复原状，可以处10万元以下的罚款。

案例二

陈某某私自设置暗管偷排污水行政处罚上诉案

一、当事人概况

上诉人（原审原告）：陈某某

被上诉人（原审被告）：成都市成华区环境保护局

二、基本案情

陈某某系龙泉驿区大面街道办德龙钢化玻璃加工厂（以下简称德龙加工厂）的业主。

2011年3月，开始加工生产钢化玻璃。

2012年11月2日，成都市成华区环境保护局（以下简称成华区环保局）在位于成都市成华区保和街道办事处天鹅社区一组B-10号的德龙加工厂的厂房检查时，发现该厂涉嫌私自设置暗管偷排污水的行为。

当日，成华区环保局向德龙加工厂送达了川A成华〔2012〕约通字第110203号《环境保护行政执法约见通知书》。之后，成华区环保局对德龙加工厂私设暗管的行为进行立案调查。

2012年11月5日，成华区环保局经过调查取证，作出川A成华〔2012〕改字1105-1号《四川省环境保护行政执法限期整改决定书》，限德龙加工厂在2012年11月5日前完成以下整改任务：（1）立即拆除私设暗管；（2）生产废水收集后循环利用，不能外排；（3）生活废水综合利用，加强厂内管理。该整改决定于当日向德龙加工厂予以送达。

2012年11月8日，成华区环保局作出川A成华〔2012〕调终字1108-01号《环境保护行政处罚案件调查终结审查表》，确认了德龙加工厂私设暗管排放污水的事实，并认为该厂属二次违法，建议罚款10万元。

2012年11月14日，成华区环保局作出川A成华罚告字〔2012〕1114-

01号《环境行政处罚告知书》,告知德龙加工厂拟对其作出立即拆除暗管,并处罚金10万元的行政处罚,该告知书于当日送达德龙加工厂。同日,成华区环保局向德龙加工厂送达了川A成华听告字〔2012〕1114-01号《环境行政处罚听证告知书》。

2012年11月16日,德龙加工厂向成华区环保局提出听证申请。

2012年11月20日,成华区环保局作出并于当日向德龙加工厂送达了成华环罚通字〔2012〕20121120-01号《环境行政处罚听证通知书》。

2012年11月27日,举行了听证。

2012年12月11日,成华区环保局作出1130-01号《行政处罚决定书》,责令立即拆除暗管,并处罚款10万元。

当日,该处罚决定送达德龙加工厂。

2013年2月8日,德龙加工厂因不服成华区环保局作出的1130-01号行政处罚决定书向成都市成华区人民政府申请行政复议。

2013年4月3日,成都市成华区人民政府作出维持该处罚决定的行政复议决定,并于2013年4月7日向德龙加工厂送达。

2013年4月21日,陈某某不服行政复议决定,向成都市成华区人民法院提起行政诉讼。原告诉称:

首先,陈某某经营场所位于成都市龙泉驿区大面街道办东洪路90号,不属于成华区环保局管辖范围内,其行政处罚属滥用职权。

其次,成华区环保局作出本次处罚决定属乱执法。其处罚依据为《中华人民共和国水污染防治法》(以下简称《水污染防治法》)第22条第2款"禁止私设暗管或采取其他规避监管的方式排放水污染物",但这是成华区环保局先入为主,本着要处罚原告的思想曲解法律。

再次,成华区环保局根据《水污染防治法》第75条第2款的规定,顶格罚款陈某某10万元没有事实和法律依据,陈某某的经营场所在龙泉驿区而不是成华区,成华区环保局只能对自己辖区内的排污行为进行行政管辖,成华区环保局没有证据证明陈某某在成华区开办"分厂",按照《个体工商户登记管理办法》第10条第2款"个体工商户经登记机关登记的经营场所只能为一处"。况且个体工商户不是企业,不能开设分支机构,成华区环保局在行政处罚决定书写着"在成华区保和街办天社区一组建立分厂"。

最后，实施行政处罚必须以事实为依据，与违法行为的事实、性质、情节以及社会危害程度不同相当时且应坚持处罚与教育相结合，但成华区环保局已连续依据不同的法律对申请人进行了三次违法的行政处罚，而成华区环保局反而变本加厉，陈某某的危害事实、危害后果很大。陈某某认为成华区环保局滥用职权和执意违反法律规定，特提起诉讼，请维护个体工商户的合法利益和法律尊严。要求：（1）判决撤销成华区环保局作出的1130-01号行政处罚决定；（2）由成华区环保局承担诉讼费用。

陈某某为支持其诉讼主张，向法院提供了以下证据材料：

1. 经营者为陈某某、字号为成都市金牛区德龙玻璃装饰部的个体工商户营业执照。

2. 经营者为陈某某、字号为龙泉驿区十陵街办新德龙钢化玻璃加工厂的个体工商户营业执照。

3. 陈某某租赁保和街道办天鹅社区一组厂房的租赁合同、收取租金收条以及出租人的身份证复印件。

4. 成华区环境监测站于2012年5月22日出具的成华环监字〔2012〕水监督第040号《监测报告》。

成华区环保局认为其作出1130-01号行政处罚决定合法，请求驳回原告诉讼请求，同时向原审法院提供了以下证据材料：

1. 成华区环保局的组织机构代码证；

2. 成华区环保局主要职责内设机构和人员编制规定（"三定方案"）。

3. 现场勘验笔录和现场照片；

4. 行政执法约见通知书及送达回证；

5. 环境保护行政处罚立案登记审批表；

6. 成华区环保局执法人员对杨某所作的调查笔录和询问笔录（包括执法人员的身份证和执法证件、陈某某的委托书等）；

7. 成华区环保局执法人员对德龙加工厂业主陈某某所作的询问笔录以及德龙加工厂的个体工商户营业执照、陈某某的身份证明材料；

8. 杨某书写的《循环水沉淀池埋暗管的情况说明》；

9. 川 A 成华〔2012〕改字 1105－1 号限期整改决定书以及陈某某签收的送达回证；

10. 案件集体审议记录；

11. 环境行政处罚告知书、环境行政处罚听证告知书以及送达回证；

12. 德龙加工厂听证申请书及授权委托书；

13. 听证通知书及送达回证；

14. 听证笔录；

15. 德龙加工厂提交的听证补充意见；

16. 案件庭审委员会审议记录；

17. 案件调查终结审查表；

18. 川 A 成华〔2012〕改字 516－01 号限期整改决定书及陈某某签收的送达回证；

19. 1130－01 号行政处罚决定的送达回证。

三、处理结果

一审判决：驳回陈某某的诉讼请求。

二审判决：驳回上诉，维持原判。

四、点评解析

（一）关于成华区环保局是否具有行政处罚管辖权

根据《环境保护法》第 7 条第 2 款和《水污染防治法》第 8 条第 1 款的规定，成华区环保局作为成华区环境保护的行政主管部门，其具有对本辖区内的水污染防治等环境保护工作实施统一监督管理的行政职责。

本案被诉具体行政行为所涉性质为行政处罚，根据《行政处罚法》第 20 条规定，行政处罚由违法行为发生地的县级以上地方人民政府具有行政处罚权的行政机关管辖。环境保护部第 8 号令公布的《环境行政处罚办法》第 17 条规定，县级以上环境保护主管部门管辖本行政区域的环境行政处罚案件，造成跨行政区域污染的行政处罚案件，由污染行为发生地环境保护主管部门管辖。

就本案而言，德龙加工厂的工商登记注册地在龙泉驿区大面街道办东洪路90号，但被上诉人成华区环保局在诉讼中提供的其对该厂厂长杨某的调查笔录以及制作的有杨某签字确认的现场勘验笔录、现场照片等有效证据，能够证明成华区环保局查处的涉案地点在成华区保和街道办天鹅社区一组。

故根据前述规定，被上诉人成华区环保局具有作出本案行政处罚的行政职权。上诉人陈某某提出的成华区环保局在本案中不具有行政处罚管辖权的诉讼主张得不到法院的支持。

(二) 关于成华区环保局在本案中的行政处罚对象是否正确

根据被上诉人成华区环保局在诉讼中提供的其对陈某某的询问笔录以及上诉人的庭审陈述等有效证据表明，上诉人陈某某系个体工商户德龙加工厂的业主，其租赁成华保和街道办天鹅社区一组B-10号的厂房的目的是用于德龙加工厂的钢化玻璃生产加工，即涉案生产点属于德龙加工厂的一个生产点。该生产点是否办理工商登记、租赁者是否为陈某某个人，并不影响涉案生产点的经营主体为德龙加工厂这一客观事实。故被上诉人成华区环保局在本案行政处罚中将德龙加工厂作为处罚对象正确。

(三) 关于德龙加工厂是否存在生产点私设暗管排放水污染物的事实

我国《水污染防治法》第22条第2款规定，禁止私设暗管或采取其他规避监管的方式排放水污染物。该规定的立法精神和目的就是从法律上约束和杜绝任何单位和个人采取私设暗管等方式规避环境执法部门的监管。

根据法院确认的有效证据以及当事人的庭审陈述，能够证明德龙加工厂的涉案生产点存在私设暗管排放生产污水的违法行为，该生产点所排放的生产污水是否达标并不影响德龙加工厂私设暗管规避监管这一违法事实的成立。被上诉人成华区环保局对上述违法事实的认定证据确凿，适用法律正确。

(四) 关于成华区环保局作出罚款10万元的行政处罚是否显失公平

我国《水污染防治法》第75条第2款规定，违反法律、行政法规和国务院环境保护主管部门的规定私设暗管的，由县级以上地方人民政府环境保护主管部门责令限期拆除，处2万元以上10万元以下的罚款。该规定赋予了环境保护执法机关对私设暗管违法行为的罚款处罚享有自由裁量权,但该自由裁量权的行使应当要有相应的根据及理由予以证明。根据《规范环境行政处罚自由裁量权若干意见》(环发〔2009〕24号)之规定,环保主管部门应严格遵守处罚原则,合理把握裁量尺度的原则进行自由裁量。

就本案查明的案件事实以及被上诉人成华区环保局在诉讼中提供的成都市中级人民法院〔2013〕成行终字第240号行政判决等有效证据看,成华区环保局于2012年7月曾以本案所涉生产点未办理环保手续、环保设施未验收即投入生产为由,对德龙加工厂作出立即停止违法行为,罚款2万元的行政处罚。同年11月,成华区环保局再次查获德龙加工厂在该生产点采取私设暗管方式排放水污染物,规避执法机关的监管。在此情况下,被上诉人成华区环保局在《水污染防治法》第75条第2款所规定的幅度内,并综合考虑德龙加工厂的违法事实,对德龙加工厂作出罚款10万元的行政处罚并无不当。

上诉人陈某某提出的成华区环保局对德龙加工厂作出罚款10万元的行政处罚显失公平的诉讼主张法院不予支持是正确的。

五、实务提示

1. 如何确认环保行政机关的行政处罚管辖权?
2. 环保行政机关如何认定行政处罚中的行政相对人?
3. 环保行政机关如何把握行政处罚的自由裁量权?

六、法条链接

■《中华人民共和国环境保护法》【2015年】

第十条　国务院环境保护主管部门,对全国环境保护工作实施统一监督管理;县级以上地方人民政府环境保护主管部门,对本行政区域环境保护工作实施统一监督管理。

县级以上人民政府有关部门和军队环境保护部门,依照有关法律的规定对资源保护和污染防治等环境保护工作实施监督管理。

【旧法第七条,未作修改】

《中华人民共和国环境保护法》【1989年旧法】

第七条　国务院环境保护行政主管部门，对全国环境保护工作实施统一监督管理。

县级以上地方人民政府环境保护行政主管部门，对本辖区的环境保护工作实施统一监督管理。

国家海洋行政主管部门、港务监督、渔政渔港监督、军队环境保护部门和各级公安、交通、铁道、民航管理部门，依照有关法律的规定对环境污染防治实施监督管理。

县级以上人民政府的土地、矿产、林业、农业、水利行政主管部门，依照有关法律的规定对资源的保护实施监督管理。

■《中华人民共和国水污染防治法》【2008年】

第八条　县级以上人民政府环境保护主管部门对水污染防治实施统一监督管理。

交通主管部门的海事管理机构对船舶污染水域的防治实施监督管理。

县级以上人民政府水行政、国土资源、卫生、建设、农业、渔业等部门以及重要江河、湖泊的流域水资源保护机构，在各自的职责范围内，对有关水污染防治实施监督管理。

第二十二条　向水体排放污染物的企业事业单位和个体工商户，应当按照法律、行政法规和国务院环境保护主管部门的规定设置排污口；在江河、湖泊设置排污口的，还应当遵守国务院水行政主管部门的规定。

禁止私设暗管或者采取其他规避监管的方式排放水污染物。

第七十五条　在饮用水水源保护区内设置排污口的，由县级以上地方人民政府责令限期拆除，处十万元以上五十万元以下的罚款；逾期不拆除的，强制拆除，所需费用由违法者承担，处五十万元以上一百万元以下的罚款，并可以责令停产整顿。

除前款规定外，违反法律、行政法规和国务院环境保护主管部门的规定设置排污口或者私设暗管的，由县级以上地方人民政府环境保护主管部门责令限期拆除，处二万元以上十万元以下的罚款；逾期不拆除的，强制拆除，所需费用由违法者承担，处十万元以上五十万元以下的罚款；私设暗管或者有其他严重情节的,县级以上地方人民政府环境保护主管部门可以提请县级以上地方人民政府责令停产整顿。

未经水行政主管部门或者流域管理机构同意,在江河、湖泊新建、改建、扩建排污口的,由县级以上人民政府水行政主管部门或者流域管理机构依据职权,依照前款规定采取措施、给予处罚。

■《中华人民共和国行政处罚法》【2009年】

第二十条　行政处罚由违法行为发生地的县级以上地方人民政府具有行政处罚权的行政机关管辖。法律、行政法规另有规定的除外。

■《环境行政处罚办法》【2010年】

第十七条　【案件管辖】县级以上环境保护主管部门管辖本行政区域的环境行政处罚案件。

造成跨行政区域污染的行政处罚案件,由污染行为发生地环境保护主管部门管辖。

■《中华人民共和国行政诉讼法》【2015年】

第八十九条　人民法院审理上诉案件,按照下列情形,分别处理:

(一)原判决、裁定认定事实清楚,适用法律、法规正确的,判决或者裁定驳回上诉,维持原判决、裁定;

(二)原判决、裁定认定事实错误或者适用法律、法规错误的,依法改判、撤销或者变更;

(三)原判决认定基本事实不清、证据不足的,发回原审人民法院重审,或者查清事实后改判;

(四)原判决遗漏当事人或者违法缺席判决等严重违反法定程序的,裁定撤销原判决,发回原审人民法院重审。

原审人民法院对发回重审的案件作出判决后,当事人提起上诉的,第二审人民法院不得再次发回重审。

人民法院审理上诉案件,需要改变原审判决的,应当同时对被诉行政行为作出判决。

【旧法第六十一条,已作修改】

《中华人民共和国行政诉讼法》【1990年旧法】

第六十一条 人民法院审理上诉案件，按照下列情形，分别处理：

（一）原判决认定事实清楚，适用法律、法规正确的，判决驳回上诉，维持原判；

（二）原判决认定事实清楚，但是适用法律、法规错误的，依法改判；

（三）原判决认定事实不清，证据不足，或者由于违反法定程序可能影响案件正确判决的，裁定撤销原判，发回原审人民法院重审，也可以查清事实后改判。

当事人对重审案件的判决、裁定，可以上诉。

案例三

德庆塑胶五金（深圳）有限公司擅自增设污染工艺行政处罚案

一、当事人概况

原告：德庆塑胶五金（深圳）有限公司
被告：深圳市宝安区环境保护和水务局

二、基本案情

2013年6月4日，被告认定原告未经环保部门审批同意，擅自增设水墨印刷污染工艺，产生的污染物未落实相关污染防治措施的违法事实，并作出深宝环水罚字〔2013〕184号《行政处罚决定书》，依据《深圳经济特区建设项目环境保护条例》第42条第2项之规定，对原告作出如下处罚决定：(1) 责令立即停止水墨印刷工艺的生产；(2) 处以行政罚款五万元人民币。

同时，被告在该《行政处罚决定书》中告知原告："如不服本处罚决定，可在收到本处罚决定书之日起六十日内向深圳市人居环境委员会或宝安区人民政府申请行政复议，也可在十五日内向宝安区人民法院起诉。"

2013年6月18日，被告将该《行政处罚决定书》送达给原告。

2013年7月17日，原告在未申请行政复议的情况下，直接向深圳市宝安区人民法院提起行政诉讼。诉称：(1) 原告积极整改，及时搬离设备，未造成污染。(2) 被告适用法律错误。(3) 被告在派人员送达该处罚决定书时，恰逢原告因他人纵火，原告工厂资产烧毁严重，虽已刑事立案，但是原告经营状况严重困难，损失巨大；为此，请求被告在作为新的具体行为时，综合考虑原告实际情况，酌情给予新的处理决定。故原告向法院提起诉讼请求为：(1) 依法撤销深宝环水罚字〔2013〕184号《行政处罚决定书》；(2) 确认被告在该《行政处罚决定书》中所备注的"如不服本处罚决定，可在收到本处罚决定书之日起六十日内向深圳市人居环境委员会或者宝安区人民政府申请行政复议，也可在十五日内向宝安区人民法院起诉"的内容属于适用法律错误；（3）本案一切诉讼费用由被告负担。被告提交了作出行政处罚的相关证据，并提出如下辩称：

（1）原告的诉讼请求已超过诉讼时效。（2）原告存在违法应当处罚的事实。（3）被告严格依照法定程序对原告的违法行为进行处罚。（4）被告对原告的处罚有相应的法律依据。（5）原告的诉讼请求没有事实和法律根据。

综上所述，被告依法对原告作出行政处罚，事实清楚、程序合法、依法有据，请求人民法院依法驳回原告的诉讼请求。

三、处理结果

驳回原告的起诉。

四、点评解析

原告提起行政诉讼是否超过了法定的起诉期限？

原告对被告作出的《行政处罚决定书》不服，有权直接向人民法院提起行政诉讼，但其起诉应当在法定起诉期限之内。《行政诉讼法》（1989年）第39条规定："公民、法人或者其他组织直接向人民法院提起诉讼的，应当在知道作出具体行政行为之日起三个月内提出。**法律另有规定的除外**。"

而《环境保护法》（1989年）第40条规定："当事人对行政处罚决定不服的，可以在接到处罚通知之日起十五日内，向作出处罚决定的机关的上一级机关申请复议；对复议决定不服的，可以在接到复议决定之日起十五日内，向人民法院起诉。当事人也可以在接到处罚通知之日起十五日内，直接向人民法院起诉。"因此，原告对本诉《行政处罚决定书》不服直接向法院起诉，应当按照《环境保护法》的规定计算起诉期限。原告于2013年6月18日收到《行政处罚决定书》，其起诉期限应当自当日开始计算，至迟应当在2013年7月3日之前直接向人民法院起诉。原告于2013年7月16日向法院提起诉讼，已经超出《环境保护法》规定的起诉期限。

被告在对原告作出的《行政处罚决定书》中已经明确告知原告对处罚决

定不服申请行政复议或者提起行政诉讼的途径和期限,原告主张被告对上述内容的告知属于"适用法律错误"缺乏法律依据,其主张是不能成立的。在被告已经明确告知诉期、诉权的情况下,原告超过法定起诉期限提起本案行政诉讼且无正当理由,其起诉依法应当予以驳回。

值得关注的是,《环境保护法》(2015年)已经将《环境保护法》(1989年)第40条规定的内容删除,不存在《行政诉讼法》中关于诉讼时效"法律另有规定的除外"之情形。因此,《行政诉讼法》(2015年)第46条规定的内容,已经将提起行政诉讼的时效由原来的自知道或者应当知道作出行政行为之日起三个月提起诉讼的时效期间修改为六个月。

五、实务提示

如何依法确定行政诉讼的起诉期间?

六、法条链接

■《中华人民共和国行政诉讼法》【2015年】

第四十六条 公民、法人或者其他组织直接向人民法院提起诉讼的,应当自知道或者应当知道作出行政行为之日起六个月内提出。法律另有规定的除外。

因不动产提起诉讼的案件自行政行为作出之日起超过二十年,其他案件自行政行为作出之日起超过五年提起诉讼的,人民法院不予受理。

【旧法第三十九条,已作修改】

《中华人民共和国行政诉讼法》【1989年】

第三十九条 公民、法人或者其他组织直接向人民法院提起诉讼的,应当在知道作出具体行政行为之日起三个月内提出。法律另有规定的除外。

■《中华人民共和国行政复议法》【2009年】

第九条 公民、法人或者其他组织认为具体行政行为侵犯其合法权益的,可以自知道该具体行政行为之日起六十日内提出行政复议申请;但是法律规定的申请期限超过六十日的除外。

因不可抗力或者其他正当理由耽误法定申请期限的,申请期限自障碍消除之日起继续计算。

案例四

周某某因大气污染防治设施没有建成投入生产行政处罚案

一、当事人概况

原告：周某某
被告：广州市番禺区环境保护局

二、基本案情

1995年10月27日，番禺市沙湾联兴铸造厂（现变更为广州市番禺区沙湾联兴铸造厂）（以下简称铸造厂）是经原广东省番禺市工商行政管理局核准在沙湾南村工业区68号成立，性质为个体工商户，经营者为原告周某某，经营项目为加工废铝、铜、铁。

2013年10月25日，被告广州市番禺区环境保护局（以下简称被告番禺环保局）的工作人员对原告的铸造厂进行执法检查，发现原告在沙湾饮用水源保护区二级区范围内建成铸铝加工生产项目，生产过程中产生燃焦炭烟气、熔铸工艺废气、粉尘、噪声、炉渣等污染物，没有配套建设相应的污染治理设施，直接排放，且未办理环境影响评价报批手续和环境保护治理设施竣工验收手续。被告的执法人员对原告进行询问，原告称铸造厂于2001年12月投资建成该铸铝加工生产项目，未污染治理有配套设施，未办理环境影响评价文件报批手续和环保设施竣工验收手续。原告在现场检查笔录及询问笔录上签名。

2013年11月15日，被告依法向原告送达了番环罚听告〔2013〕326号《行政处罚听证告知书》，告知其拟作出的处罚、违法的事实、理由和依据。原告没有申请听证。

2013年12月24日，被告作出番环罚〔2013〕429号《行政处罚决定书》，认为原告在未办理环境影响评价报批手续的情况下，于2001年12月在广州市番禺区沙湾镇南村工业区68号建成广州市番禺区沙湾联兴铸造厂，从事铸铝加工生产项目，建设项目的大气污染防治设施没有建成，便投入生产至今，违反了《大气污染防治法》第11条的有关规定，根据该法第47条之规定，作出如下处罚决定：(1) 责令原告停止广州市番禺区沙湾联兴铸造厂的生产；(2) 罚款人民币三万元。

同时，被告告知原告，如不服决定，可以依法申请行政复议或提起行政诉讼。被告于2013年12月25日将上述《行政处罚决定书》送达原告。原告不服，向广州市番禺区人民政府申请行政复议，番禺区人民政府于2014年2月10日作出番禺府行复〔2014〕3号《行政复议决定书》，决定维持被告作出的番环罚〔2013〕429号《行政处罚决定书》。原告不服，诉至法院。

原告诉称其所经营的广州市番禺区沙湾镇联兴铸造厂在1995年10月27日就建成并投入使用至今，被告在行政处罚决定书中却记载广州市番禺区沙湾镇联兴铸造厂是在2001年建成的，这表明了被告没有查明本案的事实。

同时，原告认为其于1995年成立，被告适用2000年修订的《大气污染防治法》对其处罚违反了法不溯及既往原则，适用法律错误。《行政处罚法》第29条规定，违法行为在两年内未被发现的，不再给予行政处罚。原告于1995年就建成的项目，是一个短暂的建设行为，并不存在持续性，追溯时效已经超过两年，被告是不应该以此为理由向原告作出行政处罚的。

另外，原告持续的并不是建设行为，而是排污问题，使用没有建成大气污染防治设施的生产设备所导致的结果是排污超标，而《大气污染防治法》中对排污超标是有明确规定的，是应适用该法第48条，处罚的标准也应该是限期治理而不是责令停产，故原告认为被告作出行政处罚所依据的法律也不当。

被告辩称，被告在作出处罚决定前，已告知原告拟作出行政处罚的事实、理由及依据，以及原告享有要求听证的权利，被告作出行政处罚决定后，已将行政处罚决定送达给原告，符合《环境行政处罚办法》的有关规定，被告的处罚程序合法。被告作出番环罚〔2013〕429号《行政处罚决定书》，认定原告未办理环境影响评价报批手续，建设项目的大气污染防治设施没有建成，决定责令原告停止生产，并处罚款三万元，事实清楚，处罚适当。

原告向法院提供了工商登记资料作为证据,被告提交了作出处罚的案卷证据,其中2013年11月14日,被告作出番环罚听告〔2013〕326号《行政处罚听证告知书》,该告知书告知原告拟对其作出的处罚、违法的事实、理由和依据及享有听证权利。2013年11月15日,被告到广州市番禺区沙湾联兴铸造厂厂址向原告送达了该告知书,由该厂员工何某某签收。

三、处理结果

一审判决:驳回原告周某某的诉讼请求。

二审判决:驳回上诉,维持原判。

四、点评解析

(一)原告的违法行为是否过了行政处罚的追溯时效

《行政处罚法》第29条第1款规定,违法行为在二年内未被发现的,不再给予行政处罚。法律另有规定的除外。同时,第2款也规定,前款规定的期限,从违法行为发生之日起计算;违法行为有连续或者继续状态的,从行为终了之日起计算。本案原告的建设项目会对环境污染造成影响,按照规定应当在建设项目的同时建设大气污染防治设施。而原告在建设项目投入生产至今都没有建成大气污染防治设施,属于违法状态,且该违法行为状态持续存在,直到2013年11月被告检查时仍然没有大气污染防治设施。所以,因原告的违法行为持续至2013年11月,没有超过上述法律规定的两年追溯时效。

(二)被告作出的行政处罚是否证据确凿、适用法律法规正确、程序合法

《环境保护法》(1989年)第7条第2款规定,县级以上地方人民政府环境保护行政主管部门,对本辖区的环境保护工作实施统一监督管理。《环境行政处罚办法》第14条第1款规定,县级以上环境保护主管部门在法定职权范围内实施环境行政处罚。因此,被告广州市番禺区环境保护局有权依法实施本行政区域内环境行政处罚。

2000年修订的《大气污染防治法》第11条第2~3款规定:"建设项目

的环境影响报告书，必须对建设项目可能产生的大气污染和对生态环境的影响作出评价，规定防治措施，并按照规定的程序报环境保护行政主管部门审查批准。建设项目投入生产或者使用之前，其大气污染防治设施必须经过环境保护行政主管部门验收，达不到国家有关建设项目环境保护管理规定的要求的建设项目，不得投入生产或者使用"以及第 47 条规定："违反本法第十一条规定，建设项目的大气污染防治设施没有建成或者没有达到国家有关建设项目环境保护管理的规定的要求，投入生产或者使用的，由审批该建设项目的环境影响报告书的环境保护行政主管部门责令停止生产或者使用，可以并处一万元以上十万元以下罚款。"

值得注意的是，按照《大气污染防治法》（2016 年）第 43 条、第 48 条、第 99 条的规定，对原告的行政处罚可以是责令改正或者限制生产、停产整治，并处 10 万元以上 100 万元以下的罚款，严重的可以经批准责令停业、关闭。罚款的起点最低是人民币 10 万元。

原告周某某于 1995 年 10 月 27 日经工商部门核准成立广州市番禺区沙湾联兴铸造厂，但未办理环境影响评价报批手续、未建成污染防治设施，其行为已违反 2000 年修订的《大气污染防治法》第 11 条、第 47 条之规定。被告作出番环罚〔2013〕429 号《行政处罚决定书》，认定原告未办理环境影响评价报批手续，建设项目的大气污染防治设施没有建成，决定责令原告停止生产，并处罚款三万元，事实清楚，处罚适当。被告认定原告于 2001 年 12 月建成广州市番禺区沙湾联兴铸造厂有误，但该瑕疵不影响原告违法行为的事实，不影响番环罚〔2013〕429 号《行政处罚决定书》的效力。

被告在作出处罚决定前，依法告知原告拟作出行政处罚的事实、理由及依据，以及原告享有要求听证的权利，被告作出行政处罚决定后，已将行政处罚决定送达给原告，符合《环境行政处罚办法》的有关规定，被告的处罚程序合法。因此，被告作出的行政处罚证据确凿、适用法律法规正确、程序合法。

五、实务提示

1. 行政处罚的追溯时效是怎样计算的？

2. 复议机关如果维持了原行政行为，按照《行政诉讼法》（2015年）规定，复议机关是否应当作为被告？

六、法条链接

■ 《中华人民共和国大气污染防治法》【2016年】

第四十三条 钢铁、建材、有色金属、石油、化工等企业生产过程中排放粉尘、硫化物和氮氧化物的，应当采用清洁生产工艺，配套建设除尘、脱硫、脱硝等装置，或者采取技术改造等其他控制大气污染物排放的措施。

第四十八条 钢铁、建材、有色金属、石油、化工、制药、矿产开采等企业，应当加强精细化管理，采取集中收集处理等措施，严格控制粉尘和气态污染物的排放。

工业生产企业应当采取密闭、围挡、遮盖、清扫、洒水等措施，减少内部物料的堆存、传输、装卸等环节产生的粉尘和气态污染物的排放。

第九十九条 违反本法规定，有下列行为之一的，由县级以上人民政府环境保护主管部门责令改正或者限制生产、停产整治，并处十万元以上一百万元以下的罚款；情节严重的，报经有批准权的人民政府批准，责令停业、关闭：

（一）未依法取得排污许可证排放大气污染物的；

（二）超过大气污染物排放标准或者超过重点大气污染物排放总量控制指标排放大气污染物的；

（三）通过逃避监管的方式排放大气污染物的。

《中华人民共和国大气污染防治法》【2000年】

第十一条 新建、扩建、改建向大气排放污染物的项目，必须遵守国家有关建设项目环境保护管理的规定。

建设项目的环境影响报告书，必须对建设项目可能产生的大气污染和对生态环境的影响作出评价，规定防治措施，并按照规定的程序报环境保护行政主管部门审查批准。

建设项目投入生产或者使用之前，其大气污染防治设施必须经过环境保护行政主管部门验收，达不到国家有关建设项目环境保护管理规定的要求的建设项目，不得投入生产或者使用。

第四十七条 违反本法第十一条规定，建设项目的大气污染防治设施没有建成或者没有达到国家有关建设项目环境保护管理的规定的要求，投入生产或者使用的，由审批该建设项目的环境影响报告书的环境保护行政主管部门责令停止生产或者使用，可以并处一万元以上十万元以下罚款。

案例五

北京吉利石油产品服务有限公司
未正常使用大气污染物处理设施行政处罚案

一、当事人概况

原告：北京吉利石油产品服务有限公司朝阳加油站

被告：北京市朝阳区环境保护局

二、基本案情

被告北京市朝阳区环境保护局（以下简称朝阳区环保局）于2013年4月9日对原告北京吉利石油产品服务有限公司朝阳加油站（以下简称吉利朝阳加油站）油气回收系统进行日常检查，发现该加油站2号汽油加油机上的6号、8号汽油加油枪对应的油气回收真空泵与油气回收管连接处断裂，3号汽油加油机内的油气回收真空泵总管连接口处断开，4号汽油加油机上的13号、15号汽油加油枪对应的油气回收真空泵与油气回收管连接处断裂，造成环境污染。被告朝阳区环保局的执法人员拍照取证，并制作《现场检查笔录》。

2013年4月12日，朝阳区环保局对吉利朝阳加油站未正常使用大气污染物处理设施进行立案，同日朝阳区环保局对吉利朝阳加油站工作人员吴某进行调查并制作《调查笔录》。

2013年4月12日，朝阳区环保局作出朝环保机限字〔2013〕036号《限期改正通知书》《行政处罚告知书》【编号：〔2013〕016号】并送达吉利朝阳加油站。

2013年4月28日，吉利朝阳加油站向朝阳区环保局提交《行政处罚申辩书》，朝阳区环保局于2013年5月3日对申辩事项进行答复并制作《工作记录》。

同日，朝阳区环保局作出朝环保罚字〔2013〕137号《行政处罚决定书》及《行政处罚缴款书》（回执），责令吉利朝阳加油站停止违法行为，处以3万元罚款。并于2013年5月6日送达原告吉利朝阳加油站。

原告不服行政处罚决定，向北京市环境保护局申请行政复议。北京市环境保护局于2013年6月17日作出京环法复字〔2013〕3号《行政复议决定书》，维持了被诉具体行政行为。《行政处罚决定书》所处3万元罚款原告已在规定期限内交纳。

另查，朝阳区环保局曾于2011年3月16日以吉利朝阳加油站不正常使用大气污染物处理设施对其作出朝环保机限字〔2011〕第008号《限期改正通知书》。

2012年6月13日，对朝阳吉利加油站检查并制作《加油站油气回收系统日常监督检查表》（其中"是否每天至少检查油气回收系统1次，并填写日常检查记录"栏中标注为"无"）。

2012年8月6日，朝阳区环保局委托谱尼测试科技股份有限公司对吉利朝阳加油站进行密闭性、液阻、气液比项目检测，结论为该站10号、13号汽油枪的气液比不合格。

原告向法院提起行政诉讼，请求法院撤销被告朝阳区环保局作出的朝环保罚字〔2013〕137号《行政处罚决定书》。

原告起诉的理由：

（1）被告认定事实错误，被告对原告"不正常使用大气污染物处理设施"的认定存在错误，事实应该是"大气污染物处理设施偶发性故障"。原告于2011年年末对加油设备进行了更新改造，改造后频繁发生油气回收系统铜管断裂现象。2013年3月14日起，原告有数次铜管维修记录，厂家维修人员的解释是"因设计缺陷导致的加油机真空泵高频振动使铜管断裂"，原告一时难以彻底排除上述现象，故制定了严格的机油机日巡制度，检查管线是否正常。原告2013年4月8日检查时未发现铜管断裂，至2013年4月9日被告工作人员检查，铜管断裂未超过12小时，属于偶发性故障，不属于不正常使用大气污染物处理设施。另外，被告以现场油气味浓重认定情节严重没有科学依据。

（2）被告在行政执法过程中程序违法。原告于 2013 年 4 月 28 日向被告提交《行政处罚申辩书》，5 月 3 日，被告通知原告到被告单位口头通报了申辩结果，但拒绝提供书面通知或决定，致使在复议过程中，复议机关认定原告未提交书面的陈述申辩意见，侵犯了原告的合法权益。

（3）被告处罚缺乏必要的法律依据。《环境行政处罚办法》规定，行使处罚自由裁量权时应当符合立法目的，综合考虑具体情节进行行政处罚。原告油气回收管断裂属于偶发事件，主观上不存在恶意，亦未造成重大环境污染或不良社会后果，原告及时更换了故障设备，被告认定原告事故属于情节严重情形没有法律依据，被告以不正常使用大气污染处理设施对原告进行处罚系法律适用错误。

被告不同意原告的诉讼请求，并提供了作出行政处罚的相关证据。

三、处理结果

维持被告北京市朝阳区环境保护局于 2013 年 5 月 3 日作出的朝环保罚字〔2013〕137 号《行政处罚决定书》。【注：《行政诉讼法》（2015 年）的规定，就是驳回原告的诉讼请求，已经不存在"维持"的判决结果。】

四、点评解析

（一）被告是否具有查处本案原告违法行为的法定职责

根据 2000 年《大气污染防治法》第 4 条、《北京市实施〈中华人民共和国大气污染防治法〉办法》（以下简称《北京市实施〈大气污染防治法〉办法》）第 4 条的规定，朝阳区环保局具有对本辖区内涉嫌违反大气污染防治管理规定的行为进行查处的法定职权。

根据 2000 年《大气污染防治法》《北京市实施〈大气污染防治法〉办法》之规定，环境保护行政主管部门有权对辖区内的排污单位进行现场检查。向大气排放污染物的单位，应向环境保护行政主管部门申报拥有的污染物处理设施，且其大气污染物处理设施必须保持正常使用。本案中，被告朝阳区环保局在对原告吉利朝阳加油站油气回收系统进行检查时，发现原告在油气回收管线断裂的情况下仍继续使用所连接汽油加油枪加油，现场油气味浓重，遂制作现场检查笔录并拍摄照片取证，在被告调查过程中原告对被告认定的事实亦予以认可。根据《北京市大气污染物综合排放标准》《加油站油气排放控制和限值》的规定，加油站所排放油气属于大气污染物，加油站产生的油气应进行回收处理。

关于原告认为油气回收系统管道断裂属于污染物处理设施偶发性故障而非不正常使用大气污染物处理设施的理由不能成立，原告吉利朝阳加油站作为向大气排放污染物的单位，必须按照环境行政主管部门的规定安装污染物处理设施，保证在正常作业的情形下污染物排放符合大气污染防治管理规定。被告对原告油气排放系统进行检查时，原告在油气回收系统多条管道断裂的情况下仍继续使用加油枪进行加油，油气回收系统处于非正常使用状态。而且在被告多次的检查中原告均存在不正常使用大气污染物处理设施的情况，其在被告的以往检查中原告也没有每日检测记录。因此，被告朝阳区环保局依据《北京市实施〈大气污染防治法〉办法》第10条第3款的规定，认定原告行为属于不正常使用大气污染物处理设施行为并无不当。

值得一提的是：2014年3月1日《北京大气污染防治条例》实施，《北京市实施〈大气污染防治法〉办法》已废除，但2016年1月1日《大气污染防治法》经修订后实施，《北京大气污染防治条例》正在修订中。此外，最近几年雾霾的出现，对于立法的修订提出了更高的要求。

(二) 被告作出的行政处罚程序是否合法，适用法律、法规是否正确

被告作出行政处罚前进行了立案、调查取证、案件审查、处罚告知、申辩处理、处罚决定、送达等过程均符合《行政处罚法》《环境行政处罚办法》之规定，行政机关在作出行政处罚决定之前，应当告知当事人作出处罚决定的事实、理由及依据，并告知当事人依法享有的权利。行政机关必须充分听取当事人的意见，对申辩事项进行复核，当事人提出的事实、理由或者证据成立的，行政机关应当采纳。本案中被告朝阳区环保局对原告《行政处罚申辩书》申辩事项进行复核后，对其申辩事项不予采纳并以谈话的方式将复核结果告知原告，被告处罚告知及当事人申辩处理的行为不违反法律规定，并

无不当，原告认为被告应书面予以答复的诉讼意见没有法律依据，其执法程序符合法定程序要求。

根据《环境行政处罚办法》以及《规范环境行政处罚电子邮件裁量权若干意见》规定，行使行政处罚自由裁量权必须符合立法目的，并综合考虑当事人过错程度、当事人是初犯还是再犯等情节进行综合考量。本案中，原告在油气回收系统管线断裂的情形下进行作业，必然会使部分油气因不能回收处理，造成环境污染，且原告之前曾有不正常使用大气污染物处理设施的行为，原告在庭审中亦承认其有多次管道维修记录。被告朝阳区环保局综合考虑上述情节认定原告违法行为属于情节严重，并无不当。因此，被告朝阳区环保局作出责令停止违法行为，并处罚款人民币3万元的行政处罚决定，符合法律规定。

五、实务提示

1. 环境行政执法机关查处环境违法行为具有法定职责的法律依据有哪些？

2. 环境行政执法机关作出的行政行为如何符合证据确凿，适用法律、法规正确，符合法定程序？

六、法条链接

■《中华人民共和国大气污染防治法》【2016年】

第五条　县级以上人民政府环境保护行政主管部门对大气污染防治实施统一监督管理。

县级以上人民政府其他有关部门在各自职责范围内对大气污染防治实施监督管理。

【旧法第四条，已作修改】

《中华人民共和国大气污染防治法》【2000年旧法】

第四条　县级以上人民政府环境保护行政主管部门对大气污染防治实施统一监督管理。

各级公安、交通、铁道、渔业管理部门根据各自的职责，对机动车船污染大气实施监督管理。

县级以上人民政府其他有关部门在各自职责范围内对大气污染防治实施监督管理。

■《中华人民共和国行政诉讼法》【2015年】

第六十九条　行政行为证据确凿，适用法律、法规正确，符合法定程序的，或者原告申请被告履行法定职责或者给付义务理由不成立的，人民法院判决驳回原告的诉讼请求。

第七十条　行政行为有下列情形之一的，人民法院判决撤销或者部分撤销，并可以判决被告重新作出行政行为：

（一）主要证据不足的；

（二）适用法律、法规错误的；

（三）违反法定程序的；

（四）超越职权的；

（五）滥用职权的；

（六）明显不当的。

第七十二条　人民法院经过审理，查明被告不履行法定职责的，判决被告在一定期限内履行。

第七十七条　行政处罚明显不当，或者其他行政行为涉及对款额的确定、认定确有错误的，人民法院可以判决变更。

人民法院判决变更，不得加重原告的义务或者减损原告的权益。但利害关系人同为原告，且诉讼请求相反的除外。

【以上四条构成旧法第五十四条】

《中华人民共和国行政诉讼法》【1990年旧法】

第五十四条　人民法院经过审理，根据不同情况，分别作出以下判决：

（一）具体行政行为证据确凿，适用法律、法规正确，符合法定程序的，判决维持。

（二）具体行政行为有下列情形之一的，判决撤销或者部分撤销，并可以判决被告重新作出具体行政行为：

1. 主要证据不足的；

2. 适用法律、法规错误的；

3. 违反法定程序的；

4. 超越职权的；

5. 滥用职权的。

（三）被告不履行或者拖延履行法定职责的，判决其在一定期限内履行。

（四）行政处罚显失公正的，可以判决变更。

案例六

深圳市恒波商业连锁股份有限公司噪声超标行政处罚案

一、当事人概况

原告：深圳市恒波商业连锁股份有限公司

被告：深圳环保水务局

二、基本案情

2013年9月27日，深圳环保水务局的执法人员根据群众投诉到深圳市恒波商业连锁股份有限公司富士康南门营业厅（以下简称恒波公司）进行现场检查，发现该营业厅营业期间通过在门口摆放音响设备播放音乐来招揽顾客，经监测现场噪声值为96分贝。

2014年1月14日，深圳环保水务局决定立案。

2014年1月20日，深圳环保水务局作出深龙华环罚告字〔2014〕第0005号《行政处罚事先告知书》，告知原告恒波公司拟对其进行处罚的事实、理由及依据，并告知其享有陈述权及申辩权，原告恒波公司已于2014年1月22日签收该告知书。

2014年2月13日，深圳环保水务局作出深龙华环罚字〔2014〕第034号《行政处罚决定书》，决定责令原告恒波公司富士康南门营业厅立即纠正使用音响设备等产生噪声、严重影响周围环境的方式招揽顾客的行为，并处以罚款人民币2万元，原告恒波公司已于2014年2月18日签收该决定书。原告恒波公司对此不服，遂向深圳市宝安区人民政府申请行政复议。

2014年4月29日，深圳市宝安区人民政府作出深宝府复决〔2014〕第4号《行政复议决定书》，决定维持深龙华环罚字〔2014〕第034号行政处罚决定。

原告恒波公司不服提起行政诉讼，请求撤销被诉行政处罚决定。

原告恒波公司诉称：

（1）深圳环保水务局依法无权作出被诉行政处罚决定。依据《中华人民共和国环境噪声污染防治法》（以下简称《环境噪声污染防治法》）第60条及《广东省实施〈中华人民共和国环境噪声污染防治法〉办法》第32条的规定，对于在商业经营活动中使用高音广播方法招揽顾客的违法行为有权予以行政处罚的机关是公安机关，故《深圳经济特区环境噪声污染防治条例》第78条认定环保部门具有行政处罚权系违反上位法规定。因此，深圳环保水务局依法无权作出被诉行政处罚决定。

（2）被告深圳环保水务局作出的罚款人民币2万元的处罚已违反《广东省实施〈中华人民共和国环境噪声污染防治法〉办法》第32条关于可处以人民币200元以上人民币1000元以下处罚额度的规定。

（3）被告深圳环保水务局未在法定期限3个月内作出被诉行政处罚决定，严重违反《环境行政处罚办法》第55条之规定，属违反法定程序。

被告深圳环保水务局辩称：

（1）《深圳经济特区环境噪声污染防治条例》系经济特区法规，依法可对《环境噪声污染防治法》等上位法作变通规定，在深圳经济特区内优先适用。依据《深圳经济特区环境噪声污染防治条例》的规定，被告对恒波公司使用音响设备等产生噪声、严重影响周围环境的方式招揽顾客的违法行为具有查处的职权。

（2）2013年9月27日，深圳环保水务局根据群众投诉，后收集的证据材料可证明恒波公司存在使用音响设备等产生噪声、严重影响周围环境的方式招揽顾客的违法行为。2014年1月22日，深圳环护水务局依法向恒波公司发出《行政处罚事先告知书》，告知恒波公司拟对其进行处罚的事实、理由及依据，并告知其享有陈述权及申辩权，恒波公司已递交申辩材料。2014年2月13日，深圳环保水务局依据《深圳经济特区环境噪声污染防治条例》相关规定作出深龙华环罚字〔2014〕第034号《行政处罚决定书》，决定责令恒波公司富士康南门营业厅立即纠正使用音响设备等产生噪声、严重影响周围环境的方式招揽顾客的行为，并处以罚款人民币2万元。因此，深圳环保水务局作出被诉行政处罚决定认定事实清楚、适用法律正确、符合法定程序，恒波公司的上诉请求没有法律依据，请求依法驳回恒波公司的起诉。

三、处理结果

一审判决：维持深圳环保水务局于 2014 年 2 月 13 日作出深龙华环罚字〔2014〕第 034 号《行政处罚决定书》的具体行政行为。【注：《行政诉讼法》(2015 年) 的规定，就是驳回原告的诉讼请求，已经不存在"维持"的判决结果】

二审判决：(1) 撤销广东省深圳市宝安区人民法院〔2014〕深宝法行初字第 109 号行政判决；(2) 撤销被上诉人深圳环保水务局于 2014 年 2 月 13 日作出深龙华环罚字〔2014〕第 034 号《行政处罚决定书》的具体行政行为。

四、点评解析

(一) 被告深圳环保水务局是否具有作出本案行政处罚的法定职责

《中华人民共和国立法法》(以下简称《立法法》) 第 81 条第 2 款规定，经济特区法规根据授权对法律、行政法规、地方性法规作变通规定的，在本经济特区适用经济特区法规的规定。深圳环保水务局作出被诉行政处罚决定所依据的《深圳经济特区环境噪声污染防治条例》是深圳市人民代表大会常务委员会制定的经济特区法规，其对上位法作的变通规定在深圳经济特区内适用，故深圳环保水务局以《深圳经济特区环境噪声污染防治条例》为据主张其具有法定职权并依据该条例作出被诉行政处罚决定并无不当，恒波公司关于深圳环保水务局不具有法定职权及适用法律错误的主张不能成立。

(二) 被告深圳环保水务局作出的行政处罚是否认定事实清楚、适用法律正确、符合法定程序

深圳环保水务局提交的调查笔录、现场照片、监测报告等证据材料相互印证，可证明恒波公司存在使用音响设备等产生噪声、严重影响周围环境的方式招揽顾客的事实，深圳环保水务局依法可对恒波公司予以查处。虽恒波

公司确实存在可予以行政处罚的违法行为，但深圳环保水务局依法应按法定程序作出行政处罚决定。根据《环境行政处罚办法》第22条的规定，环境保护行政主管部门应对涉嫌违法行为初步审查后在7个工作日内决定是否立案。本案中，深圳环保水务局于2013年9月27日发现恒波公司存在涉嫌违法行为，却于2014年1月14日作出立案决定，已严重超过7日的法定期限，且不存在超期的法定事由，故深圳环保水务局已违反法定程序，依法应予撤销。

五、实务提示

1. 深圳经济特区的法律、法规等地方性规定，是否可以违背上位法的规定？

2. 环保主管部门作出行政行为时，如果存在程序上的违法，是否导致行政行为被撤销？

六、法条链接

■《深圳经济特区环境噪声污染防治条例》【2011年】

第五十三条　商业经营场所和营业性文化娱乐场所的经营者和管理者，应当加强对经营活动中产生噪声的管理和控制，遵守法律法规规定的营业时间，防止产生噪声干扰周围环境。

在商业经营活动和营业性文化娱乐活动中，不得使用高音喇叭、大功率音响器材或者采用其他产生噪声、严重影响周围环境的方式招揽顾客。

第七十八条　违反本条例规定，有下列行为之一的，由环保部门责令改正，并按照下列规定予以处罚：

（一）违反本条例第十九条第一款规定，向周围环境排放工业噪声超过规定排放标准或者技术规范限值的，处三万元罚款；

（二）违反本条例第二十四条规定，向周围环境排放建筑施工噪声超过规定排放标准或者技术规范限制的，处三万元罚款；

（三）违反本条例第二十九条规定，在中午或者夜间进行产生环境噪声的建筑施工作业的，处三万元罚款；

（四）违反本条例第三十条第三款规定，未取得中午或者夜间作业证明或者未按照中午或者夜间作业证明的要求进行施工的，处三万元罚款；

（五）违反本条例第五十一条规定，商业经营活动和营业性文化娱乐场所使用设备、设施产生的噪声超过规定排放标准的，处三万元罚款；

（六）违反本条例第五十三条规定，商业经营活动和营业性文化娱乐活动中使用高音喇叭、大功率音响器材或者采用其他产生噪声、严重影响周围环境的方式招揽顾客的，处二万元罚款。

一年内有前款同一违法行为三次以上的，自第三次起每次处五万元罚款。

■《中华人民共和国立法法》【2015年】

第九十条第二款　经济特区法规根据授权对法律、行政法规、地方性法规作变通规定的，在本经济特区适用经济特区法规的规定。

【旧法第八十一条第二款，未作修改】

■《环境行政处罚办法》【2009年】

第二十二条　【立案条件】环境保护主管部门对涉嫌违反环境保护法律、法规和规章的违法行为，应当进行初步审查，并在7个工作日内决定是否立案。

经审查，符合下列四项条件的，予以立案：

（一）有涉嫌违反环境保护法律、法规和规章的行为；

（二）依法应当或者可以给予行政处罚；

（三）属于本机关管辖；

（四）违法行为发生之日起到被发现之日止未超过2年，法律另有规定的除外。违法行为处于连续或继续状态的，从行为终了之日起计算。

第五十五条　环境保护行政处罚案件应当自立案之日起的3个月内作出处理决定。案件办理过程中听证、公告、监测、鉴定、送达等时间不计入期限。

■《中华人民共和国环境噪声污染防治法》【1997年】

第六十一条　受到环境噪声污染危害的单位和个人，有权要求加害人排除危害；造成损失的，依法赔偿损失。

赔偿责任和赔偿金额的纠纷，可以根据当事人的请求，由环境保护行政主管部门或者其他环境噪声污染防治工作的监督管理部门、机构调解处理；调解不成的，当事人可以向人民法院起诉。当事人也可以直接向人民法院起诉。

■《广东省实施〈中华人民共和国环境噪声污染防治法〉办法》【2010年】

第三十二条　违反本办法的规定，有下列情形之一者，由县级以上环境保护行政主管部门或者其他依照法律、法规行使环境噪声监督管理权的部门责令其改正，并根据情节轻重给予处罚：

……

（十）违反本办法第二十六条第一款规定，在城市市区噪声敏感建筑物集中区域内使用高音广播喇叭，造成环境噪声污染的，由公安机关给予警告，可以并处200元以上1000元以下罚款。

违反本办法第二十六条第二款规定，在城市市区街道、广场、公园等公共场所组织娱乐、集会等活动，使用音响器材，产生干扰周围生活环境的过大音量的，由公安机关给予警告，可以并处200元以上1000元以下罚款。

案例七

廖某某未取得排污许可证，擅自排放污染物行政处罚案

一、当事人概况

原告：廖某某

被告：博罗县生态建设和环境保护局

二、基本案情

2013年5月8日，被告在环境监察现场检查发现"廖某某无名鸡场"未取得排污许可证，擅自排放污染物，并对养殖场进行调查。原告承认其在博罗县湖镇经营"廖某某无名鸡场"，是该场负责人。被告答辩提交的图片，所指的"廖某某无名鸡场"在外挂招牌为"大众养殖场"。

2013年5月10日，被告向原告作出了博环听告字〔2013〕183号《行政处罚听证告知书》，告知原告养殖场未取得排污许可证，擅自排放污染物，责令立即停止排放污染物，拟作出处8万元罚款的行政处罚并告知其相应的权利。

2013年5月20日，被告作出博环罚〔2013〕193号《行政处罚决定书》，认定廖某某实施了以下环境违法行为：该鸡场未取得排污许可证，经营的位于博罗县湖镇镇下村农场的无照养鸡场擅自排放污染物。上述行为违反了《广东省环境保护条例》第18条第2款的规定。依据《广东省环境保护条例》第43条第2款的规定，责令其停止排放污染物，罚款8万元。限于接到本处罚决定之日起15日内将罚款缴至指定银行和账号，到银行打印罚款收据，并将收据第四联交到县行政服务中心环保窗口。逾期不缴纳罚款的，将每日按罚款数额的3%加处罚款。并告知如不服处罚决定，可在收到处罚决定书之日起60日内向惠州市环保局或者博罗县人民政府申请行政复议，或

15 日内直接向博罗县人民法院起诉等内容。

原告诉称：

（1）被告作出的行政处罚决定缺乏事实依据。原告开设、经营的养殖场是获得相关部门批准、同意的。原告方租用博罗县农业科技示范场的土地，并在该土地上依约、依法开设、经营养殖场，是经过相关部门批准、同意的。被告方对原告方作出行政处罚的源头就是博罗县人民政府在 2012 年 3 月 22 日出台了《博罗县人民政府关于将罗浮山国家级现代农业科技示范园划入畜禽禁养区范围的通告》，其目的就是对原告方违法作出行政处罚，从而欲将原告方开设的养殖场予以强折，并且不给原告方任何补偿和赔偿。

（2）被告适用法律法规错误。原告方开设养殖场至今，已按规定多次向被告方提交了资料，但被告方总是找理由推脱不予办理，不予颁发相关手续、证件给原告方，后来又根据广东省博罗县人民政府作出的博府〔2012〕32 号《博罗县人民政府关于将罗浮山国家级现代农业科技示范园划入禽畜禁养区范围的通告》，告知原告方的养殖场已被划入禁养区范围内，故而不予办理，不予颁发原告方养殖场的《广东省排放污染物许可证》。《广东省环境保护条例》第 18 条第 2 款规定，受理排污许可证申请的行政机关应当自受理申请之日起 20 日内依法作出颁发或者不予颁发排污许可证的决定，书面告知申请者，并予以公布。《广东省环境保护条例》第 43 条第 2 款规定，未取得排污许可证或者被吊销排污许可证后排放污染物的，由县级以上人民政府环境保护行政主管部门责令其停止排放污染物，并处 5 万元以上 10 万元以下罚款；造成环境严重污染或者逾期拒不停止排放污染物的，由县级以上人民政府责令其停产停业。现被告方却依据《广东省环境保护条例》第 18 条第 2 款和第 43 条第 2 款的规定，对原告方违法作出行政处罚。

（3）被告违反法定程序。

（4）被告方存在滥用职权行为。根据广东省博罗县人民政府作出的博府〔2012〕32 号《博罗县人民政府关于将罗浮山国家级现代农业科技示范园划入禽畜禁养区范围的通告》，被告对原告方违法作出行政处罚的目的，就是违法欲将原告方开设的养殖场予以强折，并且不给原告方任何补偿和赔偿。可见，被告方显然是滥用职权，显失公平，并侵害了原告方的合法权益。

被告提交了相关证据并辩称：

（1）我局对原告作出的行政处罚决定认定事实清楚，证据确实充分。原告在广东省博罗县湖镇镇下村农场经营一个养鸡场，从事肉鸡的养殖生产。该鸡场占地面积约50亩，建有15栋鸡舍共约5000平方米，存栏量为6万只鸡。建有1个100立方米的化粪池和1口约10亩的鱼塘。鸡场养殖生产过程中产生的废水、废渣排入化粪池后流入鱼塘。原告经营鸡场未经环保审批同意便投入生产，未取得排污许可证便向外部环境排放废水废气等污染物。我局对原告经营的鸡场进行了现场检查，并制作了现场检查笔录、调查（询问）笔录，拍摄了照片。

（2）我局作出的行政处罚适用法律正确。2004年9月24日，广东省十届人大常委会第十三次会议通过的《广东省环境保护条例》第18条规定："排污单位应当按照国家规定进行排放污染物申报登记，申请领取排污许可证，按照排污许可证的规定排放污染物，并按规定缴纳排污费。未取得排污许可证的，不得排放污染物……"，第43条规定："……未取得排污许可证或者被吊销排污许可证后排放污染物的，由县级以上人民政府环境保护行政主管部门责令其停止排放污染物，并处五万元以上十万元以下罚款；造成环境严重污染或者逾期拒不停止排放污染物的，由县级以上人民政府责令其停产停业。"原告经营鸡场未办理环保审批手续，也未申领排污许可证，擅自排放养殖废水、废气等污染物，其行为违反了《广东省环境保护条例》第18条第2款的规定。我局依据《广东省环境保护条例》第43条第2款，责令原告停止排放污染物，并处罚款8万元的处罚，适用法律正确。

（3）行政处罚程序合法。我局对原告的现场执法都依法由两名以上的执法人员进行现场检查、询问、拍照，并制作现场检查笔录和调查（询问）笔录，虽然原告在现场拒绝在笔录上签名，但不影响我局的调查取证，并且当地镇政府、农场的工作人员都在现场并签名见证。在作出行政处罚决定之前，我局依法对原告进行了告知，我局作出处罚决定的整个程序是合法的。

三、处理结果

撤销被告博罗县生态建设和环境保护局于2013年5月20日作出的博环

罚〔2013〕193号《行政处罚决定书》。

四、点评解析

本案的核心问题在于如何认定行政处罚的行政相对人。

根据《中华人民共和国行政处罚法》（以下简称《行政处罚法》）第3条以及《环境行政处罚办法》第2条的规定：公民、法人或者其他组织违反环境保护法律、法规或者规章规定，应当给予环境行政处罚的，应当依照《行政处罚法》和《环境行政处罚办法》规定的程序实施。据此，可以将行政相对人主体分为公民、法人或其他组织。

公民是指具有行政责任能力的自然人。法人是指具有民事权利能力和民事行为能力，依法独立享有民事权利承担民事义务的组织。其他组织，根据《中华人民共和国行政诉讼法》第101条的规定，本法没有规定的，适用《中华人民共和国民事诉讼法》的相关规定。所以，民事诉讼法规定的其他组织，都经登记并领取营业执照或社会团体登记证。

在环保行政处罚中，很多人认为，对于行政相对人主体性质为公民的认定一般不会出现差错。其实，在行政执法中最容易出现差错的主要是行政相对人主体性质应当为公民的认定。以下几种情况应当认定行政相对人主体性质为公民个人。

（1）个体工商户。个体工商户是指以个人财产或者家庭财产作为经营资本，依法经核准登记，并在法定的范围内从事非农业经营活动的个体经营者。个体工商户以营业执照上登记的经营者为当事人。有字号的，以营业执照上登记的字号为当事人，但应同时注明该字号经营者的基本信息。

（2）个人合伙。个人合伙是指两个以上公民按照协议，各自提供资金、实物、技术等，合伙经营、共同劳动。这里的合伙仅指公民个人合伙，不同于根据《合伙企业法》设立的合伙企业。《民法通则》将个人合伙也归入了公民和自然人一章进行规范和调整。因此，在行政处罚中应当将个人合伙企业同个体工商户、个人独资企业一并定性为公民个人。

（3）农村承包经营户，按照法律规定也是按照公民个人对待。

五、实务提示

1. 如何确定行政处罚的相对人？
2. 作为行政执法人员，如何固定行政处罚的证据？

六、法条链接

▪《中华人民共和国行政处罚法》【2009 年】

第三条第一款　公民、法人或者其他组织违反行政管理秩序的行为，应当给予行政处罚的，依照本法由法律、法规或者规章规定，并由行政机关依照本法规定的程序实施。

▪《中华人民共和国行政诉讼法》【2015 年】

第一百零一条　人民法院审理行政案件，关于期间、送达、财产保全、开庭审理、调解、中止诉讼、终结诉讼、简易程序、执行等，以及人民检察院对行政案件受理、审理、裁判、执行的监督，本法没有规定的，适用《中华人民共和国民事诉讼法》的相关规定。

【新增条款】

▪《中华人民共和国民事诉讼法》【2012 年】

第四十八条　公民、法人和其他组织可以作为民事诉讼的当事人。

法人由其法定代表人进行诉讼。其他组织由其主要负责人进行诉讼。

▪《最高人民法院关于适用〈中华人民共和国民事诉讼法〉的解释》【2015 年】

第五十二条　民事诉讼法第四十八条规定的其他组织是指合法成立、有一定的组织机构和财产，但又不具备法人资格的组织，包括：

（一）依法登记领取营业执照的个人独资企业；

（二）依法登记领取营业执照的合伙企业；

（三）依法登记领取我国营业执照的中外合作经营企业、外资企业；

（四）依法成立的社会团体的分支机构、代表机构；

（五）依法设立并领取营业执照的法人的分支机构；

（六）依法设立并领取营业执照的商业银行、政策性银行和非银行金融机构的分支机构；

（七）经依法登记领取营业执照的乡镇企业、街道企业；

（八）其他符合本条规定条件的组织。

■《环境行政处罚办法》【2010 年】

第二条　公民、法人或者其他组织违反环境保护法律、法规或者规章规定，应当给予环境行政处罚的，应当依照《中华人民共和国行政处罚法》和本办法规定的程序实施。

■《个体工商户条例》【2016 年】

第二条　有经营能力的公民，依照本条例规定经工商行政管理部门登记，从事工商业经营的，为个体工商户。

个体工商户可以个人经营，也可以家庭经营。

个体工商户的合法权益受法律保护，任何单位和个人不得侵害。

第八条　申请登记为个体工商户，应当向经营场所所在地登记机关申请注册登记。申请人应当提交登记申请书、身份证明和经营场所证明。

个体工商户登记事项包括经营者姓名和住所、组成形式、经营范围、经营场所。个体工商户使用名称的，名称作为登记事项。

案例八

广东核力工程勘察院出借环评资质行政处罚案

一、当事人概况

处罚行政机关：环保部

被处罚当事人：广东核力工程勘察院

二、基本案情及处理结果

2008~2016年，广东核力工程勘察院将环评资质出借给某研究所环评组使用，该研究所环评组以"广东核力工程勘察院环境科研所"名义开展环评业务，编制多份环评报告。

2016年2月18日，环保部华南环境保护督查中心对广东核力工程勘察院进行调查询问并制作了《调查询问笔录》。

2016年4月26日，环保部华南环境保护督查中心发送《关于对广东核力工程勘察院出租出借环评资质环境违法问题调查取证的函》（华南环督函〔2016〕35号）。

2016年4月29日，环保部送达《行政处罚事先告知书》（环法字〔2016〕32号）以及《环境保护部送达回证》，告知广东核力工程勘察院的违法事实、处罚依据和拟作出的处罚决定，并告知其有权进行陈述、申辩。广东核力工程勘察院未进行陈述、申辩。

2016年9月8日，环保部作出《行政处罚决定书》（环法〔2016〕87号），决定对广东核力工程勘察院处人民币三万元罚款，并责令限期整改一年。

三、点评解析

(一) 建设项目环境影响评价资质管理的重要性

工程未动,环评先行。为了加强建设项目环境影响评价管理,提高环境影响评价工作质量,维护环境影响评价行业秩序。因此,在建设项目和规划动工之前做环境影响评价,是保护环境的第一道"闸门",是控制环境风险的重要手段。

为了进一步规范环境影响评价行业,2014年环保局刊发文件《关于进一步加强环境影响评价机构管理的意见》。该意见明确指出,环评专职技术人员是环评机构开展环评业务的主要技术力量,必须为环评机构的全职工作人员。并且严禁将本机构兼职或未在本机构供职的外单位人员作为环评专职技术人员,用以申请环评资质。

2015年3月,环保部出台了《建设项目环境影响评价资质管理办法》(环境保护部令第36号)并于2015年11月1日正式实施。对环境影响评价机构的要求进一步的严格,禁止涂改、出租、出借资质证书,并设定了罚款的行政处罚。

(二) 如何认定为出租、出借环评资质

2015年年底,开展的全国环评机构专项整治行动中,环保部更是严肃查处环评机构出租出借环评资质、环评文件编制质量低劣、环评工程师"挂靠"等违规行为,并作出了《关于全国环评机构专项整治行动发现部分环评机构及从业人员问题处理意见的通报》(环办函〔2015〕2154号)。在该通报中,广东核力工程勘察院因有六名环评工程师存在挂靠的行为,被认定为存在出借环评资质行为,对其予以限期整改一年,缩减评价范围,取消核工业环境影响报告书类别评价范围;同时,对挂靠的六名环评工程师给予通报批评,记入环评诚信系统,三年内不得作为资质申请时配备的环境影响评价工程师、环境影响报告书(表)的编制主持人或者主要编制人员。

2016年4月,环保部还发现广东核力工程勘察院存在将环评资质出借给某研究所环评组使用,该研究所环评组以"某工程勘察院环境科研所"名义

开展环评业务，编制多份环评报告，根据《关于开展全国环评机构专项整治行动的通知（环办函〔2015〕1532号）》第3条之规定，其被认定为出借资质的行为。

最后，根据《建设项目环境影响评价资质管理办法》第44条第2款之规定：环评机构涂改、出租、出借资质证书或者超越资质等级、评价范围接受委托和主持编制环境影响报告书（表）的，由环境保护部处三万元以下罚款，并责令限期整改一至三年。因此，环保部作出的上述行政处罚证据确凿，适用法律法规正确，作出的行政处罚正确。

四、实务提示

1. 如何认定出租、出借环评资质？
2. 环保部门依据《建设项目环境影响评价资质管理办法》作出行政处罚，是否符合法律的规定？

五、法条链接

■《中华人民共和国环境影响评价法》【2016年】

第十九条　接受委托为建设项目环境影响评价提供技术服务的机构，应当经国务院环境保护行政主管部门考核审查合格后，颁发资质证书，按照资质证书规定的等级和评价范围，从事环境影响评价服务，并对评价结论负责。为建设项目环境影响评价提供技术服务的机构的资质条件和管理办法，由国务院环境保护行政主管部门制定。

国务院环境保护行政主管部门对已取得资质证书的为建设项目环境影响评价提供技术服务的机构的名单，应当予以公布。

为建设项目环境影响评价提供技术服务的机构，不得与负责审批建设项目环境影响评价文件的环境保护行政主管部门或者其他有关审批部门存在任何利益关系。

第三十二条　接受委托为建设项目环境影响评价提供技术服务的机构在环境影响评价工作中不负责任或者弄虚作假，致使环境影响评价文件失实的，由授予环境影响评价资质的环境保护行政主管部门降低其资质等级或者吊销其资质证书，并处所收费用一倍以上三倍以下的罚款；构成犯罪的，依法追究刑事责任。

■《建设项目环境影响评价资质管理办法》【2015年】

第二十四条 环评机构接受委托编制环境影响报告书（表），应当与建设单位签订书面委托合同。委托合同不得由环评机构的内设机构、分支机构代签。

禁止涂改、出租、出借资质证书。

第三十九条 环境保护主管部门应当建立环评机构及其环境影响评价工程师诚信档案。

县级以上地方环境保护主管部门应当建立住所在本行政区域、编制本级环境保护主管部门审批的环境影响报告书（表）的环评机构及其环境影响评价工程师的诚信档案，记录本部门对环评机构及其环境影响评价工程师采取的通报批评、限期整改和行政处罚等情况，并向社会公开。通报批评、限期整改和行政处罚等情况应当及时抄报环境保护部。

环境保护部应当将环境保护主管部门对环评机构及其环境影响评价工程师采取的行政处理和行政处罚等情况，记入全国环评机构和环境影响评价工程师诚信档案，并向社会公开。

第四十四条 环评机构拒绝接受监督检查或者在接受监督检查时弄虚作假的，由实施监督检查的环境保护主管部门处三万元以下的罚款，并责令限期整改六至十二个月。

环评机构涂改、出租、出借资质证书或者超越资质等级、评价范围接受委托和主持编制环境影响报告书（表）的，由环境保护部处三万元以下的罚款，并责令限期整改一至三年。

■《关于开展全国环评机构专项整治行动的通知》（环办函〔2015〕1532号）

三、违规行为界定标准

（一）出租出借环评资质

有下列情形之一的，可以认定为出租、出借环评资质：

1. 在环评机构同意的情况下，由其他无资质法人单位承接环评项目、签订合同。

2. 环评机构向环保部门提交的环评文件中有50%以上章节或内容实际由其他机构人员编制的。

……

(三) 环评工程师"挂靠"

有下列情形之一的,可以认定为环评工程师"挂靠":

1. 未在环评机构专职工作的环评工程师。

2. 已调离环评机构,但未按有关规定报告相关情况的环评工程师。

案例九

本溪市平安车业有限责任公司未经批准擅自将危险废物转移处理行政处罚案

一、当事人概况

原告：本溪市平安车业有限责任公司

被告：本溪市环境保护局

二、基本案情

2014年9月23日，被告所属单位本溪市环境监察局接到群众电话，反映原告本溪市平安车业有限责任公司可能存在非法收购废机油的行为。被告经现场勘察，认为原告确实存在将废机油（属危险废物）转移给辽宁留德润滑油有限公司的违法行为，违反了《中华人民共和国固体废物污染环境防治法》（以下简称《固体废物污染环境防治法》）的相关规定。被告经过立案、审查、告知、听证和处罚决定等法定程序，于2014年12月19日对原告本溪市平安车业有限责任公司作出本环罚字〔2014〕006号《行政处罚决定书》。该处罚决定书的主要内容为，2014年9月23日，被告本溪市环境保护局对原告本溪市平安车业有限责任公司进行调查，发现原告未经环保部门批准，擅自将废机油（属危险废物）转移给辽宁留德润滑油有限公司处理，有现场照片、调查询问笔录、现场检查勘察笔录等证据为凭。原告的行为违反了《固体废物污染环境防治法》第59条1款之规定。依据《固体废物污染环境防治法》第75条第1款第（6）项和《中华人民共和国行政处罚法》（以下简称《行政处罚法》）第23条之规定，对原告本溪市平安车业有限责任公司处以罚款7万元。

2014年12月22日，原告本溪市平安车业有限责任公司收到被告本溪市环境保护局作出的《行政处罚决定书》，但原告并没有按期履行缴纳罚款的义务。2015年1月13日，被告本溪市环境保护局向原告邮寄送达催告通知书。

原告向法院提起诉讼，认为被告在没有查明事实的情况下向原告下达了本环罚字〔2014〕006号《行政处罚决定书》。同时，被告调查失实，发现废机油地点是原告的生产车间内，并没有转移的事实发生。且被告行政执法程序违法，在废机油扣押过程中，没有对样品进行封存，且数量、品种等指标也没有确认，更没有出示书面扣押、罚没手续清单，请求法院依法撤销被告的行政处罚决定。

被告答辩称：2014年9月23日，被告所属单位本溪市环境监察局接到群众电话，反映原告本溪市平安车业有限责任公司可能存在非法收购废机油的行为。经现场勘察、调查，原告存在将废机油私自转移给辽宁留德润滑油有限公司的违法行为，违反了《固体废物污染环境防治法》的相关规定。依据《行政处罚法》和《固体废物污染环境防治法》的相关规定，被告严格遵守调查取证、立案、审查、告知、听证和处罚决定等法定程序，针对原告未办理危险废物转移联单转移危险废物的环境违法行为实施了行政处罚，但并没有对原告实施扣押、罚没的行政行为，所以不存在向原告出示扣押、罚没手续清单的义务。因此，对原告本溪市平安车业有限责任公司作出的行政处罚，事实清楚、证据确凿、程序合法、适用法律正确。

被告提供相关证据：（1）吴某某（废机油收购者）的询问笔录，证明原告存在出卖废机油的事实。（2）蒋某某（原告本溪市平安车业有限责任公司工作人员）的询问笔录，证明原告转移废机油并未办理转移联单的事实。（3）本溪市平安车业有限责任公司未经批准擅自转移危险废物案卷宗、现场检查笔录，证明被告执法程序合法。（4）新明派出所关于吴某某案罚没的废机油所属人说明，证明废机油已转移为吴某某所有，非法交易事实成立。（5）李某（废机油收购者）、蒋某某（原告本溪市平安车业有限责任公司工作人员）的询问笔录，证明原告存在违法的事实。（6）视听资料，证明原告存在转移废机油的违法事实。

三、处理结果

驳回原告本溪市平安车业有限责任公司的诉讼请求。

四、点评解析

（一）原告是否实施了转移废机油的违法事实

2014年9月23日，被告所属单位本溪市环境监察局接到电话，反映原告本溪市平安车业有限责任公司可能存在非法收购废机油的行为，发现现场有10桶废机油。废机油属于危险废物名称和类别代码表中HW08的物品，属于危险废物。原告称发现废机油地点是原告的生产车间内，并没有转移的事实发生。而被告提供的证据1、4、5、6均证明原告有具有转移废机油的行为，而原告系生产、销售、维修为一体的汽车经销商，并没有按照法律规定办理转移废机油转移联单。以上事实被告提供了充分的证据，证明了原告实施了转移废机油的违法事实，被告作出的行政处罚事实清楚、证据确凿。

（二）被告作出的行政处罚程序是否符合法定的程序

依据《固体废物污染环境防治法》第10条、第15条的有关规定，被告本溪市环境保护局有作出该行政处罚行为的法定职权。被告作出该处罚决定前，已告知当事人有陈述申辩和听证的权利，且在送达时，也告知了当事人相关权利。原告的违法行为违反了《固体废物污染环境防治法》第57条、第59条规定。根据《固体废物污染环境防治法》第75条的规定应当处2万元以上20万元以下的罚款。被告依据《行政处罚法》规定的程序，对原告作出罚款7万元的行政处罚是适当的。因此，本案被告作出的行政处罚适用法律正确、程序合法。

五、实务提示

1. 从事收集、贮存、处置危险废物经营活动的单位必须具备的资质条件是什么？

2. 转移危险废物必须经批准，如果擅自转移，如何弥补并消除危害后果？

六、法条链接

■《中华人民共和国固体废物污染环境防治法》【2016年】

第五十七条 从事收集、贮存、处置危险废物经营活动的单位，必须向县级以上人民政府环境保护行政主管部门申请领取经营许可证；从事利用危险废物经营活动的单位，必须向国务院环境保护行政主管部门或者省、自治区、直辖市人民政府环境保护行政主管部门申请领取经营许可证。具体管理办法由国务院规定。

禁止无经营许可证或者不按照经营许可证规定从事危险废物收集、贮存、利用、处置的经营活动。

禁止将危险废物提供或者委托给无经营许可证的单位从事收集、贮存、利用、处置的经营活动。

【旧法第五十七条，未作修改】

第五十九条　转移危险废物的，必须按照国家有关规定填写危险废物转移联单，应当向危险废物移出地省、自治区、直辖市人民政府环境保护行政主管部门提出申请。移出地省、自治区、直辖市人民政府环境保护行政主管部门应当商经接受地省、自治区、直辖市人民政府环境保护行政主管部门同意后，方可批准转移该危险废物。未经批准的，不得转移。

转移危险废物途经移出地、接受地以外行政区域的，危险废物移出地设区的市级以上地方人民政府环境保护行政主管部门应当及时通知沿途经过的设区的市级以上地方人民政府环境保护行政主管部门。

【旧法第五十九条，已作修改】

第七十五条　违反本法有关危险废物污染环境防治的规定，有下列行为之一的，由县级以上人民政府环境保护行政主管部门**责令停止违法行为，限期改正，处以罚款**：

（一）不设置危险废物识别标志的；

（二）不按照国家规定申报登记危险废物，或者在申报登记时弄虚作假的；

（三）擅自关闭、闲置或者拆除危险废物集中处置设施、场所的；

（四）不按照国家规定缴纳危险废物排污费的；

（五）将危险废物提供或者委托给无经营许可证的单位从事经营活动的；

（六）不按照国家规定填写危险废物转移联单或者未经批准擅自转移危险废物的；

（七）将危险废物混入非危险废物中贮存的；

（八）未经安全性处置，混合收集、贮存、运输、处置具有不相容性质的危险废物的；

（九）将危险废物与旅客在同一运输工具上载运的；

（十）未经消除污染的处理将收集、贮存、运输、处置危险废物的场所、设施、设备和容器、包装物及其他物品转作他用的；

（十一）未采取相应防范措施，造成危险废物扬散、流失、渗漏或者造成其他环境污染的；

（十二）在运输过程中沿途丢弃、遗撒危险废物的；

（十三）未制定危险废物意外事故防范措施和应急预案的。

有前款第一项、第二项、第七项、第八项、第九项、第十项、第十一项、第十二项、第十三项行为之一的，处一万元以上十万元以下的罚款；有前款第三项、第五项、第六项行为之一的，处二万元以上二十万元以下的罚款；有前款第四项行为的，限期缴纳，逾期不缴纳的，处应缴纳危险废物排污费金额一倍以上三倍以下的罚款。

【旧法第七十五条，未作修改】

案例十

莱美金鼠中药饮片有限公司未执行环境保护"三同时"制度，擅自投入生产行政处罚案

一、当事人概况

原告：重庆莱美金鼠中药饮片有限公司
被告：重庆市北碚区环境保护局
第三人：重庆市渝北区兴隆房地产开发有限公司
第三人：重庆同兴工业园区管理委员会

二、基本案情

2010年2月3日，重庆市大山行健康顾问有限公司变更名称为重庆市大山行中药饮片有限公司。2011年2月11日，重庆市大山行中药饮片有限公司变更名称为重庆莱美大山行中药饮片有限公司。2012年6月6日，重庆莱美大山行中药饮片有限公司变更名称为重庆莱美金鼠中药饮片有限公司（变更前后的公司以下均简称为莱美金鼠公司）。

2009年8月3日，原告莱美金鼠公司与第三人重庆市渝北区兴隆房地产开发有限公司（以下简称兴隆公司）签订《工业用房买卖合同》，约定由原告莱美金鼠公司购买位于重庆市北碚区蔡家岗镇凤栖路6号盈田·同兴工谷22-9号工业标准厂房，并特别约定乙方（买受人）兴办的任何项目及项目运行都必须符合环保部门的相关标准，因不符合该标准产生的一切后果由乙方自行承担。

2010年2月3日，原告莱美金鼠公司填写《入驻盈田·同兴工谷企业审批表》，载明"三废"情况：废水无、废气无、废渣无、噪音无。第三人重庆同兴工业园区管理委员会（以下简称同兴管委会）批复"同意入驻，请企业服务处和兴隆公司严格按环保等要求，加强监督和管理"。

2012年11月20日,被告重庆市北碚区环境保护局(以下简称北碚区环保局)作出渝(碚)环建函〔2012〕024号函,主要内容为"重庆莱美金鼠中药饮片有限公司:你公司报送的中药饮片生产项目收悉,经现场勘查和研究,现复函如下:一、根据《重庆市环境保护局关于蔡家组团产业片区开发规划环境影响评价报告书审查意见的函》(渝环函〔2011〕84号)的相关要求,你公司所申报项目不符合园区规划。二、鉴于你公司申报的中药饮片项目(即西洋参加工生产线)对周边环境质量要求较高,建议你公司另行选址建设该项目"。

2014年11月4日,被告北碚区环保局对原告莱美金鼠公司进行检查时发现原告西洋参切片加工项目需要配套建设的环境保护设施未与主体工程同时设计、同时施工、同时投产使用,未执行环境保护"三同时"制度,擅自投入生产。次日,被告向原告莱美金鼠公司送达《行政处罚事先告知书》《行政处罚听证告知书》,告知其作出行政处罚决定的事实、理由和依据,以及原告依法享有的权利。原告莱美金鼠公司在告知期限内没有向被告陈述申辩意见,也没有申请听证。被告依据《中华人民共和国行政处罚法》(以下简称《行政处罚法》)第23条、《建设项目环境保护管理条例》第28条之规定,于2015年1月7日作出碚环罚〔2014〕115号《行政处罚决定书》,责令原告莱美金鼠公司立即停止西洋参切片加工项目的生产或使用、罚款1万元,并于2015年1月9日送达原告。

原告起诉请求撤销被告作出的碚环罚〔2014〕115号《行政处罚决定书》。原告莱美金鼠公司诉称:(1)碚环罚〔2014〕115号《行政处罚决定书》处罚对象错误,盈田·同兴工谷属于重庆盈田(集团)有限公司建设,相关环境保护设施应由该公司负责建设验收。(2)原告入驻时已提交相关环保审批,后于2012年11月20日收到渝(碚)环建函〔2012〕024号函,指出原告申报项目不符合园区规划,建议另行选址;但原告经同兴管委会同意入驻,营业手续齐全。(3)原告在盈田·同兴工谷已合法生产5年,按时交纳排污费、年检和上税,并解决了当地就业压力,在这5年里同兴管委会行政权力乱用、行政不作为,造成原告受到行政处罚。(4)由于几年前园区不成熟,购买厂房者较少,重庆盈田(集团)有限公司建设的盈田·同兴工谷有意隐瞒园区规划,非法招商,导致无法建设食品医药相关环境保护设施及配套设施,造成原告受到此次行政处罚。

被告重庆北碚环保局辩称:(1)被告作出的碚环罚〔2014〕115号《行政处罚决定书》事实清楚、程序合法、适用法律正确,应当予以维持。2014年11月4日,被告对原告进行检查时发现原告西洋参切片加工项目需要配套建设的环境保护设施未与主体工程同时设计、同时施工、同时投产使用,未执行环境保护"三同时"制度,擅自投入生产。次日,被告向原告送达了《行政处罚事先告知书》《行政处罚听证告知书》,告知原告享有陈述申辩及申请听证的权利。后被告依据《建设项目环境保护管理条例》第28条以及《行政处罚法》第23条作出碚环罚〔2014〕115号《行政处罚决定书》,并送达原告。被告请求驳回原告的诉讼请求。

第三人兴隆公司述称:被告处罚原告的原因是原告没有执行环境保护"三同时"制度,第三人建设的同兴工谷标准厂房已于2008年取得重庆市建设工程竣工验收备案登记证,故该处罚决定与第三人无关。

第三人同兴管委会述称:被告作出的碚环罚〔2014〕115号《行政处罚决定书》与第三人无关,该行政处罚决定事实清楚、程序合法、适用法律正确,应当予以维持。

原告提供证据:(1)渝(碚)环建函〔2012〕024号函;(2)2014年5月27日、2014年11月4日《环境保护现场监察记录单》,证明被告对原告仅进行检查,没有进行处罚;(3)工商档案,证明原告名称的变更;(4)入驻盈田·同兴工谷企业审批表,证明原告入驻同兴工谷经过了同兴管委会的审批同意。

被告提供了作出行政处罚的相关证据。

两个第三人提供证据:(1)工业用房买卖合同,证明原告购买的是标准厂房,合同特别约定乙方(买受人)兴办的任何项目及项目运行都必须符合重庆市环保部门的相关标准,因不符合该标准产生的一切后果由乙方自行承担;(2)竣工验收备案登记证,证明原告购买的厂房符合各项标准并取得了竣工验收备案登记证;(3)重庆市建设项目环境影响评价文件审批申请表及批准书,证明第三人兴隆公司开发建设的盈田·同兴工谷取得了环境保护批准书；(4) 投资协议，证明第三人兴隆公司自行负责标准厂房租售事宜，第三人同兴管委会不直接负责同兴工谷的招商引资。

三、处理结果

驳回原告莱美金鼠公司的诉讼请求。

四、点评解析

（一）本案行政处罚和第三人是否有关

根据被告提供环境保护现场监察记录单、调查询问笔录等证据，结合原告的陈述，能够证实原告西洋参切片加工项目需要配套建设的环境保护设施未与主体工程同时设计、同时施工、同时投产使用，未执行环境保护"三同时"制度，擅自投入生产的事实。原告称盈田·同兴工谷（厂房）属于第三人重庆盈田（集团）有限公司建设，相关环境保护设施应由该公司负责建设验收。该理由不能成立，本案行政处罚的原因是原告生产西洋参切片加工项目没有建设配套环境保护设施。《建设项目环境保护管理条例》第23条规定："建设项目需要配套建设的环境保护设施经验收合格，该建设项目方可正式投入生产或者使用。"原告生产项目所需要的环境保护设施与第三人建设厂房所需要的环境保护设施是两个不同的需要环评审批的项目，第三人建设厂房通过环评审批不等于原告的生产项目就可以投入使用。

原告诉称其入驻经过第三人同兴管委会的审批同意，被告对其所在辖区的环境保护负有监管和审批职责，第三人同兴管委会不具有环境监管和审批的职责，其无权对环境保护相关工作作出任何审批。同时，第三人同兴管委会根据原告填写的审批表进行审批，且审批内容也明确强调原告需遵守环保等要求。

此外，原告称盈田·同兴工谷开发建设单位隐瞒园区规划、非法招商，原告在购买该标准厂房前，负有了解园区规划的义务，且该问题是原告与第三人之间的民事纠纷，与本案无关。因此，本案行政处罚案件和两个第三人均无关。

（二）被告作出的行政处罚决定证据是否确凿、适用法律法规是否正确、是否符合法定的程序

依据我国《环境保护法》第 10 条规定，被告具有对本辖区内环境违法行为实施行政处罚的法定职责和主体资格。

根据被告提供的环境保护现场监察记录单、调查询问笔录等证据，结合原告的陈述，能够证实原告西洋参切片加工项目需要配套建设的环境保护设施未与主体工程同时设计、同时施工、同时投产使用，未执行环境保护"三同时"制度，擅自投入生产的事实。

被告依据《行政处罚法》第 31 条、第 32 条向原告送达了《行政处罚事先告知书》《行政处罚听证告知书》，告知原告享有陈述申辩及申请听证的权利。同时，《建设项目环境保护管理条例》第 28 条规定"违反本条例规定，建设项目需要配套建设的环境保护设施未建成、未经验收或者经验收不合格，主体工程正式投入生产或者使用的，由审批该建设项目环境影响报告书、环境影响报告表或者环境影响登记表的环境保护行政主管部门责令停止生产或者使用，可以处 10 万元以下的罚款"，被告据此对原告作出立即停止西洋参切片加工项目的生产或使用、罚款 1 万元的行政处罚决定，其处罚幅度在法律法规规定的范围内。因此，被告作出的行政处罚决定证据确凿、适用法律法规正确、符合法定的程序。

值得注意的是：有的地方政府为了招商引资发展经济而不顾环境污染，对于不符合要求的企业实行"特事特办"，先生产后审批。很多企业原先承诺的相关防污排污设施根本无法到位，废物、废水、废气任意排放，造成了巨大的环境污染。作为环保的主管部门应该加大查处力度，切实履行保护环境的职责。为此，2015 年 3 月 18 日，环境保护部作出了《关于进一步加强环境影响评价违法项目责任追究的通知》（环办函〔2015〕389 号），对"未批先建""擅自实施重大变动"等环境影响评价违法行为，进一步加强环境影响评价违法项目责任追究。

五、实务提示

1. 如何严格执行环境保护中的"三同时"制度？

2. 如何行使行政处罚的自由裁量权？

3. 如何认定《环境影响评价法》（2016）中第31条规定的处罚数额按"建设项目总投资额"？

六、法条链接

■《中华人民共和国环境影响评价法》【2016年】

第三十一条　建设单位未依法报批建设项目环境影响报告书、报告表，或者未依照本法第二十四条的规定重新报批或者报请重新审核环境影响报告书、报告表，擅自开工建设的，由县级以上环境保护行政主管部门责令停止建设，根据违法情节和危害后果，处建设项目总投资额百分之一以上百分之五以下的罚款，并可以责令恢复原状；对建设单位直接负责的主管人员和其他直接责任人员，依法给予行政处分。

建设项目环境影响报告书、报告表未经批准或者未经原审批部门重新审核同意，建设单位擅自开工建设的，依照前款的规定处罚、处分。

建设单位未依法备案建设项目环境影响登记表的，由县级以上环境保护行政主管部门责令备案，处五万元以下的罚款。

海洋工程建设项目的建设单位有本条所列违法行为的，依照《中华人民共和国海洋环境保护法》的规定处罚。

■《中华人民共和国环境保护法》【2015年】

第十条　国务院环境保护主管部门，对全国环境保护工作实施统一监督管理；县级以上地方人民政府环境保护主管部门，对本行政区域环境保护工作实施统一监督管理。

县级以上人民政府有关部门和军队环境保护部门，依照有关法律的规定对资源保护和污染防治等环境保护工作实施监督管理。

【旧法第七条，已作修改】

《中华人民共和国环境保护法》【1989年旧法】

第七条　国务院环境保护行政主管部门，对全国环境保护工作实施统一监督管理。

县级以上地方人民政府环境保护行政主管部门，对本辖区的环境保护工作实施统一监督管理。

国家海洋行政主管部门、港务监督、渔政渔港监督、军队环境保护部门和各级公安、交通、铁道、民航管理部门,依照有关法律的规定对环境污染防治实施监督管理。

县级以上人民政府的土地、矿产、林业、农业、水利行政主管部门,依照有关法律的规定对资源的保护实施监督管理。

▪ 《建设项目环境保护管理条例》【1998年】

第二十八条 违反本条例规定,建设项目需要配套建设的环境保护设施未建成、未经验收或者经验收不合格,主体工程正式投入生产或者使用的,由审批该建设项目环境影响报告书、环境影响报告表或者环境影响登记表的环境保护行政主管部门责令停止生产或者使用,可以处10万元以下的罚款。

▪ 《中华人民共和国行政处罚法》【2009年】

第三十一条 行政机关在作出行政处罚决定之前,应当告知当事人作出行政处罚决定的事实、理由及依据,并告知当事人依法享有的权利。

第三十二条 当事人有权进行陈述和申辩。行政机关必须充分听取当事人的意见,对当事人提出的事实、理由和证据,应当进行复核;当事人提出的事实、理由或者证据成立的,行政机关应当采纳。

行政机关不得因当事人申辩而加重处罚。

案例十一

佛山市三英精细材料有限公司停业关闭行政处罚案

一、当事人概况

原告：佛山市三英精细材料有限公司
被告：佛山市顺德区人民政府

二、基本案情

2011年12月2日，广东省佛山市顺德区环境运输和城市管理局（以下简称区环运局）以佛山市三英精细材料有限公司（以下简称三英公司）在生产过程中排放废气的臭气浓度超标为由，对该公司作出《限期治理决定书》，要求三英公司2012年1月31日前完成排放臭气浓度治理达到《恶臭污染物排放标准》的要求，并经环运局验收合格；逾期未申请验收或未完成限期治理任务，将按规定责令停业、关闭；要求该公司分析臭气浓度超标排放原因，制订限期治理达标计划以及落实各项污染防治措施，确保污染物达标排放。

2012年2月9日，三英公司向区环运局申请治理验收。顺德区环境保护监测站受区环运局委托，于同年4月26日、6月28日对该公司进行臭气排放监测，两次监测报告均显示臭气浓度未达标。

2012年8月29日，区环运局组织验收组现场检查并对法定代表人进行调查询问，告知该公司验收结果：存在未提交限期治理方案、废气处理技术不能确保无组织废气达标排放、排放废气的臭气浓度超标、使用的燃油不符合环保要求等四个方面的问题，未通过限期治理验收。

2013年1月11日，顺德区人民政府向三英公司作出《行政处罚告知书》并送达，同年3月18日经听证后作出《行政处罚决定书》，要求三英公司自收到行政处罚决定书之日起停业、关闭。三英公司收到《行政处罚决定书》

后不服处罚内容提起行政诉讼,请求法院撤销上述《行政处罚决定书》。

三、处理结果

一审:驳回原告诉讼请求。

二审:驳回上诉,维持原判。

四、点评解析

本案的焦点在于,环境监测报告能否作为行政处罚的依据。原告三英公司对顺德区人民政府作出处罚决定的职权依据及行政程序并无异议。原告认为上述两次臭气排放监测的采样点与频次不符合法定要求,未能排除其他干扰因素,故监测报告的结论不能作为定案依据。经查,顺德区环境保护监测站具有废气污染物检测的法定资质,该监测站两次臭气采样点即监测位置为三英公司厂界敏感点,符合《恶臭污染物排放标准》及国家环境保护总局《关于恶臭物无组织排放检测问题的复函》规定。原告认为臭气监测采样点的设置不合法的主张于法无据,其亦未提供充分证据证明上述臭气监测采样点存在其他干扰因素。至于采样频次问题,该监测站两次臭气监测均采用了4次×3点的监测频次并取其中最大测定值,但频次间隔不足2小时,存在一定瑕疵。然而,该瑕疵不足以推翻监测报告结论的正确性。

由于原告在限期治理期限届满后,经两次监测臭气排放浓度仍未达到《恶臭污染物排放标准》的要求,且存在其他相关环保问题,经区环运局报请顺德区人民政府依照《广东省珠江三角洲大气污染防治办法》有关规定对原告作出停业、关闭的行政处罚决定,认定事实清楚、证据充分、适用法律正确,法院判决驳回原告诉讼请求是正确的。

五、实务提示

1. 环境监测报告是环境保护行政处罚的关键证据之一。如何保证环境监测报告的真实性、合法性、关联性?

2. 环保行政机关如何制作、固定行政执法证据?

六、法条链接

■《恶臭污染物排放标准》(GB14554-93)

5.1 排污单位排放（包括泄漏和无组织排放）的恶臭污染物，在排污单位边界上规定监测点（无其他干扰因素）的一次最大监测值（包括臭气浓度）都必须低于或等于恶臭污染物厂界标准值。

5.2 排污单位经烟、气排气筒（高度在15m以上）排放的恶臭污染物的排放量和臭气浓度都必须低于或等于恶臭污染物排放标准。

5.3 排污单位经排水排出并散发的恶臭污染物和臭气浓度必须低于或等于恶臭污染物厂界标准值。

■《关于恶臭污染物无组织排放监测问题的复函》(环函〔2004〕83号)

上海市环境保护局：

你局《关于〈恶臭污染物排放标准〉执行中有关问题的请示》（沪环保法〔2004〕69号）收悉。经研究，现函复如下：

按照《恶臭污染物排放标准》（GB14554-93）的规定，对工厂无组织排放恶臭污染物实施监测，监测采样点应设置在工厂厂界下风向侧或有臭气方位的边界线上。根据恶臭污染物的排放、扩散规律，当受条件限制，无法按上述要求布设监测采样点时，也可将监测采样点设于工厂厂界内侧靠近厂界的位置。

国家环境保护总局
二〇〇四年四月一日

■《关于执行〈恶臭污染物排放标准〉问题的复函》
(环函〔2007〕281号)

湖北省环境保护局：

你局《转报襄樊市环保局关于博拉经纬纤维有限公司排放恶臭污染物（二硫化碳、硫化氢）执行排放标准值的请示》（鄂环保文〔2007〕58号）收悉。经研究，现函复如下：

一、恶臭污染物排放控制应执行《恶臭污染物排放标准》（GB14554-93）。《大气污染物综合排放标准》（GB16297-1996）中确定污染物最高允许排放速率的方法不适用于执行《恶臭污染物排放标准》的情况。

二、在执行《恶臭污染物排放标准》时，如企业排气筒高度超过标准中所列排气筒最高高度，执行标准中排气筒最高高度对应的污染物排放量。

二〇〇七年八月三日

■《广东省珠江三角洲大气污染防治办法》【2009 年】

第八条第三款 排放大气污染物的，不得超过国家或者地方规定的大气污染物排放标准和主要大气污染物排放总量控制指标。

第十七条 违反本办法第八条第三款规定，排污单位排放污染物超过国家或者地方规定的大气污染物排放标准的，由县级以上人民政府环境保护主管部门依法责令限期治理，处 1 万元以上 10 万元以下罚款；超过国家或者地方规定的大气污染物总量控制指标的，由县级以上人民政府环境保护主管部门责令限期治理，处 1 万元以上 3 万元以下罚款。

限期治理期间，由人民政府环境保护主管部门责令限制生产、限制排放或者停产整治。限期治理的期限最长不超过 1 年，逾期未完成治理任务的，报请同级人民政府责令停业、关闭。

案例十二

海丽国际高尔夫球场有限公司
非法占用海域行政处罚案

一、当事人概况

原告：广东省海丰县海丽国际高尔夫球场有限公司
被告：国家海洋局

二、基本案情

广东省海丰县海丽国际高尔夫球场有限公司（以下简称海丽公司）与海丰县人民政府（以下简称县政府）签订合同约定"征地范围南边的临海沙滩及向外延伸1公里海面给予乙方作为该项目建设旅游的配套设施"。随后，海丽公司在上述海域进行涉案弧形护堤的建设（以下涉案弧形护堤）。

2009年3月9日，涉案弧形护堤部分形成。

2010年3月19日，海监部门在执法检查中发现该公司未取得海域使用权证擅自建设涉案弧形护堤，涉嫌违反《中华人民共和国海域使用管理法》（以下简称《海域法》）第3条的规定。经逐级上报，国家海洋局立案审查。

2011年3月，南海勘察中心受海监部门委托作出《汕尾市海丰县海丽国际高尔夫球场海岸线弧形护堤工程海域使用填海面积测量技术报告》，指出涉案弧形护堤填海形成非透水构筑物（堤坝），面积为0.1228公顷。

2011年6月2日，国家海洋局作出《行政处罚听证告知书》，告知海丽公司拟对其作出的处罚及事实和法律依据，经组织召开听证会。

2011年12月14日，国家海洋局作出第12号行政处罚决定：认定海丽公司在未经有权机关批准的情况下，自2010年3月中旬进行涉案弧形护堤工程建设，以在海中直接堆筑碎石的方式进行填海活动，至2010年11月17日技术单位测量之日，填成弧形护堤面积为0.1228公顷。据此，依据《海域法》

有关规定和《财政部、国家海洋局关于加强海域使用金征收管理的通知》，责令该公司退还非法占用的海域，恢复海域原状，并处非法占用海域期间内该海域面积应缴纳的海域使用金15倍的罚款人民币82.89万元。

该公司不服，申请行政复议。国家海洋局于2012年5月30日作出行政复议决定认为：第12号处罚决定关于海丽公司自2010年3月中旬进行涉案弧形护堤建设的认定与海监部门航空照片显示涉案弧形护堤2009年已存在情况不一致，系认定事实不清，决定撤销第12号处罚决定。

其后，国家海洋局经履行听证告知、举行听证会等程序，于2012年7月25日作出海监七处罚〔2012〕003号行政处罚决定书，指出证据显示2009年3月9日涉案弧形护堤已部分形成，至2010年11月17日海监机构委托技术单位进行现场测量之日，该弧形护堤非法占用海域的面积为0.1228公顷；处罚依据和具体内容与上述12号处罚决定相同。

海丽公司不服，提起行政诉讼，请求法院撤销海监七处罚〔2012〕003号行政处罚决定书。

三、处理结果

一审判决：驳回原告海丽公司的诉讼请求。

二审判决：驳回上诉，维持原判。

四、点评解析

本案的焦点在于，地方人民政府超越职权范围所作出的行政行为是否有效。

《国家海域使用管理暂行规定》《广东省海域使用管理条例》等规定明确了任何单位或个人实施填海等占用海域的行为均必须依法取得海域使用权证，海洋行政主管部门颁发的海域使用权证书是当事人合法使用海域的凭证。

本案中，海丽公司未经批准合法取得海域使用权进行填海建设弧形护堤的行为，属于《海域法》第42条所指未经批准非法占用海域进行填海活动的情形。被诉处罚决定中对此的认定证据充分、定性准确。海丽公司关于涉案弧形护堤并非建设于海域范围，故国家海洋局无管辖权的诉讼理由，缺乏事实依据。另外，关于海丰县政府与其签订的合同可以作为其取得海域使用权证明的诉讼理由，缺乏法律依据。法院判决驳回该公司的诉讼请求是正确的。

党的十八届三中全会明确提出了完善自然资源监管体制，对海洋资源超载区域等实行限制性措施。海域属于国家所有，任何单位和个人在未依法取得有权机关颁发的海域使用权证书的情况下，不得侵占、买卖或者以其他形式非法转让海域，否则要受到相应的处罚。

本案中，虽然海丰县政府与海丽公司签订了合同，允许其使用涉案海域，但依照海域法等有关规定，该公司仍需依法向项目所在地县级以上海洋行政主管部门提出申请，并按照《广东省海域使用管理条例》第11条规定的批准权限逐级上报，由批准机关的同级海洋行政主管部门发给海域使用权证。

五、实务提示

1. 地方政府超越权限所作出的行政行为是否无效？
2. 司法机关如何对行政机关依法行政进行有效的监督？

六、法条链接

■《中华人民共和国海域使用管理法》【2001年】

第十六条　单位和个人可以向县级以上人民政府海洋行政主管部门申请使用海域。

申请使用海域的，申请人应当提交下列书面材料：

（一）海域使用申请书；

（二）海域使用论证材料；

（三）相关的资信证明材料；

（四）法律、法规规定的其他书面材料。

第四十二条　未经批准或者骗取批准，非法占用海域的，责令退还非法占用的海域，恢复海域原状，没收违法所得，并处非法占用海域期间内该海域面积应缴纳的海域使用金五倍以上十五倍以下的罚款；对未经批准或者骗取批准，进行围海、填海活动的，并处非法占用海域期间内该海域面积应缴纳的海域使用金十倍以上二十倍以下的罚款。

第四十三条 无权批准使用海域的单位非法批准使用海域的，超越批准权限非法批准使用海域的，或者不按海洋功能区划批准使用海域的，批准文件无效，收回非法使用的海域；对非法批准使用海域的直接负责的主管人员和其他直接责任人员，依法给予行政处分。

■《广东省海域使用管理条例》【2007年】

第十一条 公民、法人或者其他组织申请使用海域，应当向海域所在地县级或者不设区的地级市人民政府海洋行政主管部门提交下列书面材料：

（一）海域使用申请书；

（二）海域使用可行性论证材料；

（三）相关资信证明材料；

（四）申请使用的海域界址图；

（五）法律法规规定需提交的其他书面材料。

立项的工程建设项目需要使用海域的，还应当提交立项的批准材料。

在海洋功能区划确定的泄洪区内申请项目用海，应当在提出海域使用申请前取得水行政主管部门颁发的防洪规划同意书。

案例十三

南沙区环境保护局对梅山热电厂有限公司大气污染物超标排放按日连续处罚案

一、当事人概况

处罚行政机关：南沙区环保局

被处罚当事人：广州市梅山热电厂有限公司

二、基本案情及处理结果

广州市梅山热电厂有限公司（以下简称梅山电厂）位于南沙区黄阁镇亭角村，主营热电生产项目，主要设备为240t/h、130t/h燃煤锅炉各一台，分别配套发电机组60MW、25MW各一台，锅炉废气经低氮燃烧、SNCR脱硝、静电除尘和双碱湿法脱硫处理后排放。根据《广州市人民政府办公厅关于印发广州市大气污染综合防治工作方案的通知》（穗府办函〔2014〕61号）要求，梅山电厂应于2015年年底前完成关停或者改燃清洁能源，但该电厂一直未启动关停或改燃清洁能源。同时，该电厂排放的烟尘在执行《火电厂大气污染物排放标准》（GB13223-2011）特别排放限值后，由于未对烟尘治理设施进行全面升级改造，烟尘一直不能稳定达到排放标准。

2015年4月28日，南沙区环保局对梅山电厂现场检查，并委托中国广州分析测试中心对其240t/h燃煤锅炉废气进行采样监测，监测结果显示，该燃煤锅炉废气排放口烟尘平均折算浓度超标1.25倍。针对梅山电厂此次超标排放污染物的行为，2015年5月28日，南沙区环保局向其送达《责令改正违法行为决定书》，责令立即停止违法排放污染物行为。2015年6月23日，南沙区环保局对梅山电厂废气超标排放行为的改正情况进行复查，并委托广州市机电工业环境监测站对该电厂240t/h燃煤锅炉外排废气进行采样监测，监测结果显示，该燃煤锅炉废气排放口烟尘平均折算浓度仍然超标。2015年

7月17日，南沙区环境保护局对其作出行政处罚决定，处以9万元罚款。

2015年7月23日，对于复查超标排放行为，南沙区环境保护局再次向该电厂送达了《责令改正违法行为决定书》。

2015年7月28日，南沙区环保局对梅山电厂进行第二次复查，委托中国广州分析测试中心对240t/h燃煤锅炉外排废气进行采样监测，监测结果显示，该燃煤锅炉废气排放口烟尘平均换算浓度仍超标排放。

2015年8月12日，南沙区环保局第三次向该电厂送达了《责令改正违法行为决定书》。

2015年8月12日，南沙区环保局向梅山电厂送达《按日连续处罚听证告知书》，计罚期间为2015年5月29日至6月23日止，计罚日数共计26日，每日处罚金额为9万元，按日连续处罚金额共计234万元。

2015年8月13日，梅山电厂向南沙区环保局提出听证申请。9月7日，南沙区环保局依法组织听证，于10月13日作出按日连续处罚决定，维持上述处罚金额。

2015年11月19日，南沙区环保局向该电厂送达第二份《按日连续处罚听证告知书》，计罚期间为2015年6月24日至2015年7月28日止，计罚日数共计35日，每日处罚金额为9万元，按日连续处罚金额共计315万元。

2015年8月18日，南沙区环保局对梅山电厂进行第三次复查，委托中国广州分析测试中心对240t/h燃煤锅炉外排废气进行采样监测，监测结果显示外排废气未超标。该电厂废气超标排放行为终止，本次按日连续处罚结束。

三、点评解析

（一）实施按日连续处罚是加强环境保护工作的迫切需要

《中华人民共和国环境保护法》（以下简称《环境保护法》）修订之前，"守法成本高，违法成本低"的现象普遍存在，从而导致企业在追逐利润最大化下，宁可选择违法，承担法律责任，也不愿履行防治污染的法定义务。成为环境违法案件频发、违法排污企业屡罚屡犯的一个重要原因。为解决这一问题，在总结和借鉴国内外已有经验的基础上，修订后的《环境保护法》

第 59 条首次规定了按日连续处罚制度，即按照违法排污行为拒不改正的天数累计每天的处罚额度，违法时间越长，罚款数额越高，从而实现过罚相当，达到督促违法行为及时改正的目的。

（二）如何把握按日连续处罚计罚日数的计算问题

本案涉及两次按日连续处罚，对计罚日数的计算需要对有关规定准确把握。《环境保护主管部门实施按日连续处罚办法》第 17 条规定："按日连续处罚的计罚日数为责令改正违法行为决定书送达排污者之日的次日起，至环境保护主管部门复查发现违法排放污染物行为之日止。再次复查仍拒不改正的，计罚日数累计执行。"即正确的计罚时间是：从第一次送达《责令改正违法行为决定书》的次日起至第一次复查之日止为第一次计罚日数；第二次计罚日数应该是从第一次复查之日的次日起至第二次复查之日止，以此类推。

在按日计罚周期内被责令停产整治的时间，按照环境保护部《关于按日连续处罚计罚日数问题的复函》（环函〔2015〕232 号）规定，计罚日数是一个连续的起止时间，排污者在计罚周期内存在停产停业或达标排放的日数，均不能从计罚日数中扣除。

四、实务提示

1. 按日连续处罚的适用情形有哪些？
2. 按日连续处罚应从何日算起？
3. 实施按日连续处罚必须具备什么条件？

五、法条链接

■《中华人民共和国环境保护法》【2015 年】

第五十九条　企业事业单位和其他生产经营者违法排放污染物，受到罚款处罚，被责令改正，拒不改正的，依法作出处罚决定的行政机关可以自责令改正之日的次日起，按照原处罚数额按日连续处罚。

前款规定的罚款处罚，依照有关法律法规按照防治污染设施的运行成本、违法行为造成的直接损失或者违法所得等因素确定的规定执行。

地方性法规可以根据环境保护的实际需要,增加第一款规定的按日连续处罚的违法行为的种类。

■《环境保护主管部门实施按日连续处罚办法》(2015年)

第五条 排污者有下列行为之一,受到罚款处罚,被责令改正,拒不改正的,依法作出罚款处罚决定的环境保护主管部门可以实施按日连续处罚:

(一)超过国家或者地方规定的污染物排放标准,或者超过重点污染物排放总量控制指标排放污染物的;

(二)通过暗管、渗井、渗坑、灌注或者篡改、伪造监测数据,或者不正常运行防治污染设施等逃避监管的方式排放污染物的;

(三)排放法律、法规规定禁止排放的污染物的;

(四)违法倾倒危险废物的;

(五)其他违法排放污染物行为。

第十七条 按日连续处罚的计罚日数为责令改正违法行为决定书送达排污者之日的次日起,至环境保护主管部门复查发现违法排放污染物行为之日止。再次复查仍拒不改正的,计罚日数累计执行。

第十八条 再次复查时违法排放污染物行为已经改正,环境保护主管部门在之后的检查中又发现排污者有本办法第五条规定的情形的,应当重新作出处罚决定,按日连续处罚的计罚周期重新起算。按日连续处罚次数不受限制。

第十九条 按日连续处罚每日的罚款数额,为原处罚决定书确定的罚款数额。

按照按日连续处罚规则决定的罚款数额,为原处罚决定书确定的罚款数额乘以计罚日数。

■《关于按日连续处罚计罚日数问题的复函》(环函〔2015〕232号)

广东省环境保护厅:

你厅《关于按日连续处罚计罚日数问题的请示》(粤环报〔2015〕88号)收悉。你厅请我部对按日连续处罚案件中,如能证明计罚日数中企业确有安排正常停产休息,其停产日数是否从计罚日数中扣除问题予以明确。经研究,函复如下:

根据《环境保护法》第五十九条的规定，企业事业单位和其他生产经营者违法排放污染物，受到罚款处罚，被责令改正，拒不改正的，依法作出处罚决定的行政机关可以自责令改正之日的次日起，按照原处罚数额按日连续处罚。《环境保护主管部门实施按日处罚办法》（环境保护部令第28号）（以下简称《办法》）第十二条第一款规定，环保主管部门复查时发现排污者拒不改正违法排放污染物行为的，可以对其实施按日连续处罚。第十七条明确了计罚日数的计算方式，即按日连续处罚的计罚日数为责令改正违法行为决定书送达排污者之日的次日起，至环保主管部门复查发现违法排放污染物行为之日止。

案例十四

梦达驰汽车系统有限公司拒绝苏州工业园区环境保护局进入现场检查行政处罚案

一、当事人概况

原告：梦达驰汽车系统有限公司

被告：江苏省苏州市工业园区环境保护局

二、基本案情

江苏省苏州市工业园区环境保护局（以下简称园区环保局）连续接到汀兰家园小区居民关于周围企业产生异味影响正常生活和健康的投诉。

2013年9月起，园区环保局对该小区周边企业废气排放情况集中排查整治，划定包括梦达驰汽车系统（苏州工业园区）有限公司（以下简称梦达驰公司）在内的58家企业作为检查对象。

2013年9月30日，园区环保局执法人员会同苏州市环境监察支队执法人员至梦达驰公司进行执法检查时，该公司保安以未办理来访预约为由拒绝执法人员进入现场检查。执法人员随即拨打110报警求助，在民警和执法人员的要求下，保安电话联系公司环保负责人后仍以未预约为由拒绝执法人员进入现场检查。园区环保局执法人员因受阻挠而认为丧失最佳检查时机，故未强行进入现场进行检查。同时，留下《致董事长（总经理）的一封信》和《预防环境污染犯罪宣传手册》两份宣传材料。

2013年12月6日，园区环保局向该公司邮寄送达了《行政处罚事先告知书》。在规定的期限内，该公司未向园区环保局提出陈述申辩意见。

2013年12月20日，园区环保局作出行政处罚决定，认定2013年9月30日园区环保局依法对梦达驰公司开展废气排放企业专项现场检查时，该公司拒绝其入内开展检查，违反《大气污染防治法》关于"环境保护行政主管部门和其他监督管理部门有权对管辖范围内的排污单位进行现场检查，被检查单位必须如实反映情况，提供必要的资料"的规定，根据《行政处罚法》《大气污染防治法》等有关规定，对该公司处以罚款人民币4万元的行政处罚。梦达驰公司不服，提起行政诉讼，请求法院撤销该行政处罚决定。

原告梦达驰公司诉称：（1）原告不存在拒绝被告现场检查的违法事实。（2）原告不属于《大气污染防治法》所指"排污单位"，被告无权对原告进行"现场检查"，被告以《大气污染防治法》第21条、第46条第（2）项对原告进行处罚系适用法律错误。（3）被告处罚畸重。（4）被告在处罚过程中存在过失，未能保障原告的陈述申辩权。原告请求法院撤销被告作出的苏园环行罚字〔2013〕第080号行政处罚决定书。

被告园区环保局辩称：（1）被告作出的行政处罚决定认定事实清楚。（2）被告依据《大气污染防治法》第21条、第46条第（2）项的规定作出行政处罚决定，适用法律正确。①一切在生产过程中产生污染的单位都是排污单位。②原告单位主要生产工艺为注塑加工等，从生产工艺分析，明显有废气产生，控制不当则可能影响周边环境。同时，部分企业还存在擅自改变生产工艺、增加生产设备、规避监管、增加废气排放的行为，只有通过日常监管和执法检查才能及时发现并制止此类环境违法行为。③原告已履行环保审批、验收程序，只能表明其依法履行建设项目环境管理的相关要求，并不能证明其后没有违反环保法律法规的行为，更不能证明其为非排污单位。综上，被告对工业企业开展日常监督检查以确保企业遵守环保法律法规，也是保障居民合法环境权益的重要手段，原告以其不是排污单位为由拒绝执法检查无任何理由。（3）被告作出的行政处罚决定幅度适当。（4）被告作出的行政处罚决定程序合法。综上，被告请求法院依法判决维持被诉具体行政行为。

三、处理结果

驳回原告的诉讼请求。

四、点评解析

(一) 被告是否具有法定的职责,是否属于适格的被告

根据《大气污染防治法》第 4 条第 1 款的规定,被告园区环保局作为辖区内环境保护行政主管部门,有权对辖区内大气污染违法行为予以查处,系本案的适格被告。

(二) 原告是否存在拒绝被告执法检查的行为

国家环境保护行政机关依法实施环境保护执法检查,是法律赋予执法机关的权力和职责,具有行政强制力,原告公司的内部管理规定不能对抗国家强制性法律规定。根据被告制作的现场执法录像视频和现场检查笔录可认定:原告公司保安以公司外来人员没有预约不得进入厂区的公司管理规定为由阻碍、拒绝依法进行的行政执法行为,在公安民警到场介入的情况下,仍以环保负责人在高速公路开车不方便接电话为由拒绝检查,原告的行为已构成拒绝被告执法检查。

(三) 关于行政处罚决定适用法律是否正确

本案原、被告双方在法律适用上的争议主要集中于《大气污染防治法》第 21 条中"排污单位"的理解上。该条所称"排污单位"不能简单理解为已领取排污许可证或已进行排污备案的单位,任何其他存在废气排放可能性的单位均可被列为检查对象而构成该条所指的"排污单位"。否则,无法维护环境保护行政监管的有效性和惩处破坏环境的违法行为。对于是否存在废气排放等环境污染情况需要通过执法检查才能核实判定。此外,环境保护行政管理部门的执法检查必须具有合理性和针对性,不能随意对无关的单位进行检查。本案中,被告开展汀兰家园周边企业废气排放情况集中排查整治的起因是汀兰家园小区居民不断投诉异味扰民问题。由于大气污染的特殊性,很难直接准确地判断污染源,故而被告将汀兰家园小区周边包括原告在内的 58 家工业企业列入排查对象具有合理性和针对性。被告认定原告违反《大气污染防治法》第 21 条,适用法律正确,而原告认为其不属"排污单位",于法无据。

(四) 关于行政处罚程序是否符合法定的程序

首先，执法检查程序。被告制作的现场执法录像视频和现场检查笔录均反映：在执法检查过程中，被告两名以上执法人员会同苏州市环境监察支队执法人员对原告展开检查，执法人员向原告单位保安出示了执法证件，表明了执法来意，被告的检查程序符合《行政处罚法》第 37 条对检查程序的规定。

其次，行政处罚前告知程序。被告在作出行政处罚前，通过 EMS 快递方式向原告送达了《行政处罚事先告知书》，告知行政处罚的事实、理由和依据，以及原告在期限内有权进行陈述和申辩。该告知程序符合《行政处罚法》第 41 条及《环境行政处罚办法》第 48 条的相关规定。原告认为被告将《行政处罚事先告知书》邮寄给公司总经理，影响了原告正常行使陈述申辩权，理由不能成立。公司总经理对公司事务具有管理权和处置权，被告将上述文书邮寄给总经理，并未违反法律规定，仅是由于原告公司内部规定导致寄给总经理的信件未能及时处理，因此并不能认定被告程序违法。

(五) 关于处罚幅度是否合法、合理、适当

原告违法行为的侵害对象是国家环境保护监管秩序，选择处罚幅度时主要应考虑行为人的过错程度、违法行为的方式，原告的生产经营活动是否符合环保要求非本案审查要点。原告无正当理由拒绝被告的执法检查，事后也未及时采取补救、改正措施，其主观过错较大，被告对原告所作出的罚款在法定处罚幅度内，并无不当。

现场检查是环境保护行政部门收集证据、制止环境污染违法行为的重要程序和手段，被检查单位拒绝环境保护行政部门现场检查的行为，依法应予处罚。

值得一提的是，2015 年 8 月 29 日新修订的《大气污染防治法》对此作了更进一步的严格规定，对被检查单位拒绝环境保护行政部门现场检查的行为，"责令改正，处二万元以上二十万元以下的罚款；构成违反治安管理行为的，由公安机关依法予以处罚"。

五、实务提示

1. 新修订的《大气污染防治法》对"以拒绝进入现场等方式拒不接受环

境保护主管部门及其委托的环境监察机构或者其他负有大气环境保护监督管理职责的部门的监督检查"的法律责任是什么？

2. 环保行政执法人员如何收集、保留拒绝入场检查的证据？

六、法条链接

■《中华人民共和国大气污染防治法》【2016年】

第九十八条　违反本法规定，以拒绝进入现场等方式拒不接受环境保护主管部门及其委托的环境监察机构或者其他负有大气环境保护监督管理职责的部门的监督检查，或者在接受监督检查时弄虚作假的，由县级以上人民政府环境保护主管部门或者其他负有大气环境保护监督管理职责的部门责令改正，处二万元以上二十万元以下的罚款；构成违反治安管理行为的，由公安机关依法予以处罚。

【旧法第四十六条，已作修改】

《中华人民共和国大气污染防治法》【2000年旧法】

第四十六条　违反本法规定，有下列行为之一的，环境保护行政主管部门或者本法第四条第二款规定的监督管理部门可以根据不同情节，责令停止违法行为，限期改正，给予警告或者处以五万元以下罚款：

（一）拒报或者谎报国务院环境保护行政主管部门规定的有关污染物排放申报事项的；

（二）拒绝环境保护行政主管部门或者其他监督管理部门现场检查或者在被检查时弄虚作假的；

（三）排污单位不正常使用大气污染物处理设施，或者未经环境保护行政主管部门批准，擅自拆除、闲置大气污染物处理设施的；

（四）未采取防燃、防尘措施，在人口集中地区存放煤炭、煤矸石、煤渣、煤灰、砂石、灰土等物料的。

案例十五

平江县格林莱环保实业有限公司未正常使用水污染处理设施行政处罚案

一、当事人概况

原告：平江县格林莱环保实业有限公司

被告：平江县环境保护局

二、基本案情

2013年3月13日17时至18时，原告平江县格林莱环保实业有限公司（以下简称格林莱公司）生活污水处理厂因滗水器未正常工作，造成未经处理达标的高浓度污水排入汨罗江，外排污水中污染因子COD浓度为335毫克/升，悬浮物浓度为287毫克/升，色度为102。被告接到排污口附点村民举报后立即赶到现场，进行检查，原告迅速采取措施防止了污水继续外排。

2013年3月15日，原告向平江县人民政府及主管部门对上述事件进行了说明，提出整改措施。同月22日原告对被告出具报告，认为上述事件为偶发事件并及时进行了纠正，因尚未对水体环境及周边生态造成危害，请求被告不予行政处罚。被告未予采纳，并根据《环境保护部、财政部、国家发展和改革委员会关于〈水污染防治法〉第七十三条和第七十四条应缴纳排污费数额具体应用问题的通知》，核定污水排放量按30天计算，每天2吨，应交排污费372 435元。

2013年10月12日，被告向原告下达了处以15万元罚款的行政处罚决定。原告不服起诉到法院。

原告平格林莱公司诉称：

（1）我公司的生活污水处理厂在2013年3月13日17时至18时有未达标的污水排入汨罗江的原因，不是被告认定的我公司未正常使用水污染处理设施，而是我公司的污水处理设施在运行过程中发生了故障（滗水器未能正常工作），我公司主观上没有不正常使用污水处理设施的故意。事发后我公司在第一时间内采取相应措施进行了整改处置，虽因此次设备故障导致部分未达标的污水排进汨罗江但并未对周边水体造成严重后果，应属法定不予处罚的情形。依照有关法律规定，被告不应对我公司作出行政处罚。

（2）对我公司给予人民币15万元的罚款没有法律依据。即使我公司的行为构成不正当使用污水处理设施，按《水污染防治法》第73条的规定，也应对我公司处以应缴纳排污费数额一倍以上三倍以下的罚款。我公司所排污水应缴纳的排污费完全可以按照国家计委、财政部、环保总局、经贸委2003年第31号令规定的计算标准和方法计算出来，而不是处罚决定书所说的372 435元。

综上所述，我公司认为被告不应因生产设施在运行过程中发生故障引起未达标污水排入汨罗江的行为进行行政处罚，其对我公司罚款人民币15万元没有法律依据。请求依法撤销被告对我公司作出的行政处罚。

被告平江县环境保护局辩称：

1. 我局作出的行政处罚决定认定的事实清楚、证据确凿、定性准确、法律适用无误、处罚程序合法

①违法事实清楚。2013年3月13日17时20分，平江县城关镇城坪村村民用电话向我局举报原告城关生活污水集中处理厂向汨罗江直接排放污水。接到举报后，我局立即组织所属的管理、监察、法制、监测等部门现场察看。17时47分，赶到案发现场，见一股流量很大的深黑褐色的污水夹带着臭气排入汨罗江，半边江水被污染成黑褐色，江面上还漂浮着许多细小的悬浮物；江岸上有村民在指责，我局来到污水处理池边察看，四个处理池中有三个处理池水位异常偏低，其中之一的滗水器还浸在混浊的污水中，大量向外排放着污水，我局当即责令原告立即改正违法行为（该公司技术员欧阳某某随即手动抬高滗水器），并指定办案人员采样取证。监测结果表明，原告总排污口外排废水中污染因子浓度严重超标，COD为335毫克/升、悬浮物为287毫克/升、色度102，均严重超过国家和地方排放标准，且直排废水量较大，属于未正常使用水污染处理设施的违法排污行为。

②调查程序合法,本案由我局两名执法人员共同负责调查,取证规范,符合法律要求。2013年3月13日17时48分左右,我局先后拍取现场照片,真实记录了案发现场。有多名群众在场,也有我局多名工作人员为证,原告确认无误。用塑料桶在污水处理厂总排污口处采取水样一桶,采样前反复清洗塑料桶,确保样水客观真实。18时10分我局监测站的工作人员赶到现场,依法在塑料桶内取得水样,并于2013年3月15日出具了《平环监字J2013第〔004〕号》监测报告。然后,我们对原告技术管理员欧阳某某进行了询问。现场勘察后,对施某某、刘某某进行调查。

③对违法行为定性准确。不管原告出于何种原因,也不管有意还是无意,只要违反水污染处理设施正常运行规范,就可认定为"不正常使用"处理设施。环保部《关于不正常使用水污染物处理设施的认定和处罚问题的复函》《最高人民法院、最高人民检察院关于办理环境污染刑事案件适用法律若干问题的解释》(法释〔2013〕15号)等都有类似的规定。

④对原告的处罚适用法律正确。原告上述行为违反了《水污染防治法》第9条"排放水污染物,不得超过国家或者地方规定的水污染物排放标准和重点水污染物排放总量控制指标"及第31条第2款,依法应当予以行政处罚。原告虽在3月22日向我局出具了《请求免予行政处罚的报告》,但原告的违法事实不符合《环境行政处罚办法》第7条规定的情形,我局经集体讨论不予采纳。随后我局又于2013年4月28日书面告知了原告违法事实,处罚依据和拟作出的处罚决定,并明确告知了原告有权进行陈述、申辩和听证。但原告在规定的期限内未向我局提出陈述、申辩和申请听证。依据《水污染防治法》第73条之规定,我局本应对原告处以当月一倍排污费(372 435元)的罚款,但考虑到原告态度较好,能积极配合整改,且事件本身未对周边水体环境造成严重后果,符合减轻行政处罚的法定情形,根据《行政处罚法》的规定,经案件审理领导小组集体研究决定才作出行政处罚。

2. 对原告罚款15万元有充分的法律依据

(1)对原告罚款15万元合法合理。根据《水污染防治法》第73条之规定,适当给予减轻处罚考虑了原告的客观实际,合情合理合法,是行政基本原则的体现,符合依法行政要求。

（2）应缴纳排污费数额算法有凭有据，应缴纳排污费数额准确无误。《环境保护部、财政部、国家发展和改革委员会关于〈水污染防治法〉第七十三条和第七十四条"应缴纳排污费数额"具体应用问题的通知》中有明确的规定，我局依据该通知确定排污数量无可厚非。另根据《排污费征收标准管理办法》和《排污费征收标准及计算方法》，最终计算原告应该缴纳的排污费数额是372 435万元。具体计算方法如下：

①2013年3月核定数据

A. 废水排放量：60万吨（按30天每天2吨计算）。

B. 监测数据（执行GB189182002一级排放准B标准）。

a. COD：335Mg/1；b. SS：287Mg/1；c. 色度：102倍（排放标准为：30倍）。

②计算结果

A. 污染物排放量。

a. COD：600 000 × 335/1000 = 201 000kg，b. SS：600 000 × 287/1000 = 172 200kg，c. 色度超标倍数：（102 - 30）/30 = 2.4

B. 污染物当量数。

a. COD：201 000/1 = 201 000；b. SS：172 200/4 = 43 050；c. 色度：600 000 × 2.4/5 = 288 000

C. 污染物排污费。

三项合计：（201 000 + 43 050 + 288 000）× 0.7 = 372 435元。

为此，被告并提供了作出被诉具体行政行为的证据：

（1）现场照片、现场检查笔录、现场监管登记卡；

（2）欧阳某某、刘某某、施某某的证言；

（3）原告向主管行政机关出具的陈述；

（4）原告出具的请求免予处罚的报告；

（5）排污费核定通知；证明原告违法事实存在。

法律依据：

（1）《排污费征收标准管理办法》；（2）《水污染防治法》。

综上所述，我局作出对原告行政处罚的具体行政行为证据确凿，适用法律法规正确，符合法定程序；原告起诉缺乏依据，请求法院依法维持我局作出的具体行政行为。

三、处理结果

撤销被告平江县环境保护局2013年10月12日对原告作出的湘（平）环罚字〔2012〕003号行政处罚决定。

四、点评解析

（一）如何认定"不正常使用水污染物处理设施"

法院撤销本案行政处罚的理由为：造成超标排放污染物是原告设备出现故障所致，并非被告认定的未正常使用水污染处理设施，且排放时间较短、被告按30天核定污水排放量与本案事实不符。由此，对原告罚款15万元主要证据不足。原告发现后立即采取了措施，防止了超标污水的继续排放，特别是没有对水体及固体生态造成较大危害。根据《行政处罚法》第27条第2款"违法行为轻微并及时纠正，没有造成危害后果的，不予行政处罚"，对原告应不予行政处罚。被告适用《水污染防治法》第70条错误。一方面，造成超标排放污染物是原告设备出现故障所致，属于被告认定的未正常使用水污染物处理设施。根据环境保护部（原国家环保总局）作出的《关于不正常使用水污染物处理设施的认定和处罚问题的复函》中规定，"不按规程进行检查和维修，致使处理设施不能正常运行"的，属于排污单位"不正常使用"水污染物处理设施之情形。另一方面，依照《水污染防治法》第73条之规定，违反本法规定，不正常使用水污染物处理设施，或者未经环境保护主管部门批准拆除、闲置水污染物处理设施的，由县级以上人民政府环境保护主管部门责令限期改正，处应缴纳排污费数额一倍以上三倍以下的罚款。因此，该规定并未以造成危害后果为处罚的标准，原告及时采取措施，只是在处罚数额上可以从轻而非免除。

（二）被告环保局如何适用法律

原告所主张的"原告发现后立即采取措施，防止了超标污水的继续排放，特别是没有对水体及周边生态造成较大危害，根据《行政处罚法》

第 27 条第 2 款之规定，违法行为轻微并及时纠正，没有造成危害后果的，不予行政处罚，对原告应不予行政处罚"是不能成立的。在普通法与特别法不一致时，应当适用特别法《水污染防治法》而非普通法《行政处罚法》。

同时，原告的行为已经造成危害后果，即"见一股流量很大的深黑褐色的污水夹带着臭气排入汨罗江，半边江水被污染成黑褐色"，并非未造成危害后果。当然，从本案原告的辩称中可以看出，原告对此是清楚的，"特别是没有对水体及周边生态造成较大危害"，原告这里辩称为"造成较大危害"。因此，本案不应当适用《行政处罚法》，亦不符合《行政处罚法》第 27 条第 2 款规定之情形。

五、实务提示

1. 如何认定"不正常使用"水污染物处理设施？
2. 当法律规定不一致时，如何适用法律？
3. 如何计算"应缴纳排污费数额"？

六、法条链接

■《中华人民共和国水污染防治法》【2008 年】

第七十三条 违反本法规定，不正常使用水污染物处理设施，或者未经环境保护主管部门批准拆除、闲置水污染物处理设施的，由县级以上人民政府环境保护主管部门责令限期改正，处应缴纳排污费数额一倍以上三倍以下的罚款。

第七十四条 违反本法规定，排放水污染物超过国家或者地方规定的水污染物排放标准，或者超过重点水污染物排放总量控制指标的，由县级以上人民政府环境保护主管部门按照权限责令限期治理，处应缴纳排污费数额二倍以上五倍以下的罚款。

限期治理期间，由环境保护主管部门责令限制生产、限制排放或者停产整治。限期治理的期限最长不超过一年；逾期未完成治理任务的，报经有批准权的人民政府批准，责令关闭。

■《国家环保总局办公厅关于不正常使用水污染物处理设施的认定和处罚问题的复函》(国环办〔1998〕98号)

广东省环境保护局：

你省南海市环保局1998年3月11日向我局提出《关于执行〈水污染防治法〉有关问题的请示》（南环字〔1998〕1号）。经研究，现就如何认定"不正常使用"水污染物处理设施的问题函复如下：

根据全国人民代表大会常务委员会修改后的《水污染防治法》第14条第二款和第48条的规定，排污单位必须保持水污染物处理设施的正常使用；排污单位故意不正常使用水污染物处理设施，排放污染物超过规定标准的，由县级以上地方人民政府环保部门责令恢复正常使用，并处罚款。

地方环保部门在具体适用上述规定时，应掌握如下界限：

一、关于"不正常使用"处理设施的认定

对排污单位违反水污染物处理设施正常运行规范而使用水污染物处理设施的情形，环保部门都可认定为"不正常使用"处理设施。在环境保护监督管理实践中，排污单位"不正常使用"水污染物处理设施，通常表现为如下情形之一：

1. 将部分或全部污水不经过处理设施而直接排入环境；
2. 将未处理达标的污水从处理设施的中间工序引出直接排入环境；
3. 将部分或者全部处理设施停止运行；
4. 违反操作规程使用处理设施，或者不按规程进行检查和维修，致使处理设施不能正常运行；
5. 违反处理设施正常运行所需的条件，致使处理设施不能正常运行的其他情形。

二、关于"不正常使用"处理设施的行政处罚

对故意不正常使用水污染物处理设施，并且排放污染物超过规定标准的排污单位，环保部门应依法责令恢复正常使用，并处罚款。

地方各级环保部门在裁定罚款数额时，可以根据排污单位的具体违法情节，并在《水污染防治法实施细则》规定的地方各级环保部门罚款权限之内，决定相应的罚款数额。

以上意见，请你局转达南海市环保局。

国家环保总局
1998年6月1日

《排污费征收标准管理办法》

（国家计委、财政部、国家环保总局、国家经贸委2003年31号令）

第二条 直接向环境排放污染物的单位和个体工商户（以下简称"排污者"），必须按照本办法规定，缴纳排污费。

第三条 县级以上地方人民政府环境保护行政主管部门应按下列排污收费项目向排污者征收排污费：

（一）污水排污费。对向水体排放污染物的，按照排放污染物的种类、数量计征污水排污费；超过国家或者地方规定的水污染物排放标准的，按照排放污染物的种类、数量和本办法规定的收费标准计征的收费额加一倍征收超标准排污费。

对向城市污水集中处理设施排放污水、按规定缴纳污水处理费的，不再征收污水排污费。

对城市污水集中处理设施接纳符合国家规定标准的污水，其处理后排放污水的有机污染物（化学需氧量、生化需氧量、总有机碳）、悬浮物和大肠菌群超过国家或地方排放标准的，按上述污染物的种类、数量和本办法规定的收费标准计征的收费额加一倍向城市污水集中处理设施运营单位征收污水排污费，对氨氮、总磷暂不收费。对城市污水集中处理设施达到国家或地方排放标准排放的水，不征收污水排污费。

附件：排污费征收标准及计算方法

一、污水排污费征收标准及计算方法

（一）污水排污费按排污者排放污染物的种类、数量以污染当量计征，每一污染当量征收标准为0.7元。

（二）对每一排放口征收污水排污费的污染物种类数，以污染当量数从多到少的顺序，最多不超过3项。其中，超过国家或地方规定的污染物排放标准的，按照排放污染物的种类、数量和本办法规定的收费标准计征污水排污费的收费额加一倍征收超标准排污费。

■《环境保护部关于明确排污费核算有关问题的复函》【2016年】

陕西省环境保护厅：

你厅《关于明确排污费核算有关问题的函》（陕环函〔2016〕26号）收悉。经研究，现函复如下：

《环境保护法》第四十三条第一款规定："排放污染物的企业事业单位和其他生产经营者，应当按照国家有关规定缴纳排污费。"《排污费征收使用管理条例》（国务院令第369号）第六条规定："排污者应当按照国务院环境保护行政主管部门的规定，向县级以上地方人民政府环境保护行政主管部门申报排放污染物的种类、数量，并提供有关资料。"环境保护主管部门根据排污者申报的排放污染物的种类、数量以及相关资料核算排放量、征收排污费；排污者对其申报的排放污染物的种类、数量以及相关资料的真实性、准确性、完整性负责。

特此函复。

环境保护部
2016年3月25日

案例十六

北京海马世纪汽车销售有限公司将危险废物混入非危险废物中贮存行政处罚案

一、当事人概况

行政机关：北京市石景山区环境保护局

行政相对人：北京海马世纪汽车销售有限公司

二、基本案情及处理结果

2015年6月11日，北京市石景山区环境保护局（以下简称石景山环保局）行政执法人员对本辖区内的北京海马世纪汽车销售有限公司（以下简称海马汽车销售公司）危险废物管理情况进行检查时，发现该单位将危险废物混入非危险废物中贮存。现场负责人对该事实表示予以认可。

2015年6月12日，石景山环保局对海马汽车销售公司的上述违法行为立案调查。

2015年6月16日，石景山环保局执法人员对海马汽车销售公司的委托人进行《北京市石景山区环境保护局调查询问笔录》，当事人表示配合询问，承认以上违法行为事实，并提出整改措施。

2015年7月16日，石景山环保局执法人员向海马汽车销售公司送达《北京市石景山区环境保护局责令限期改正违法行为决定书》（石环保限〔2015〕08号），责令该单位于2015年11月30日之前改正违法行为，并接受复查。

2015年7月16日，石景山环保局向海马汽车销售公司下发了《行政处罚事先告知书》（石环保告〔2015〕11号）。告知当事人石景山环保局拟对其违法行为实施行政处罚及其依法享有陈述、申辩的权利。

2015年7月28日，石景山环保局依据《固体废物污染环境防治法》第

75条第1款第（7）项以及第2款的规定，对海马汽车销售公司处以人民币两万元的罚款，并向海马汽车销售公司送达《行政处罚决定书》（石环保罚〔2015〕11号）。

2015年8月10日，海马汽车销售公司履行该处罚决定，全额缴纳罚款。

三、点评解析

（一）石景山环保局作出的行政处罚是否具有法定的职责

根据《固体废物污染环境防治法》第10条第2款"县级以上地方人民政府环境保护行政主管部门对本行政区域内固体废物污染环境的防治工作实施统一监督管理"的规定据此，石景山环保局对其辖区内企业事业单位的固体废物造成环境污染的有权进行监督管理，具有法定的职责。

（二）石景山环保局作出的行政处罚是否证据确凿、符合法定程序

石景山环保局在检查中发现违法事实，并对拟作出行政处罚的违法行为进行立案，对当事人的违法事实进行调查，并制作调查笔录确认违法事实，且由当事人对违法事实进行签字确认违法事实，同时保留、固定证据，证据确凿。石景山环保局在作出行政处罚前，按照法定程序向当事人送达了《行政处罚事先告知书》，告知当事人石景山环保局拟对其违法行为实施行政处罚及其依法享有陈述、申辩的权利，符合法定的程序。

（三）石景山环保局作出的行政处罚是否适用法律、法规正确

石景山环保局依据《固体废物污染环境防治法》第75条第1款第（7）项"将危险废物混入非危险废物中贮存的，由县级以上人民政府环境保护行政主管部门责令停止违法行为，限期改正，处以罚款"以及第二款"有前款第一项、第二项、第七项、第八项、第九项、第十项、第十一项、第十二项、第十三项行为之一的，处一万元以上十万元以下的罚款"的规定，作出行政处罚，适用法律、法规正确。

综上所述，石景山环保局对当事人将危险废物混入非危险废物中贮存的违法行为，作出罚款人民币两万元罚款的行政行为，证据确凿、适用法律法规正确、符合法定的程序。

四、实务提示

1. 环保行政机关作出处罚人民币两万元的罚款是否过轻？
2. 环保行政机关如何有效防止被处罚人屡罚屡犯？

五、法条链接

■《中华人民共和国行政处罚法》【2009年】

第三十一条　行政机关在作出行政处罚决定之前，应当告知当事人作出行政处罚决定的事实、理由及依据，并告知当事人依法享有的权利。

■《中华人民共和国固体废物污染环境防治法》【2016年】

第十条第二款　县级以上地方人民政府环境保护行政主管部门对本行政区域内固体废物污染环境的防治工作实施统一监督管理。县级以上地方人民政府有关部门在各自的职责范围内负责固体废物污染环境防治的监督管理工作。

【旧法第二条，未作修改】

第七十五条　违反本法有关危险废物污染环境防治的规定，有下列行为之一的，由县级以上人民政府环境保护行政主管部门责令停止违法行为，限期改正，处以罚款：

（一）不设置危险废物识别标志的；

（二）不按照国家规定申报登记危险废物，或者在申报登记时弄虚作假的；

（三）擅自关闭、闲置或者拆除危险废物集中处置设施、场所的；

（四）不按照国家规定缴纳危险废物排污费的；

（五）将危险废物提供或者委托给无经营许可证的单位从事经营活动的；

（六）不按照国家规定填写危险废物转移联单或者未经批准擅自转移危险废物的；

（七）将危险废物混入非危险废物中贮存的；

（八）未经安全性处置，混合收集、贮存、运输、处置具有不相容性质的危险废物的；

（九）将危险废物与旅客在同一运输工具上载运的；

（十）未经消除污染的处理将收集、贮存、运输、处置危险废物的场所、设施、设备和容器、包装物及其他物品转作他用的；

（十一）未采取相应防范措施，造成危险废物扬散、流失、渗漏或者造成其他环境污染的；

（十二）在运输过程中沿途丢弃、遗撒危险废物的；

（十三）未制定危险废物意外事故防范措施和应急预案的。

有前款第一项、第二项、第七项、第八项、第九项、第十项、第十一项、第十二项、第十三项行为之一的，处一万元以上十万元以下的罚款；有前款第三项、第五项、第六项行为之一的，处二万元以上二十万元以下的罚款；有前款第四项行为的，限期缴纳，逾期不缴纳的，处应缴纳危险废物排污费金额一倍以上三倍以下的罚款。

【旧法第七十五条，未作修改】

案例十七

中国瑞达投资发展集团公司门诊部辐射安全许可证未按照规定办理延续手续行政处罚案

一、当事人概况

行政机关：北京市石景山区环境保护局

行政相对人：中国瑞达投资发展集团公司门诊部

二、基本案情及处理结果

2015年1月13日，北京市石景山区环境保护局（以下简称石景山环保局）行政执法人员对位于北京市石景山区鲁谷路74号院的中国瑞达投资发展集团公司门诊部（以下简称瑞达公司门诊部）进行辐射安全与防护检查。现场检查发现，瑞达公司门诊部辐射安全许可证京环辐证〔H0044〕有效期至2014年10月19日，许可使用Ⅲ类射线装置。辐射安全许可证已过期，现有两台X光机在使用，一台北京万东公司生产的F99－ICT医用诊断X线机和一台福建梅生公司生产的MSD－ⅢX射线牙片机。且以后放射科和口腔科用X光机进行医疗诊断仍需要使用射线装置，需要延续辐射安全许可证，而瑞达公司门诊部未按照规定办理延续手续。

瑞达公司门诊部现场负责人向某承认违法事实，并在《现场检查（勘验）笔录》及《证据材料登记表》上签字予以认可。

2015年1月14日，石景山环保局对瑞达公司门诊部的上述违法行为立案调查，并通知其负责人接受调查。

2015年1月14日，石景山环保局执法人员对瑞达公司门诊部负责人的委托人高某某进行《北京市石景山区环境保护局调查询问笔录》，当事人积极表示配合询问，承认以上违法行为事实。

2015年1月28日，石景山环保局执法人员向瑞达公司门诊部送达《北京市石景山区环境保护局行政处罚事先告知书》（石环保告〔2015〕03号），告知当事人石景山环保局拟对其违法行为实施行政处罚及其依法享有陈述、申辩的权利。截至2015年2月1日，瑞达公司门诊部未申请举行听证，视为瑞达公司门诊部放弃听证要求。

2015年3月2日，石景山环保局依据《放射性同位素与射线装置安全和防护条例》第52条第1款第（4）项的规定，对瑞达公司门诊部作出如下处罚决定：限60日内改正违法行为并处罚款人民币两万元整。随后，向中国瑞达投资发展集团公司门诊部送达《行政处罚决定书》（石环保罚〔2015〕03号）。

2015年3月17日，当事人执行该处罚决定，全额缴纳罚款。

三、点评解析

（一）石景山环保局作出的行政处罚是否具有法定的职责

根据《放射性污染防治法》第11条和第53条、《放射性同位素与射线装置安全和防护条例》第52条等规定，县级以上人民政府环境保护行政主管部门有权对放射性污染防治进行监督检查。据此，石景山环保局对其辖区的瑞达公司门诊部违法使用放射性装置有权进行监督管理。

（二）石景山环保局作出的行政处罚是否证据确凿、符合法定程序

石景山环保局在检查中发现瑞达公司门诊部使用射线装置未按照规定办理许可的违法事实，并对拟作出行政处罚的违法行为进行立案，对当事人的违法事实进行调查，并制作调查笔录确认违法事实，且由当事人对违法事实进行签字确认，同时保留证据。石景山环保局在作出行政处罚前，按照规定向当事人送达《行政处罚事先告知书》，告知当事人石景山环保局拟对其违法行为实施行政处罚及其依法享有陈述、申辩、申请听证的权利。

（三）石景山环保局作出的行政处罚是否适用法律、法规正确

根据《放射性同位素与射线装置安全和防护条例》第52条之规定，瑞达公司门诊部违反规定使用射线装置，可以对其作出限期改正并处以1万元以上10万元以下的罚款。本案石景山环保局作出的行政处罚符合上述规定。

综上所述，石景山环保局对瑞达公司门诊部违法使用射线装置的行为作出限期改正并处以两万元罚款的行政行为证据确凿、适用法律法规正确、程序合法。

本案是石景山环保局首次对未按规定办理辐射安全许可证延续的案例，该区有 70 多家使用辐射装置的企业单位。本案特别提醒相关企业单位要时刻关注自己手中的辐射安全许可证的有效期，依法按时办理许可证延续；同时也提醒环保行政机关要严格进行监督，依法行使管理权。

四、实务提示

如何有效地监督应当办理辐射安全许可证及延期的机器设备？

五、法条链接

■ 《中华人民共和国放射性污染防治法》【2003 年】

第十一条　国务院环境保护行政主管部门和国务院其他有关部门，按照职责分工，各负其责，互通信息，密切配合，对核设施、铀（钍）矿开发利用中的放射性污染防治进行监督检查。

县级以上地方人民政府环境保护行政主管部门和同级其他有关部门，按照职责分工，各负其责，互通信息，密切配合，对本行政区域内核技术利用、伴生放射性矿开发利用中的放射性污染防治进行监督检查。

监督检查人员进行现场检查时，应当出示证件。被检查的单位必须如实反映情况，提供必要的资料。监督检查人员应当为被检查单位保守技术秘密和业务秘密。对涉及国家秘密的单位和部门进行检查时，应当遵守国家有关保守国家秘密的规定，依法办理有关审批手续。

第二十八条　生产、销售、使用放射性同位素和射线装置的单位，应当按照国务院有关放射性同位素与射线装置放射防护的规定申请领取许可证，办理登记手续。

转让、进口放射性同位素和射线装置的单位以及装备有放射性同位素的仪表的单位，应当按照国务院有关放射性同位素与射线装置放射防护的规定办理有关手续。

第五十三条 违反本法规定，生产、销售、使用、转让、进口、贮存放射性同位素和射线装置以及装备有放射性同位素的仪表的，由县级以上人民政府环境保护行政主管部门或者其他有关部门依据职权责令停止违法行为，限期改正；逾期不改正的，责令停产停业或者吊销许可证；有违法所得的，没收违法所得；违法所得十万元以上的，并处违法所得一倍以上五倍以下罚款；没有违法所得或者违法所得不足十万元的，并处一万元以上十万元以下罚款；构成犯罪的，依法追究刑事责任。

■《放射性同位素与射线装置安全和防护条例》【2005年】

第五条 生产、销售、使用放射性同位素和射线装置的单位，应当依照本章规定取得许可证。

第五十二条 违反本条例规定，生产、销售、使用放射性同位素和射线装置的单位有下列行为之一的，由县级以上人民政府环境保护主管部门责令停止违法行为，限期改正；逾期不改正的，责令停产停业或者由原发证机关吊销许可证；有违法所得的，没收违法所得；违法所得10万元以上的，并处违法所得1倍以上5倍以下的罚款；没有违法所得或者违法所得不足10万元的，并处1万元以上10万元以下的罚款：

（一）无许可证从事放射性同位素和射线装置生产、销售、使用活动的；

（二）未按照许可证的规定从事放射性同位素和射线装置生产、销售、使用活动的；

（三）改变所从事活动的种类或者范围以及新建、改建或者扩建生产、销售、使用设施或者场所，未按照规定重新申请领取许可证的；

（四）许可证有效期届满，需要延续而未按照规定办理延续手续的；

（五）未经批准，擅自进口或者转让放射性同位素的。

第二章　环境行政许可

为了规范行政许可的设定和实施,保护公民、法人和其他组织的合法权益,维护公共利益和社会秩序,保障和监督行政机关有效实施行政管理,制定了《行政许可法》,并于 2004 年 7 月 1 日实施。环保部门依法承担着大量的行政许可审批职能,保证行政许可法全面、正确的实施,是各级环保部门的一项重要职责。

什么是行政许可?《行政许可法》第 2 条规定:"本法所称行政许可,是指行政机关根据公民、法人或者其他组织的申请,经依法审查,准予其从事特定活动的行为。"《行政许可法》第 12 条又规定了六种事项可以设定行政许可,并采取了兜底条款"法律、行政法规规定可以设定行政许可的其他事项"。

我国在行政许可方面存在的主要问题是:法律中对行政许可设定权的行使主体未予明确,导致需要行政许可的范围过大;行政许可的实施主体也未予明确,各类行政机关甚至非行政机关的社会组织也去实施行政许可的管理活动等。尤其是"非行政许可审批"(指由行政机关及具有行政执法权的事业单位或其他组织实施的,除依据法律、法规和国务院决定等确定的行政许可事项外的审批事项)尤为突出。令人欣慰是:截至 2015 年,国务院取消和下放 311 项行政审批事项,取消 123 项职业资格许可和认定事项,彻底终结了非行政许可审批。

在"大众创业、万众创新"双创活动的背景下,2016 年 2 月 3 日,国务院作出《关于取消 13 项国务院部门行政许可事项的决定》以及《关于第二批取消 152 项中央指定地方实施行政审批事项的决定》。正如李克强总理所强调的,"对非行政许可审批事项,该取消的就要取消,该转化就要合理转化。政府做事一定要光明正大,决不能再搞'模糊边界'、再玩'模糊权力'"!

在当今社会经济和政治改革的历史潮流之下，唯有进一步深化行政体制改革，深入推进简政放权、放管结合，加快政府职能转变，才能不断提高政府管理科学化、规范化、法治化水平。而作为环保部门，必须要全面正确地遵照《行政许可法》的规定，严格履行环保行政许可审批，提高依法行政水平。

案例十八

徐某某诉山东省环保厅撤销环境影响报告书批复行政许可案

一、当事人概况

原告：徐某某

被告：山东省环境保护厅

第三人：海青铁路有限责任公司

二、基本案情

2009年12月9日，被告山东省环境保护厅作出鲁环审〔2009〕208号《关于新建铁路海天至青岛线环境影响报告书的批复》，主要内容为：海青铁路有限公司，你公司《关于报送的函》（海青铁筹函〔2009〕4号）收悉。经研究，批复如下。

1. 拟建海天至青岛铁路，位于青岛和潍坊两市境内，起自接轨站海天站，至胶济线芝兰站，项目总投资325 843.26万元，其中环保投资14 696.79万元

该项目新建全长90.27km，胶济线上行疏解线4.449km。新建自接轨站海天站引出，跨胶莱河、G206、威乌高速、双山河、潍莱高速、G309、青银高速和省道220，折向蓼兰站，跨白沙河、S603、引黄济青干渠、济青高速胶济客专等，于韩伍屯村东入韩伍屯线站所引入胶济线芝兰站。按照国铁Ⅰ级、电力牵引单线线路设计，采用60kg/m钢轨，设计速度目标值160km/h。该项目新建车站3座，利用既有车站1座，新建线路所1座，共设置特大桥11座、大中桥49座、小桥147座，桥涵239座；永久占地383.40公顷，临时占地225.80公顷；将拆迁房屋14502㎡。该项目符合国家产业政策，在落实环境影响报告书提出的污染防治和生态保护措施的前提下，能够满足环保

要求，同意你单位按照报告书所列建设项目的性质、规模、地点、采用的生产工艺、环境保护对策措施等进行项目建设。

2. 该工程涉及噪声、振动、生态、水环境及文物保护等方面的环境问题在项目设计、建设及今后运营过程中应重点做好以下工作。

(1) 加强施工期间的环境管理。

①耕地与农田保护。设计中应进一步优化线路布设，在线路经过基本农田段尽量收缩边坡，降低路基高度，最大限度减少基本农田占用面积；工程设置的取土场、施工便道、施工场地等临时性用地不得占用耕地和基本农田。对线路占用的基本农田实行补偿制度，"占多少，补多少"，由建设单位负责开垦与占用基本农田数量和质量相当的耕地。

②植被保护与恢复。工程用地范围内，适宜移植的树木应当在工程占压前进行移栽；工程线路两侧用地界范围内可绿化地段应根据工程绿化方案，采取绿化防护措施；对站场新增永久用地应落实绿化设计方案，绿化面积应达到永久用地的15%。

③临时工程的防护。工程填方表层剥离土壤应集中在临时堆土场存放，用于铁路绿化工程的表土改造；取土场应集中设置，并尽量利用荒地进行取土，表层熟土要集中堆放，取土场取土后应及时平整，回铺覆盖熟土，并恢复植被或改作池塘；新建施工便道要尽量与当地村庄道路建设相结合，合理规划便道的走向、长度及宽度，做到永临结合；施工结束后，对不能利用的便道、施工场地和营地等临时占地要平整清理恢复植被。

④施工物料应集中存放，物料堆存及运输时须采取压实或篷布罩盖；物料堆场须远离居民住宅区、学校等敏感保护目标300m以外，且应设在下风向；对运输道路、施工路段、物料堆场等易扬尘处要采取定时洒水等抑尘措施，控制扬尘污染。施工临时饮食炉灶须使用清洁能源。

⑤农村地区施工营地应设旱厕，并及时清淘、加强管理，粪便集中用于积肥；城区施工营地尽量利用既有排水管道，生活污水就近接管；施工机械维修点应设在硬化地面或干化场，维修、清洗污水要集中收集；加强施工管理，减少施工机械跑冒滴漏油；线路跨越河流施工时，针对不同基础形式，采取相应防护措施，禁止施工物料和施工泥浆流入河中。

⑥合理布局施工现场，施工场地应尽量远离居民点，噪声大的施工机械布置在远离居民点一侧，施工便道尽量远离居民点，合理安排载重车辆走行时间，严格控制强噪声机械夜间施工作业。

⑦施工期建筑垃圾须运至指定的弃渣场或其他指定场所处置，生活垃圾应实行定点收集，送环卫部门集中处置。

（2）沿线跨越胶莱河、泽河、双山河、胶河、引黄济青输水河、墨水河等水体的桥梁，饮用水源二级保护区。对跨越大沽河水系饮用水源保护区、饮用水源二级保护区和引黄济青干渠的桥梁桥面补设集水系统，桥面雨污水不得排入饮用水源二级保护区。制定危险化学品运输事故应急预案，防止危险品运输过程中的突发事故对水体造成污染。施工应在枯水期，采用双层钢板围堰防护施工，禁止在水源地内设置施工营地等大临工程，河道300m范围内严禁设料场、废弃物堆放场、施工营地等。禁止在减河内清洗装贮油类或其他有毒有害物质的车辆及包装用具。

（3）落实噪声治理措施，全线敏感点32处，其中30m以内噪声敏感点9处，振动敏感点11处。新建铁路两侧30m以内敏感点全部搬迁，30m以外超标敏感点采取隔声屏障、通风隔声窗等措施，确保沿线环境噪声满足《声环境质量标准》（GB3095-2008）2类声功能区标准要求。

（4）牵引变电所选址要尽可能远离学校、医院、办公区和居民区等电磁敏感目标。工程应预留有线电视建网费，对沿线受影响的有线网居民用户实施补偿。

（5）沿线站新增生活污水须经化粪池处理后排入站区既有排水系统，汇入市政排水管网。不能进入市政排水管网的生活污水，采用化粪池处理后用于周边农田或本站绿化农肥，不得外排。

（6）沿线各站生活采暖均应采用集中供热供暖或空调取暖，不得新建锅炉。

（7）城市规划管理部门应合理规划与利用线路两侧区域，禁止新建居民住宅、学校、医院等噪声、振动敏感建筑，既有建筑不宜进行改扩建。

（8）征地、拆迁涉及沿线文物古迹时，应按国家及山东省文物保护相关法规落实各项文物保护措施。施工过程中发现文物应立即停止施工、保护好现场，并立即向文物保护主管部门报告。

3. 按照国家有关环保要求，另行开展电磁辐射环境影响评价

4. 工程建设必须严格执行"三同时"制度，由青岛市环保局、潍坊市环保局负责工程施工和日常运行期间的环境监督检查工作

工程建成后，你局应向我厅提交书面试运行申请，经我厅检查同意后，方可投入试运行，并在3个月内申请工程竣工环境保护验收。

5. 若该项目的选线方案有重大变化，应当重新向我厅报批环境影响评价文件

原告徐某某诉称：原告为山东省高密市姚哥庄镇太平庄村村民，2011年4月，"中铁电气化局集团海青铁路工程项目部"以建设海青铁路名义，强行占用了原告土地，原告至今未得到合理补偿。原告委托律师对海青铁路项目的建设和用地手续进行调查，于2013年4月18日在被告处查阅到鲁环审〔2009〕208号《关于新建铁路海天至青岛线环境影响报告书的批复》。

原告认为，环境影响评价报告审批是铁路工程开工建设的前置程序，环评报告不通过，铁路工程项目就不能开工，原告土地就不会被征收和占用，因此，环评报告审批和原告具有密切的法律关系，其合法与否至关重要。

而该批复存在程序和实体上的错误，具体理由如下。

1. 项目单位在编制环境影响报告书过程中未公开环境影响评价信息，征求公众意见，环境影响报告书中没有公众参与篇章，被告在此情况下受理该项目的环评申请违法

《环境影响评价公众参与暂行办法》第5条规定："建设单位或者其委托的环境影响评价机构在编制环境影响报告书的过程中，环境保护行政主管部门在审批或者重新审核环境影响报告书的过程中，应当依照本办法的规定，公开有关环境影响评价的信息，征求公众意见。"原告作为该铁路途经沿线的居民，从未有单位和个人征询其对环境影响的意见和建议，完全是编制单位"闭门造车"和"纸上谈兵"的产物。该法第6条还规定："按照国家规定应当征求公众意见的建设项目，建设单位或者其委托的环境影响评价机构应当按照环境影响评价技术导则的有关规定，在建设项目环境影响报告书中，编制公众参与篇章。按照国家规定应当征求公众意见的建设项目，其环境影

响报告书中没有公众参与篇章的,环境保护行政主管部门不得受理。"故此,被告不应当受理该环评报告,更不应该批复通过。

2. 被告在作出批复过程中未保障原告陈述、申辩和要求听证的权利,并缺乏有关单位、专家和公众的环境保护意见

《行政许可法》第36条规定:"行政机关对行政许可申请进行审查时,发现行政许可事项直接关系他人重大利益的,应当告知该利害关系人。申请人、利害关系人有权进行陈述和申辩。行政机关应当听取申请人、利害关系人意见。"《环境影响评价法》第21条规定:"除国家规定需要保密的情形外,对环境可能造成重大影响、应当编制环境影响报告书的建设项目,建设单位应当在报批建设项目环境影响报告书前,举行论证会、听证会,或者采取其他形式,征求有关单位、专家和公众的意见。"《建设项目环境保护管理条例》第15条规定:"建设单位编制环境影响报告书,应当依照有关法律规定,征求建设项目所在地有关单位和居民的意见。"根据以上法规,本案未进行相关必经程序,未对相关意见作出采纳或者不予采纳的说明,缺乏审批依据。

3. 被告作出具体行政行为欠缺法定要件

《国务院办公厅关于加强和规范新开工项目管理的通知》(国办发〔2007〕64号)第2条第5款规定:"各级发展改革等项目审批(核准、备案)部门和城乡规划、国土资源、环境保护、建设等部门都要严格遵守上述程序和规定,加强相互衔接,确保各个工作环节按规定程序进行。对未取得规划选址、用地预审和环评审批文件的项目,发展改革等部门不得予以审批或核准。对于未履行备案手续或者未予备案的项目,城乡规划、国土资源、环境保护等部门不得办理相关手续。"该项目在申报审批过程中,未办理规划选址和土地预审等前置手续,被告不应当受理环境影响报告的审查,更不得违规批复。

综上所述,被告的行政审批行为严重违反了法定程序,审批内容不严谨且明显存在疏漏与错误,原告依据《行政复议法》第28条第(3)项之规定,于2013年5月30日提起行政复议,请求复议机关依法撤销鲁环审〔2009〕208号《关于新建铁路海天至青岛线环境影响报告书的批复》的具体行政行为,但原告2013年8月8日收到中华人民共和国环境保护部《行政复议决定书》

（环法〔2013〕61号）。现原告依据《行政诉讼法》第37条第1款、第38条第2款之规定，依法提起行政诉讼，请求法院：依法撤销被告于2009年12月9日向海青铁路有限责任公司作出的鲁环审〔2009〕208号《关于新建铁路海天至青岛线环境影响报告书的批复》。

被告山东省环境保护厅辩称：

1. 答辩人作出鲁环审〔2009〕208号批复与原告徐某某不具有利害关系，原告依法不具有诉讼主体资格，请法院依法驳回原告徐某某的诉讼请求

答辩人认为，根据《环境影响评价法》等法律法规，鲁环审〔2009〕208号批复是对新建铁路海天至青岛线环境影响报告书的批复，审查内容主要是对建设项目实施后可能造成的环境影响进行分析、预测和评估，提出预防或者减轻不良影响的对策和措施，并进行跟踪监测。原告徐某某所称该建设项目占用其承包的土地，是其土地权益问题，不属于鲁环审〔2009〕208号批复审查的范围。也就是说，鲁环审〔2009〕208号批复审查的是建设项目建设过程中和建成后对周围环境的影响，是原告徐某某土地权益解决之后的建设项目实施的环境影响问题。因此，答辩人作出鲁环审〔2009〕208号批复的行政行为，与原告徐某某所诉求的土地权益毫无关系，原告依法不具有诉讼主体资格，请法院依法驳回原告徐某某的诉讼请求。

2. 作出鲁环审〔2009〕208号批复属于答辩人的法定职权

根据《环境影响评价法》第22条第1款规定："建设项目的环境影响评价文件，由建设单位按照国务院的规定报有审批权的环境保护行政主管部门审批；建设项目有行业主管部门的，其环境影响报告书或者环境影响报告表应当经行业主管部门预审后，报有审批权的环境保护行政主管部门审批。"《环境影响评价法》第23条规定："国务院环境保护行政主管部门负责审批下列建设项目的环境影响评价文件：（一）核设施、绝密工程等特殊性质的建设项目；（二）跨省、自治区、直辖市行政区域的建设项目；（三）由国务院审批的或者由国务院授权有关部门审批的建设项目。""前款规定以外的建设项目的环境影响评价文件的审批权限，由省、自治区、直辖市人民政府规定。""建设项目可能造成跨行政区域的不良环境影响，有关环境保护行政主管部门对该项目的环境影响评价结论有争议的，其环境影响评价文件由共同

的上一级环境保护行政主管部门审批。"环境保护部于2009年1月16日发布了《建设项目环境影响评价文件分级审批规定》(中华人民共和国环境保护部令第5号)。该规定指出"建设对环境有影响的项目,不论投资主体、资金来源、项目性质和投资规模,其环境影响评价文件均应按照本规定确定分级审批权限。"2009年2月20日,环境保护部发布了《环境保护部直接审批环境影响评价文件的建设项目目录》及《环境保护部委托省级环境保护部门审批环境影响评价文件的建设项目目录》的公告。《环境保护部直接审批环境影响评价文件的建设项目目录》(2009年)表明:铁路项目中跨省(区、市)或100公里及以上新建(含增建)项目由环保部审批。《山东省环境保护厅关于印发〈山东省建设项目环境影响评价文件分级审批规定〉(暂行)》(鲁环发〔2003〕24号)第6条规定"凡跨设区的市级行政区域的建设项目,其环境影响评价文件,除国务院环境保护行政主管部门负责审批的外,由省环境保护行政主管部门负责审批"。本案涉及的新建铁路海天至青岛铁路位于青岛和潍坊两市境内,起自接轨站海天站,至胶济线芝兰站,项目总投资325 843.26万元,其中环保投资14 696.79万元。新建全长90.27km,胶济线上行疏解线4.449km。根据环境保护部令第5号以及2009年第7号公告的规定,该铁路项目既不属于跨省(区、市)项目,也不属于100km及以上新建(含增建)项目,不属于环保部的审批范围。根据鲁环发〔2003〕24号的规定,该铁路属于跨设区的市级行政区域的建设项目,答辩人作为省级环境保护行政主管部门,依照环境保护部令第5号和鲁环发〔2003〕24号的有关规定,对海天至青岛铁路建设项目具有审批权。作出鲁环审〔2009〕208号批复是答辩人依法对建设项目环境影响评价文件作出的行政许可决定,属履行法定职责行为。

3. 作出鲁环审〔2009〕208号批复程序合法

(1) 依法受理项目建设单位依法提出的行政许可申请。本案中,项目建设单位海青铁路有限责任公司依法向答辩人提出了《报送函》并附《新建铁路海天至青岛线环境影响报告书》,答辩人依法予以受理。(2) 答辩人依法作出了批复。根据《环境影响评价法》相关规定,答辩人对该建设项目环境影响报告书进行了审查,作出了鲁环审〔2009〕208号批复,认为该项目符合国家产业政策要求，在落实环境影响报告书提出的污染防治和生态保护措施的前提下，能够满足环保要求，同意项目建设单位按照报告书所列建设项目的性质、规模、地点、采用的生产工艺、环境保护对策措施等进行项目建设。

4. 关于原告诉状提出的几个理由的答辩意见

（1）答辩人依法受理的《新建铁路海天至青岛线环境影响报告书》中含有公众参与篇章。原告徐某某提出，项目单位在编制环境影响报告书过程中未公开环境影响评价信息并征求公众意见，环境影响报告书中没有公众参与篇章，缺乏有关单位、专家和公众的环境保护意见。答辩人受理的《新建铁路海天至青岛线环境影响报告书》中包含公众参与篇章，且建设单位依法在报告书编制过程中进行了公示。报告书编制过程采取了问卷调查、走访征询、媒体公示等方式进行了公众调查。2009年11月，建设单位委托环境影响评价单位对沿线相对距离较近的村庄和沿线政府部门进行了走访，现场交流征求公众意见，解答公众疑惑，共发放调查问卷180份，回收180份，公众参与调查统计标明沿线公众对本项目支持率达100%。2009年11月15日至24日、2009年11月25日至12月5日先后2次在中铁工程设计咨询集团公司网站进行了本项目环评公示，并在线发布了环境影响报告书简本，2009年11月23日和24日在《城市信报》第七版和《潍坊晚报》第六版刊登了本工程环境影响评价信息公告，征求了公众意见。在网络、报刊公示期间，建设单位和评价单位未收到拟建铁路沿线公众、企事业单位等就本项目提出的书面、电子邮件和电话意见。

（2）作出鲁环审〔2009〕208号批复不涉及原告徐某某重大利害关系。原告徐某某所称该建设项目占用其承包的土地，这是土地权益问题，不属于鲁环审〔2009〕208号批复审查的范围，鲁环审〔2009〕208号批复审查范围是建设项目建设过程中和建成后对周围环境的影响，是原告徐某某土地权益解决之后的建设项目实施的环境影响问题。因此，答辩人作出鲁环审〔2009〕208号批复的行政行为，与原告徐某某所诉求的土地权益毫无关系，不适用《行政许可法》第36条的规定。

（3）关于原告徐某某提出鲁环审〔2009〕208号批复欠缺法定要件问

题。答辩人认为，根据《山东省发展和改革委员会关于企业投资项目实行核准制暂行办法的通知》（鲁计投资〔2004〕1428号）附件中《政府核准的投资项目目录》（山东省2004年本）第3条"交通运输（一）铁道：新建（含增建）铁路：跨省（区、市）或100公里及以上项目由国务院投资主管部门或国务院核准；其余项目按隶属关系分别由国务院行业主管部门或省发展改革部门核准"。新建铁路海天至青岛线项目是核准制项目，并非备案制项目，项目如开工建设需通过政府相关部门的立项，并且在开工建设前应分别取得规划选址、用地预审、环评审批等文件，由政府有关部门分别审批、提交。相关法律法规并未规定规划选址、用地预审是环评审批的前置程序。因此，答辩人作出鲁环审〔2009〕208号批复并不欠缺法定要件。

5. 答辩人作出鲁环审〔2009〕208号批复适用的法律法规及政策依据

答辩人作出鲁环审〔2009〕208号批复适用了《环境影响评价法》《建设项目环境影响评价文件分级审批规定》（环境保护部令第5号）、山东省发展和改革委员会《关于企业投资项目实行核准制暂行办法的通知》（鲁计投资〔2004〕1428号）、《山东省建设项目环境影响评价文件分级审批规定（暂行）》等法律法规及政策规定。综上所述，答辩人作出鲁环审〔2009〕208号的批复是履行法定职权的行为，在履行职权过程中程序合法，尽到了相应的审查义务，符合相关法律法规的规定，请求依法维持该批复，驳回原告徐某某的诉请。

第三人海青铁路有限责任公司述称，对被告作出的被诉具体行政行为程序和实体均合法，要求驳回原告诉讼请求。

三、处理结果

驳回原告徐某某的起诉。

四、点评解析

本案的焦点是：原告是否是适格的原告诉讼主体。

根据《最高人民法院关于执行〈中华人民共和国行政诉讼法〉若干问题的解释》（2000年）第12条规定："与具体行政行为有法律上利害关系的公

民、法人或者其他组织对该行为不服的，可以依法提起行政诉讼。"

本案中，原告徐某某主张，涉案铁路建设项目相关征地行为侵害了原告的土地权益，而鲁环审〔2009〕208号《关于新建铁路海天至青岛线环境影响报告书的批复》系涉案铁路建设项目进行开工建设的前提，遂认为被告山东省环境保护厅作出的鲁环审〔2009〕208号《关于新建铁路海天至青岛线环境影响报告书的批复》侵犯了自身合法权益。而鲁环审〔2009〕208号《关于新建铁路海天至青岛线环境影响报告书的批复》是关于涉案铁路建设项目实施后对周围环境影响的评估和审核，相关征地行为的相对人就环境影响问题与被诉具体行政行为无法律上的利害关系，故原告徐某某不具有提起行政诉讼的原告主体资格。

五、实务提示

1. 如何认定行政诉讼中的原告诉讼主体资格？
2. 《行政诉讼法》（2015年）对法律上的利害关系是如何规定的？

六、法条链接

■《中华人民共和国行政诉讼法》【2015年】

第二条 公民、法人或者其他组织认为行政机关和行政机关工作人员的行政行为侵犯其合法权益，有权依照本法向人民法院提起诉讼。

前款所称行政行为，包括法律、法规、规章授权的组织作出的行政行为。

【旧法第二条，已作修改】

第二十五条 行政行为的相对人以及其他与行政行为有利害关系的公民、法人或者其他组织，有权提起诉讼。

有权提起诉讼的公民死亡，其近亲属可以提起诉讼。

有权提起诉讼的法人或者其他组织终止，承受其权利的法人或者其他组织可以提起诉讼。

【旧法第二十四条，已作修改】

第四十九条 提起诉讼应当符合下列条件：

（一）原告是符合本法第二十五条规定的公民、法人或者其他组织；

（二）有明确的被告；

（三）有具体的诉讼请求和事实根据；

（四）属于人民法院受案范围和受诉人民法院管辖。

【旧法第四十一条，已作修改】

《中华人民共和国行政诉讼法》【1990年旧法】

第二条　公民、法人或者其他组织认为行政机关和行政机关工作人员的具体行政行为侵犯其合法权益，有权依照本法向人民法院提起诉讼。

第二十四条　依照本法提起诉讼的公民、法人或者其他组织是原告。

有权提起诉讼的公民死亡，其近亲属可以提起诉讼。

有权提起诉讼的法人或者其他组织终止，承受其权利的法人或者其他组织可以提起诉讼。

第四十一条　提起诉讼应当符合下列条件：

（一）原告是认为具体行政行为侵犯其合法权益的公民、法人或者其他组织；

（二）有明确的被告；

（三）有具体的诉讼请求和事实根据；

（四）属于人民法院受案范围和受诉人民法院管辖。

■《最高人民法院关于执行〈中华人民共和国行政诉讼法〉若干问题的解释》【2000年】

第十二条　与具体行政行为有法律上利害关系的公民、法人或者其他组织对该行为不服的，可以依法提起行政诉讼。

案例十九

卢某等 204 名小区业主因道路改造项目未听取利害关系意见请求撤销项目行政许可案

一、当事人概况

原告：卢某等 204 人（苏黎世小镇、奥兰多小镇两小区的业主）
诉讼代表人：陈红娟、陈鹰
被告：杭州市萧山区环境保护局
第三人：杭州萧山城市建设投资集团有限公司

二、基本案情

原告卢某等 204 人是萧山区风情大道湘湖段"苏黎世小镇"和"奥兰多小镇"两小区的业主。风情大道改造及南伸（金城路—湘湖路）建设项目（即案涉项目）位于杭州市萧山区，北起萧山区金城路，南至萧山区湘湖路，全长约 4.12 公里，其中金城路跨线桥北侧引桥至湘湖岭穿山隧道区段计划采用高架形式。该建设项目由第三人承建。

第三人委托浙江省工业环保设计研究院有限公司（以下简称省环保设计院）对该项目进行环境影响评价。在案涉环评报告书编制过程中，第三人分别在萧山区城厢街道办事处所在地以及城厢街道的湘湖社区、湖头陈社区、东湘社区、杜湖社区办公地的公示栏进行了两次公示，第一次公示时间为 2012 年 3 月 1 日至 14 日，第二次公示时间为同年 3 月 20 日至 31 日，对案涉项目的基本情况及其对周边环境可能造成的影响、预防或减轻不良环境影响的对策和措施、环境影响评价结论要点等内容进行了公示，并注明获取环评文本简本的联系方式。在项目环评报告书编制期间，评价单位省环保设计院通过发放并收回个人调查表和团体调查表的方式进行了公众调查，征求了项目周边单位和个人对建设案涉项目的意见。两次公示期间，主要收到的群众意见是要求建设地面道路，不要建设高架。

2012年4月20日，被告杭州市萧山区环境保护局（以下简称萧山环保局）与第三人及其委托的环评单位省环保设计院和邀请的专家召开了案涉项目环境影响报告书技术评审会并形成评审意见。

2012年4月23日，被告萧山环保局在萧山区办事服务中心大厅的公示栏上张贴案涉项目的《环保审批公示》，公示期间为2012年4月23日至5月7日，共10个工作日，公示内容主要为：案涉项目基本情况；案涉项目对环境可能造成的影响；预防或减轻不良环境影响的对策和措施；环境影响评价结论要点；建设单位、环评单位及审批单位的联系方式；并注明征求意见的方式是电话和信件。

2012年5月29日，被告与第三人及其委托环评单位省环保设计院和邀请的专家召开案涉环评报告书（复审稿）技术复审评审会并形成复审意见。

2012年6月，省环保设计院形成案涉环评报告书的送审稿。同年6月28日，第三人向被告报送该环评报告书及相关的申请材料，申请被告对该环评报告书予以批准。被告于同日受理了第三人的申请。同日，被告作出萧环建〔2012〕1070号《关于风情大道改造及南伸（金城路—湘湖路）工程环境影响报告书审查意见的函》（以下简称《审查意见函》），具体意见为："一、根据萧政纪〔2011〕80号、89号文件、环评报告书结论和专家评审意见，经研究，同意该项目在萧山规划许可的区域内（城厢街道）实施。环评报告中的污染防治对策、措施可作为项目实施和环境管理依据。二、项目建设内容及规模：该工程风情大道方向南起湘湖路（接顺在建的暗埋隧道），北至金城路，设计全长约4.12km；彩虹大道方向西接区界，东至青年路，设计全长约1.75km；风情大道与彩虹大道节点建设全互通立交一座。三、要求建设单位在项目实施过程中严格执行环保'三同时'制度，并做好以下各项工作：1.项目在施工期应加强管理，文明施工，确保粉尘、沥青烟气达标排放；施工营地生活污水、施工场地生产废水等必须经处理达标后方可排放；采取隔音降噪措施，确保边界噪声达标，未经许可，夜间不得擅自进行高噪声作业施工。2.按照环评报告的要求，采用隔声减振降噪措施，确保项目建成后各类噪声达标排放。3.实行雨污分流、清污分流，综合污水必须经处理达到

《污水综合排放标准》（GB8978-1996）一级标准后排放；如具备纳管条件，则纳入污水管网送萧山钱江污水处理厂处理。4.固体废弃物必须妥善分类处置，严禁焚烧，避免产生二次污染。5.加强水土保持和生态防护，工程完工后做好土地复垦、环境绿化、景观美化工作。6.项目实施过程中应按时申报工程进度，项目竣工后三个月内必须申报环保'三同时'验收，验收合格后方可投入正式运行。"

原告等204人向杭州市环境保护局申请行政复议，杭州市环境保护局作出《行政复议决定书》（杭环复决〔2012〕07号），维持了原行政行为。

2013年1月29日，卢某等204人起诉至法院，认为案涉项目的建设将对该两个小区的造成不利影响，侵犯原告的合法权益，请求撤销被告萧山环保局2012年6月28日作出萧环建〔2012〕1070号《关于风情大道改造及南伸（金城路—湘湖路）工程环境影响报告书审查意见的函》的具体行政行为。

原告起诉称：

（1）被告不具有作出被诉行为的职权。案涉建设项目位于浙江著名旅游风景区也是国家4A级旅游区区块，附近也有著名的杭州休博园，是萧山区的核心景区，且项目投资额巨大，被告无权审批。

（2）被诉行为事实依据不足。被告作出被诉行为时，缺乏规划部门的选址初审意见和国土资源部门的土地利用预审意见等有效的前置文件。

（3）被诉行为程序违法。作为与湘湖区域居民和有关单位甚至和萧山区广大市民利害攸关的事项，在作出许可行为之前，应当根据《行政许可法》第36条、《环境影响评价公众参与暂行办法》《浙江省建设项目环境保护管理办法》等法律、规章等的规定听取利害关系人的意见，但被告没有履行这一程序。

被告萧山环保局辩称：

（1）被告对案涉环评报告书具有作出被诉许可决定的法定职权。根据《环境影响评价法》第23条、《建设项目环境保护管理条例》第11条、《浙江省人民政府办公厅关于进一步规范完善环境影响评价审批制度的若干意见》（浙政办发〔2008〕59号）第3条第（1）项以及《浙江省环保厅关于进一步下放建设项目环评审批管理权限切实加强监督管理的通知》（浙环发

〔2009〕44号）等法律、法规、规章及规范性文件关于建设项目环评审批管理权限的相关规定，风情大道改造及南伸（金城路—湘湖路）工程项目由萧山区发展和改革局立项，不属于省级和设区市级环保部门审批的建设项目范围，被告依法享有作出被诉许可决定的权限。

（2）案涉项目在报批环评报告书时已经依法取得建设项目选址意见书、建设项目用地预审意见书等前置文件。第三人萧山城投公司向被告报批时，提交的环评报告中已经含有杭州市规划局出具的选字第330109201100964号《建设项目选址意见书》、杭州市国土资源局萧山分局出具的萧土资预〔2009〕633号《建设项目用地预审意见书》，不存在缺乏有效前置文件的情形。

（3）案涉环评报告书的公众参与程序符合《浙江省建设项目环境保护管理办法》《环境影响评价公众参与暂行办法》等相关规定。第三人在委托环评单位编制环评报告书过程中，已按照《环境影响评价法》《浙江省建设项目环境保护管理办法》《环境影响评价公众参与暂行办法》等相关规定开展了公众参与活动，征求了公众意见。被告在第三人送审环评报告书时也就该项目进行了为期10个工作日公示。因此，公众参与程序符合法律规定。

（4）只要认真落实环评报告中提出的污染防治对策、措施，从环保角度看，本工程的建设是可行的。案涉环评报告书的结论与建议中，不仅作出了环境影响评价结论，而且根据预测结果提出了防治对策、措施，包括施工期污染防治对策、营运期污染防治对策，还提出了一些建议。只要建设单位能落实环评报告书中提出的要求，从环保角度看本工程建设是可行的。该建设工程有利于加快萧山区城市化的进程，工程社会效益显著。

综上，被告萧山环保局请求驳回原告卢某等人的诉讼请求。

第三人述称：

同意被告萧山环保局的答辩意见。

原告卢某等204人提交的证据有：

（1）卢某等204人的身份证，房屋产权证，证明原告与被诉具体行政行为有法律上的利害关系，具有诉讼主体资格。

（2）《关于风情大道改造及南伸（金城路—湘湖路）工程环境影响报告

书审查意见的函》（萧环建〔2012〕1070号），行政复议证据清单，证明原告2012年9月对萧山区发展和改革局的发改立项行为提起行政复议过程中才得知被诉具体行政行为的内容。

（3）杭州市环境保护局《行政复议决定书》（杭环复决〔2012〕07号），证明原告在复议机关对被诉具体行政行为作出复议决定后的法定起诉期限内提起本案行政诉讼。

被告萧山环保局提供的证据有：

（1）《关于风情大道改造及南伸项目建议书的批复》（萧发改投资〔2009〕266号），《关于调整风情大道改造及南伸项目建设主体的批复》（萧发改投资〔2010〕959号），《关于明确风情大道改造及南伸（金城路—湘湖路）项目建设主体和规模的批复》（萧发改投资〔2011〕1978号），萧山区人民政府专题会议纪要三份（萧政纪〔2011〕78号、80号、89号），以上发改文件及会议纪要证明案涉建设项目的立项依据。

（2）《风情大道改造及南伸建设项目选址意见书》（选字第3301092011009 64号），证明案涉建设项目在被告审批前已经取得规划部门杭州市规划局出具的选址意见书。

（3）《建设项目用地预审意见书》（萧土资预〔2009〕633号），证明案涉建设项目在被告审批前已经取得杭州市国土资源局萧山分局出具的用地预审意见书。

（4）《风情大道改造及南伸（金城路—湘湖路）工程项目环境影响报告书》"结论与建议"部分，证明案涉建设单位若能认真落实环评报告中提出的污染物防治措施，从环保角度看，该工程的建设是可行的。

（5）萧山环保局《承诺件受理通知书》，证明萧山城投公司向被告提交案涉环评报告许可申请的事实。

（6）《风情大道改造及南伸（金城路—湘湖路）工程项目环境影响报告书技术评审意见》及《修改清单》，证明被告在审批过程中组织专家召开了专题评审会。

（7）《风情大道改造及南伸（金城路—湘湖路）工程项目环境影响报告书（复审稿）技术复审意见》及《修改清单》，证明被告在审批过程中再次邀请专家及相关人员召开（复审稿）技术复审会议。

（8）风情大道改造及南伸（金城路—湘湖路）工程第一次公告、第二次公告及相关街道、社区出具的公示证明及照片，报告书第186~209页，证明第三人分别在2012年3月1日至14日和同月20日至31日分别在萧山区城厢街道办事处以及城厢街道的湘湖社区、湖头陈社区、东湘社区、杜湖社区进行了两次公示，并在原告居住的奥兰多小镇住宅小区大门口进行了公示。

（9）风情大道改造及南伸（金城路—湘湖路）工程项目环保审批公示及照片，证明被告对案涉建设项目的环评事项已按程序进行了公示公告，符合《浙江省建设项目环境保护管理办法》等相关规定。

（10）《风情大道改造及南伸（金城路—湘湖路）工程项目环境影响报告书》"公众参与调查"部分，证明公众参与程序符合《浙江省建设项目环境保护管理办法》等相关规定。

（11）杭州市环境保护局《行政复议决定书》（杭环复决〔2012〕07号），证明被诉具体行政行为事实清楚，程序合法。

第三人萧山城投公司未提交证据材料。

三、处理结果

撤销被告作出的萧环建〔2012〕1070号《关于风情大道改造及南伸（金城路—湘湖路）工程环境影响报告书审查意见的函》具体行政行为。

四、点评解析

（一）被告对涉案项目环评报告书是否具有作出被诉许可决定的法定职责

根据原《环境影响评价法》第23条、《建设项目环境保护管理条例》第11条、《浙江省人民政府办公厅关于进一步规范完善环境影响评价审批制度的若干意见》（浙政办发〔2008〕59号）第3条第（1）项以及《浙江省环保厅关于进一步下放建设项目环评审批管理权限切实加强监督管理的通知》（浙环发〔2009〕44号）等法律、法规、规章及规范性文件关于建设项目环评审批管理权限的相关规定，风情大道改造及南伸（金城路—湘湖路）工程项目由萧山区发展和改革局立项，不属于省级和设区市级环保部门审批的建设项目范围，被告依法享有作出被诉许可决定的权限。

（二）被告作出《关于风情大道改造及南伸（金城路—湘湖路）工程环境影响报告书审查意见的函》的行政行为证据是否确凿

本案案涉项目在报批环评报告书时已经依法取得建设项目选址意见书、建设项目用地预审意见书等前置文件。第三人萧山城投公司向被告报批时，提交的环评报告中已经含有杭州市规划局出具的选字第330109201100964号《建设项目选址意见书》、杭州市国土资源局萧山分局出具的萧土资预〔2009〕633号《建设项目用地预审意见书》。因此，本案案涉项目不存在缺乏有效前置文件的情形。

同时，被告还提供了相关证据：（1）《关于风情大道改造及南伸项目建议书的批复》（萧发改投资〔2009〕266号），《关于调整风情大道改造及南伸项目建设主体的批复》（萧发改投资〔2010〕959号），《关于明确风情大道改造及南伸（金城路—湘湖路）项目建设主体和规模的批复》（萧发改投资〔2011〕1978号），萧山区人民政府专题会议纪要三份（萧政纪〔2011〕78号、80号、89号），以上发改文件及会议纪要证明案涉建设项目的立项依据。（2）《风情大道改造及南伸建设项目选址意见书》（选字第330109201100964号），证明案涉建设项目在被告审批前已经取得规划部门杭州市规划局出具的选址意见书。（3）《建设项目用地预审意见书》（萧土资预〔2009〕633号），证明案涉建设项目在被告审批前已经取得杭州市国土资源局萧山分局出具的用地预审意见书。以上可以看出，被告作出的行政行为事实清楚、证据确凿。

（三）被告作出《关于风情大道改造及南伸（金城路—湘湖路）工程环境影响报告书审查意见的函》的行政行为是否符合法定程序

被告萧山环保局称其2012年4月23日受理第三人萧山城投公司就案涉环评报告书提出的审批申请，而第三人委托评价单位省环保设计院编制的、用于申请被告批准的案涉环评报告书（报批稿）形成于2012年6月。因此，即使被告确实是2012年4月23日受理了第三人的申请，由于需要审批的环评报告书（报批稿）此时尚未编制完成，被告主张的受理行为亦不合法。被告在《承诺件受理通知书》中明确表示第三人向其申请环评审批的时间是2012年6月28

日，而被告于同日即作出被诉《审查意见函》，对案涉环评报告书予以批准，其行为明显违反《浙江省建设项目环境保护管理办法》（以下简称《浙江省办法》）（2011年12月1日起施行）第22条关于环评审批行政机关在审批环节应进行公示和公众调查的相关规定，构成严重违反法定程序。

《浙江省办法》第21条规定："建设项目的环境影响评价报告书（表）的编制有下列情形之一的，环境保护行政主管部门应当要求建设单位重新编制或者修改：（一）环境影响评价机构不具备相应的资质的；（二）编制不实、质量低劣、不符合环境影响评价技术规范要求的；（三）未按照本办法规定实施公示和公众调查的；（四）未按照本办法第十五条第二款规定如实附具公示和公众调查情况，并对公众意见采纳或者不采纳的情况作出说明的；（五）未按照本办法第十七条规定，制订相关方案、预案的。"根据《浙江省办法》第22条的规定，环保行政机关受理环境影响报告书审批申请后，除了依法需要保密的建设项目，仍需通过便于公众知晓的方式公开受理信息和环境影响报告书的查询方式以及公众享有的权利等事项，并征求公众意见，征求公众意见的期限不得少于7日。因此，本案被告作出的行政行为因程序违法而被法院依法予以撤销。

五、实务提示

1. 环保机关受理环境影响报告书的审批条件及程序是什么？

2. 环保机关受理环境影响报告书的审批程序违法，能否导致其行政行为被人民法院撤销？

六、法条链接

■ 《中华人民共和国环境影响评价法》【2016年】

第二十三条　国务院环境保护行政主管部门负责审批下列建设项目的环境影响评价文件：

（一）核设施、绝密工程等特殊性质的建设项目；

（二）跨省、自治区、直辖市行政区域的建设项目；

（三）国务院审批的或者国务院授权有关部门审批的建设项目。

前款规定以外的建设项目环境影响评价文件的审批权限，由省、自治区、直辖市人民政府规定。

建设项目造成跨行政区域的不良环境影响，有关环境保护行政主管部门对该项目的环境影响评价结论有争议的，其环境影响评价文件由共同的上一级环境保护行政主管部门审批。

【旧法第二十三条，未作修改】

■《中华人民共和国行政诉讼法》【2015年】

第七十条 行政行为有下列情形之一的，人民法院判决撤销或者部分撤销，并可以判决被告重新作出行政行为：

（一）主要证据不足的；

（二）适用法律、法规错误的；

（三）违反法定程序的；

（四）超越职权的；

（五）滥用职权的；

（六）明显不当的。

第七十四条 行政行为有下列情形之一的，人民法院判决确认违法，但不撤销行政行为：

（一）行政行为依法应当撤销，但撤销会给国家利益、社会公共利益造成重大损害的；

（二）行政行为程序轻微违法，但对原告权利不产生实际影响的。

行政行为有下列情形之一，不需要撤销或者判决履行的，人民法院判决确认违法：

（一）行政行为违法，但不具有可撤销内容的；

（二）被告改变原违法行政行为，原告仍要求确认原行政行为违法的；

（三）被告不履行或者拖延履行法定职责，判决履行没有意义的。

■《浙江省人民政府办公厅关于进一步规范完善环境影响评价审批制度的若干意见》

第三条第（一）项 明确环评审批权限。各级政府和环境保护行政主管部门必须严格实行建设项目环评审批分类分级管理。对于国家明确由省以下环境保护行政主管部门审批的，除国家规定必须由省级环境保护行政主管部门审批以及国家和省严格限制的、对生态环境敏感的、属重污染行业的、选址或环境影响跨设区市行政区域的建设项目外，原则上由市、县（市、区）环境保护行政主管部门审批……

■ 《浙江省建设项目环境保护管理办法》【2011年】

第二十条　环境保护行政主管部门应当自受理建设项目的环境影响评价文件及相关材料之日起，根据环境保护法律、法规、规章的规定对环境影响评价文件进行审查，在规定的审批期限内作出审批决定并书面通知建设单位。

建设项目的环境影响评价文件未经审查或者审查后未予批准的，发展和改革、经济和信息化等部门不得批准或者核准该建设项目。

建设项目无环境影响评价批准文件的，建设单位不得擅自开工建设或者投入生产、使用。

第二十一条　建设项目的环境影响评价报告书（表）的编制有下列情形之一的，环境保护行政主管部门应当要求建设单位重新编制或者修改：

（一）环境影响评价机构不具备相应的资质的；

（二）编制不实、质量低劣、不符合环境影响评价技术规范要求的；

（三）未按照本办法规定实施公示和公众调查的；

（四）未按照本办法第十五条第二款规定如实附具公示和公众调查情况，并对公众意见采纳或者不采纳的情况作出说明的；

（五）未按照本办法第十七条规定，制订相关方案、预案的。

第二十二条　环境保护行政主管部门审批建设项目的环境影响评价文件，应当通过政府部门网站、媒体或者信息公告栏等便于公众知晓的方式，公开受理信息和环境影响评价文件的查询方式以及公众享有的权利等事项，征求公众意见，但依法需要保密的除外。征求公众意见的期限不得少于7日。

环境保护行政主管部门可以召集有关单位、个人就争议问题进行沟通、协调；有关单位、个人的意见与建设项目的环境影响评价结论有重大分歧的，环境保护行政主管部门应当采取召开座谈会、论证会、听证会等方式进一步论证。

《浙江省建设项目环境保护管理办法》【2014年】

第十三条 按照本办法第十二条规定公示建设项目有关信息的，依照下列规定执行：

（一）自确定环境影响评价机构之日起7日内，公示建设项目、建设单位和环境影响评价机构的基本情况，以及环境影响评价工作程序和审批程序等内容；

（二）自报批环境影响报告书（表）10日前，公示建设项目基本情况、对环境可能造成影响以及环境保护的对策和措施、环境影响报告书（表）提出的环境影响评价结论、公众查阅环境影响报告书（表）简本的方式和期限等内容。

前款规定的公示期限不得少于10日。公众对建设项目有环境保护意见的，可以在公示确定的期限内向建设单位提出，也可以将意见送交负责审批的环境保护行政主管部门。

第十四条 按照本办法第十二条规定开展公众调查的，可以采用调查问卷或者召开座谈会、论证会、听证会等方式。

采用调查问卷方式的，建设项目环境影响评价区域范围内的团体调查对象不得少于20家，个人调查对象不得少于50人；团体调查对象少于20家、个人调查对象少于50人的，应当全部列为调查对象。

采用召开座谈会、论证会、听证会等方式的，应当通过媒体或者其他方式发布会议告示，并邀请社会团体、研究机构、有关环境敏感区的管理机构、学校、村（居）民委员会等有关单位、个人参加。

第十五条 建设单位或者其委托的环境影响评价机构应当接受公众对建设项目有关情况的问询，听取意见，做好说明和解释工作。

建设单位报批的环境影响报告书（表）应当如实附具公示和公众调查情况，并对公众意见采纳或者不采纳的情况作出说明。

第十六条 在城市居民区内可能产生油烟、噪声、异味等直接影响公众生活环境的餐饮、娱乐、加工等建设项目，按照规定应当填报环境影响登记表的，建设单位应当在报批环境影响登记表前，征求受建设项目直接环境影响的利害关系人的意见。

第十七条 可能产生显著不良环境影响、公众反映强烈的建设项目，其环境影响评价报告书（表）应当包括防治污染和生态破坏的可行解决方案。

可能发生环境污染事故的建设项目，建设单位应当制订环境污染事故应急预案，并将其作为环境影响评价报告书（表）的附件。

按照国家和省规定需要完成主要污染物总量控制和削减任务的建设项目，其环境影响评价报告书（表）应当包括建设项目建成投产后的主要污染物总量控制方案。

第二十二条 环境保护行政主管部门审批建设项目的环境影响评价文件，应当通过政府部门网站、媒体或者信息公告栏等便于公众知晓的方式，公开受理信息和环境影响评价文件的查询方式以及公众享有的权利等事项，征求公众意见，但依法需要保密的除外。征求公众意见的期限不得少于7日。

环境保护行政主管部门可以召集有关单位、个人就争议问题进行沟通、协调；有关单位、个人的意见与建设项目的环境影响评价结论有重大分歧的，环境保护行政主管部门应当采取召开座谈会、论证会、听证会等方式进一步论证。

案例二十

巢湖市应力新型环保建材有限公司不服项目环评被废止行政许可案

一、当事人概况

原告：巢湖市应力新型环保建材有限公司
被告：巢湖市环境保护局

二、基本案情

2012年10月，原告巢湖市应力新型环保建材有限公司（以下简称巢湖市应力公司）因墙体保温装饰材料项目建设，向被告巢湖市环境保护局（以下简称巢湖市环保局）报送环境影响报告表。

2012年11月2日，被告巢湖市环保局向原告行文批复墙体保温装饰材料项目环境影响报告表（环审字〔2012〕157号）。被告同意原告按照报告表中所列建设项目的性质、内容、规模、地点、采用的生产工艺和环境保护对策措施进行项目建设。根据被告的批复，原告主要建设内容为建设年产50万吨墙体保温装饰材料生产线，包括一条年产20万吨的石英砂加工生产线，一条30万吨的石灰石加工生产线。

2012年11月6日，巢湖市工商行政管理局向原告颁发了企业法人营业执照。原告在履行行政审批后，公司进行生产建设，并架设破碎机一台。

2013年5月30日，被告巢湖市发展和改革委员会以巢发改工字〔2013〕164号文件通知巢湖市银屏镇人民政府，以原告擅自改变项目建设内容为由废止巢湖市应力新型环保建材有限公司墙体保温装饰材料项目备案的批复。

2013年10月11日，被告巢湖市环保局发文（巢环保〔2013〕97号）通知原告，废止巢湖市应力公司墙体保温装饰材料项目环境影响报告表的批复，废止的理由为原告在项目设施过程中擅自改变项目建设内容，没有按批复要求生产墙体保温装饰材料,且巢湖市发展和改革委员会已正式发文废止原告项目备案批复。

2013年11月27日,原告收到被告作出的上述废止通知。随后原告向法院提起诉讼。

原告巢湖市应力公司诉称:2012年11月2日,原告依法获得被告巢湖市环境保护局《巢湖市应力新型环保建材有限公司墙体保温装饰材料项目环境影响报告表的批复》(环审字〔2012〕157号)。原告基于获得被告上述批复,积极履行公司成立的其他行政审批手续,公司早已成立并投入生产。2013年11月27日,被告在没有履行法定程序又没有事实依据的情况下,向原告下发了《关于废止〈巢湖市应力新型环保建材有限公司墙体保温装饰材料项目环境影响报告表的批复〉的通知》。该通知侵害了原告的合法权益。故请求撤销被告巢湖市环保局作出的《关于废止〈巢湖市应力新型环保建材有限公司墙体保温装饰材料项目环境影响报告表的批复〉的通知》(巢环保〔2013〕97号)。

被告辩称:(1)被告作出的关于废止《巢湖市应力新型环保建材有限公司墙体保温装饰材料项目环境影响报告表的批复》的通知有事实根据。(2)《行政许可法》第69条第2款规定,被许可人以欺骗、贿赂等不正当手段取得行政许可的,应当予以撤销。因此,被告作出废止原告墙体保温装饰材料项目环境影响报告表批复的通知,有法律依据。请求驳回原告的诉讼请求。

原告提供证据有:(1)原告企业法人经营执照、组织机构代码证。(2)巢湖市环保局关于《巢湖市应力新型环保建材有限公司墙体保温装饰材料项目环境影响报告表的批复》(环审字〔2012〕157号)。(3)巢湖市工商行政管理局责令改正通知书(巢工商责改字〔2013〕701号)。(4)巢湖市环保局关于废止《巢湖市应力新型环保建材有限公司墙体保温装饰材料项目环境影响报告表的批复》的通知。

被告提供证据有:(1)建设项目环境影响报告表,证明原告生产工艺流程,原告在该报告表中并没有破碎机这项内容,建设内容是两个生产线(年产20万吨石英砂加工生产线及年产30万吨石灰石加工生产线)。(2)巢湖市发改委关于废止《巢湖市应力新型环保建材有限公司墙体保温装饰材料项目备案的批复》的通知（巢发改工字〔2013〕164号文件），证明巢湖市发改委已废止了原告项目备案的批复。（3）巢湖市矿山整治及生态修复指挥部办公室给银屏镇人民政府的通知，证明该办要求拆除原告破碎机生产线。

三、处理结果

撤销被告作出的《关于废止巢湖市应力新型环保建材有限公司墙体保温装饰材料项目环境影响报告表批复的通知》。

四、点评解析

（一）被告撤销行政许可的理由是否成立

《行政许可法》第69条规定了撤销行政许可的几种情形，其中第1款规定了五种因行政机关的原因而撤销的情形，第2款规定"被许可人以欺骗、贿赂等不正当手段取得行政许可的，应当予以撤销"。本案被告也是依据上述第2款的理由撤销向原告颁发的行政许可。但是，本案的证据均只是证明原告的现状是增加破碎机一台，并不能证明原告在申请的时候进行了欺骗、贿赂的行为。因此，被告不能依据上述法律规定撤销给予原告的行政许可，被告撤销本案行政许可的理由是不能成立的。

（二）被告撤销本案行政许可的程序是否合法

对于原告的违法行为，被告不能按照上述规定予以撤销，而应当按照相关法律的规定对原告进行行政处罚。行政处罚的种类中有一项"暂扣、吊销许可证或者其他具有许可性质的证件"，被告如果要撤销原告的行政许可，可以对原告进行"吊销许可证或者其他具有许可证性质的证件"。而被告进行该项行政处罚，应当按照规定，进行立案、调查取证、告知权利义务；如果原告要求举行听证的还应当举行听证程序；在违法行为的事实、理由、法律依据均符合规定的情况下才能作出行政处罚。因此，本案被告人撤销颁发的行政许可仅发一份废止通知不符合行政处罚的程序规定。

五、实务提示

本案中原告的生产项目被被告撤销，那么被告有没有权利直接撤销原告的环评审批？从目前看，没有直接的法律依据，而且我国《行政许可法》规定的几种撤销情况中并没有此规定。针对此情况环保部门应如何操作？

六、法条链接

■《中华人民共和国行政许可法》【2004年】

第六十九条 有下列情形之一的，作出行政许可决定的行政机关或者其上级行政机关，根据利害关系人的请求或者依据职权，可以撤销行政许可：

（一）行政机关工作人员滥用职权、玩忽职守作出准予行政许可决定的；

（二）超越法定职权作出准予行政许可决定的；

（三）违反法定程序作出准予行政许可决定的；

（四）对不具备申请资格或者不符合法定条件的申请人准予行政许可的；

（五）依法可以撤销行政许可的其他情形。

被许可人以欺骗、贿赂等不正当手段取得行政许可的，应当予以撤销。

依照前两款的规定撤销行政许可，可能对公共利益造成重大损害的，不予撤销。

依照本条第一款的规定撤销行政许可，被许可人的合法权益受到损害的，行政机关应当依法给予赔偿。依照本条第二款的规定撤销行政许可的，被许可人基于行政许可取得的利益不受保护。

案例二十一

绍兴奥恒纺织品有限公司因车辆核发黄色环保标志行政许可案

一、当事人概况

原告：绍兴奥恒纺织品有限公司
被告：浙江省环境保护厅

二、基本案情

绍兴奥恒纺织品有限公司（以下简称奥恒公司）所有的车牌号码为浙D××的机动车品牌型号为长城牌CC6460KM40，燃油类型为柴油，生产企业为长城汽车股份有限公司，出厂日期为2006年12月31日，注册日期为2007年2月15日。

2015年2月5日，在绍兴县骏马汽车综合性能检测有限公司对奥恒公司浙D××机动车进行了机动车排气污染物检测。绍兴县骏马汽车综合性能检测有限公司出具的机动车排气污染物检测报告单载明：依据GB3847-2005标准对浙D××（柴油车）进行排气污染物检测，综合结论为合格。

2015年2月6日，奥恒公司为其所有的车牌号为浙D××的小型普客车领取了编号为3306152102002811的机动车环保黄色标志，载明燃油种类为柴油、排放标准为国Ⅱ，其上加盖被告浙江省环境保护厅的公章。

奥恒公司不服，认为应当核发环保绿色标志，向法院提起行政诉讼，请求：撤销被告浙江省环境保护厅于2015年2月6日向奥恒公司核发的3306152102002811号环保黄色检验合格标志。

原告诉称，奥恒公司所有的浙D××号牌汽车，于2015年2月5日在绍兴市柯桥区车辆安全技术检测站进行年度安全监测，并按规定进行在用车年度环保检测，检测结果合格。其数值达到现行国家污染物排放标准（GB3847-

2005）所规定的法定指标，甚至优于该指标。被告依据"环发〔2009〕87号"、《浙江省机动车环保检验合格标志管理办法》《浙江省机动车排气污染防治条例》等发放黄色环保检验合格标志。但上述规定属于一般规范性文件。《大气污染防治法》第33条规定，"在用机动车不符合制造当时的在用机动车污染物排放标准的，不得上路行驶"。故该法仅将尾气检测作为机动车安全技术检验的一个项目，通过检测后应由公安交管部门发放"机动车检验合格标志"，准予机动车上路行驶。被告依据一般规范性文件增设标志管理，超越了法律授权的权限范围，事实上对奥恒公司造成利益侵害。请求撤销省环保厅于2015年2月6日向奥恒公司核发的3306152102002811号环保黄色检验合格标志。

被告省环保厅答辩称：

（1）绍兴市柯桥区环保局向原告核发机动车环保黄色标志的具体行政行为于法有据，核发行为合法、正当。根据《大气污染防治法》第35条、《道路交通安全法》第13条的规定，环保行政主管部门有权对机动车排气污染物进行年度检测，并结合环保部《机动车环保合格标志管理规定》（环发〔2009〕87号文）及《浙江省机动车排气污染防治条例》的具体规定和要求，对机动车经排气污染物检测符合排放限值标准的，由环保行政主管部门核发相应的环保标志。正是由于原告的浙D××机动车经具有法定资质的绍兴骏马汽车综合性能检测有限公司检测排气污染物排放符合限值标准，柯桥区环保局才核发其环保标志。同时，根据原告车辆的发动机型号及具体检测结果，该机动车依法应当发放环保黄色标志。核发环保标志实质是环保行政主管部门对经检测符合排气污染物排放限值标准、准予上路行驶的行政许可行为，环保标志是行政许可的书面载体，在国家法律尚未作出设定行政许可的情况下，由浙江省地方性法规设定并不违法。原告也承认浙D××机动车于2015年2月在柯桥区环保局排气检测、核发环保标志的具体行政行为并无任何具体的违法情形。

（2）原告对浙江省地方性法规和环保部规范性文件的质疑和否定是缺乏法律依据的。本案诉争的核心和焦点并不是柯桥区环保局核发环保标志的具体行政行为是否合法、正确，而是对能否核发环保标志以及能否区别核发绿色、黄色环保标志所援引的环保部规范性文件和浙江省地方性法规的相关规定的不服而提出的质疑和否定。但地方性法规依法不属于人民法院司法审查的范围，仅就浙江省地方性法规规定，柯桥区环保局核发环保黄色标志行为仍合法有据。况且浙江省地方性法规与环保部规范性文件在具体内容规定上是基本一致的，并无实质区别。综上所述，请求依法驳回原告的诉讼请求。

三、处理结果

一审裁定：驳回原告的诉讼请求。

二审裁定：维持原判，驳回上诉。

四、点评解析

（一）被告浙江省环境保护厅是否具有核发环保标志的职权

原《大气污染防治法》第35条第1款（注：2016年1月1日实施的《大气污染防治法》取消了该规定）规定："省、自治区、直辖市人民政府环境保护行政主管部门可以委托已取得公安机关资质认定的承担机动车年检的单位，按照规范对机动车排气污染进行年度检测。"《浙江省机动车排气污染防治条例》第13条第1款规定，"在用机动车实行环保检验合格标志管理。环保检验合格标志（以下简称环保标志）分为绿色环保标志和黄色环保标志。具体管理办法由省环境保护主管部门会同省公安、交通运输部门制定，报省人民政府批准后公布实施"。该条例第17条规定，"在用机动车应当定期进行排气污染检测。机动车排气检测属于机动车安全技术检验项目，与机动车安全技术检验的其他项目按规定周期同时进行……机动车经排气污染检测符合排放限值标准的，环境保护主管部门应当核发环保标志……"《行政许可法》第15条第1款规定："本法第十二条所列事项，尚未制定法律、行政法规的，地方性法规可以设定行政许可；……"据此，浙江省环保厅作为浙江省人民政府环境保护行政主管部门具有核发绿色和黄色环保标志的职权。关于奥恒公司提出的环保主管部门核发环保标志没有法律授权的主张，该条例由浙江省第十二届人大常委会第六次会议通过，系地方性法规。根据《行政诉讼法》第 53 条之规定，奥恒公司对其提出的异议不属于司法审查的范围。因此，核发环保标志属于被告浙江省环境保护厅的职权范围。

（二）被告为原告核发环保黄色标志的法律依据是否正确

《浙江省机动车环保检验合格标志管理办法》系浙江省内关于环保标志的具体管理办法，该办法第 3 条规定："国Ⅲ标准以下（不含国Ⅲ标准）的柴油车定为黄色标志车。"同时，国家环境保护总局 2006 年第 28 号公告载明："经国务院同意，国家环保总局对符合国家环保标准的机动车产品进行了型式核准……"其中，达到国家机动车排放标准第二阶段排放限值的新机动车型和发动机型（第四十九批）中列明了长城汽车股份有限公司的 CC6460KM40 旅行车。奥恒公司的案涉车辆即为长城 CC6460KM40 柴油车。据此，浙江省环保厅在案涉车辆于 2015 年 2 月经机动车排气污染物检测合格后，向奥恒公司核发黄色环保标志，符合上述规定。

五、实务提示

1. 环保行政机关是否具有核发环保标志的职权？
2. 环保行政机关核发环保黄色标志的法律依据是什么？
3. 人民法院是否可以对行政行为所依据的国务院部门和地方人民政府及其部门制定的规范性文件的合法性进行审查？

六、法条链接

■《中华人民共和国大气污染防治法》【2016 年】

第五十三条 在用机动车应当按照国家或者地方的有关规定，由机动车排放检验机构定期对其进行排放检验。经检验合格的，方可上道路行驶。未经检验合格的，公安机关交通管理部门不得核发安全技术检验合格标志。

县级以上地方人民政府环境保护主管部门可以在机动车集中停放地、维修地对在用机动车的大气污染物排放状况进行监督抽测；在不影响正常通行的情况下，可以通过遥感监测等技术手段对在道路上行驶的机动车的大气污染物排放状况进行监督抽测，公安机关交通管理部门予以配合。

第五十四条　机动车排放检验机构应当依法通过计量认证，使用经依法检定合格的机动车排放检验设备，**按照国务院环境保护主管部门制定的规范，对机动车进行排放检验**，并与环境保护主管部门联网，实现检验数据实时共享。机动车排放检验机构及其负责人对检验数据的真实性和准确性负责。

环境保护主管部门和认证认可监督管理部门应当对机动车排放检验机构的排放检验情况进行监督检查。

《中华人民共和国大气污染防治法》【2000年旧法】

第三十五条第一款　省、自治区、直辖市人民政府环境保护行政主管部门可以委托已取得公安机关资质认定的承担机动车年检的单位，按照规范对机动车排气污染进行年度检测。

（2016年1月1日删除此条）

■《机动车环保检验管理规定》【2013年】

第三条　机动车环保定期检验由省级环保部门委托的机动车环保检验机构承担，环保监督抽测由县级以上环保部门组织开展。

■《中华人民共和国行政诉讼法》【2015年】

第五十三条　公民、法人或者其他组织认为行政行为所依据的国务院部门和地方人民政府及其部门制定的规范性文件不合法，在对行政行为提起诉讼时，可以一并请求对该规范性文件进行审查。

前款规定的规范性文件不含规章。

【新增条款】

■《机动车环保合格标志管理规定》【2009年】

七、装用点燃式发动机汽车达到国Ⅰ及以上标准的、装用压燃式发动机汽车达到国Ⅲ及以上标准的，核发绿色环保检验合格标志。

摩托车和轻便摩托车达到国Ⅲ及以上标准的，核发绿色环保检验合格标志。

未达到上述标准的机动车，核发黄色环保检验合格标志。

案例二十二

业主购买房屋噪音超标
请求撤销项目环保预验收行政许可案

一、当事人概况

原告：池某某、柳某某

被告：常州市环境保护局

二、基本案情

原告池某某、柳某某系夫妻关系。2005年，原告两人与常州盛业房地产置业有限公司签订了《房屋买卖合同》，购置位于常州市盛世名门花苑2幢1单元702室房屋一套。

2006年7月20日，常州盛业房地产置业有限公司就盛世名门一期（6幢）申请基本建设项目向被告常州市环保局申请环境保护竣工预验收。

2006年7月21日，常州市环境监测中心站基于常州盛业房地产置业有限公司就盛世名门小区噪声监测事项作出〔2006〕环监（声）字第（E-093）号监测报告。该份监测报告显示，在盛世名门花苑所选9个噪声测试点不同时间段的监测结果多处存在噪声超标现象。

2006年7月25日，被告常州市环境保护局（以下简称常州环保局）在《基本建设项目环境保护竣工预验收卡》上签署意见："该项目中的1、2、4号三幢住宅楼经监测，环境噪声超标，为此，建设单位应作相应承诺报被告备案，并与业主达成相关书面协议，明确告知有关情况、签订相关条款，避免环境权益的纠纷及矛盾。其余三幢住宅楼原则上同意通过预验收。"

2006年7月27日，被告常州环保局收到常州盛业房地产置业有限公司于2006年7月21日作出的书面承诺："我公司承诺在交付后，将与相关业主就铁路和公路的噪音影响达成谅解，若有矛盾，我公司负责与相关业主协商解决。"

原告两人入住该房屋后发现火车的噪音很大，原告两人及小区其他业主通过各种途径要求被告常州环保局敦促常州盛业房地产置业有限公司采取积极有效的措施控制噪音。

2014年7月18日，原告两人向常州市城建档案馆查询有关常州盛业房地产置业有限公司在办理该小区项目竣工验收的相应手续时，获得了被告常州环保局于2006年7月25日作出的盛世名门房屋《基本建设项目环境保护竣工预验收卡》以及2006年7月27日收取的常州盛业房地产置业有限公司向常州环保局递交的承诺书。

2015年3月18日，两原告起诉至法院，请求撤销被告于2006年7月25日作出的《基本建设项目环境保护竣工预验收卡》。

两原告诉称，2006年7月25日，被告常州环保局在明知房屋存在噪音超标的情况下，对该房屋的环评通过验收。入住该房屋后，火车的噪音使其夜不能寐，身体受到严重影响。两原告认为，被告常州环保局作出《基本建设项目环境保护竣工预验收卡》通过对房屋的验收是具体行政行为，属于行政许可的范畴。常州环保局的行政行为违反了《建设项目竣工环境保护验收管理办法》的规定，是错误的，应当予以撤销。

被告辩称，对本案所涉建设项目环境保护竣工为预验收仅为被告常州环保局实施行政许可行为中的一个环节，并非属于终了的行政许可决定，不具有可诉性。

三、处理结果

一审裁定：对原告池某某、柳某某的起诉不予受理。
二审裁定：驳回上诉，维持原裁定。

四、点评解析

（一）被告在案涉项目作出的《基本建设项目环境保护竣工预验收卡》是否属于可诉的行政行为

本案二审法院根据《最高人民法院关于执行〈中华人民共和国行政诉讼法〉若干问题的解释》第1条第2款第（6）项之规定，对公民权利义务不产生实际影响的行为不服提起诉讼的,不属于人民法院行政诉讼的受案范围。本案中,常州环保局于2006年7月25日在《基本建设项目环境保护竣工预验收卡》上签署的意见并未表明同意盛世名门花苑2幢的房屋通过预验收。而池某某夫妇认为常州环保局于2006年7月25日作出关于盛世名门花苑2幢房屋通过验收为行政许可无事实依据。因此,常州环保局实施的在案涉《基本建设项目环境保护竣工预验收卡》上签署意见并未对池某某夫妇的权利义务造成实际影响,故本案不属于人民法院行政诉讼的受案范围。因此,本案二审法院认定被告在案涉项目作出的《基本建设项目环境保护竣工预验收卡》不属于可诉的行政行为。

值得注意的是,2015年新的最高人民法院《关于执行〈中华人民共和国行政诉讼法〉若干问题的解释》第3条第1款第(8)项"行政行为对其合法权益**明显**不产生实际影响的",这里用到的是"明显不产生实际影响"。

本案由于被告在明知项目噪音超标的情况下对环境保护竣工进行验收,最终整个项目投入使用,而且环境噪声问题对两原告的生活造成了影响。所以,按照新的司法解释,很难说该行为对两原告的合法权益明显不产生实际影响,因此,依法应属于法院受理的范围。

(二) 原告起诉是否超过了起诉期限

2000年的《最高人民法院关于执行〈中华人民共和国行政诉讼法〉若干问题的解释》第42条规定,公民、法人或者其他组织不知道行政机关作出的具体行政行为内容的,其起诉期限从知道或者应当知道该具体行政行为内容之日起计算。对涉及不动产的具体行政行为从作出之日起超过20年、其他具体行政行为从作出之日起超过5年提起诉讼的,人民法院不予受理。而本案是因环境噪音问题提起的行政诉讼,按照法律规定是最长不超过5年。

而本案中,被告常州环保局作出的验收行为的时间为2006年7月25日,而池某某夫妇向原审法院提起行政诉讼的时间为2015年3月18日,由此可见,被告从常州环保局作出案涉验收行为之日起,池某某夫妇提起诉讼的时间早已超过5年法定的起诉期限。

五、实务提示

1. 环保行政机关对建设项目的预验收是否有法律依据？

2. 按照《行政诉讼法》的规定，本案作出的《基本建设项目环境保护竣工预验收卡》是否为可诉的行政行为？

六、法条链接

■《中华人民共和国行政诉讼法》【2015 年】

第四十六条　公民、法人或者其他组织直接向人民法院提起诉讼的，应当自知道或者应当知道作出行政行为之日起六个月内提出。法律另有规定的除外。

因不动产提起诉讼的案件自行政行为作出之日起超过二十年，其他案件自行政行为作出之日起超过五年提起诉讼的，人民法院不予受理。

《中华人民共和国行政诉讼法》【1990 年旧法】

第三十九条　公民、法人或者其他组织直接向人民法院提起诉讼的，应当在知道作出具体行政行为之日起三个月内提出。法律另有规定的除外。

■《最高人民法院关于适用〈中华人民共和国行政诉讼法〉若干问题的解释》【2015 年】

第三条　有下列情形之一，已经立案的，应当裁定驳回起诉：

（一）不符合行政诉讼法第四十九条规定的；

（二）超过法定起诉期限且无正当理由的；

（三）错列被告且拒绝变更的；

（四）未按照法律规定由法定代理人、指定代理人、代表人为诉讼行为的；

（五）未按照法律、法规规定先向行政机关申请复议的；

（六）重复起诉的；

（七）撤回起诉后无正当理由再行起诉的；

（八）行政行为对其合法权益明显不产生实际影响的；

（九）诉讼标的已为生效裁判所羁束的；

（十）不符合其他法定起诉条件的。

人民法院经过阅卷、调查和询问当事人，认为不需要开庭审理的，可以径行裁定驳回起诉。

■《最高人民法院关于执行〈中华人民共和国行政诉讼法〉若干问题的解释》【2000年】

第一条 公民、法人或者其他组织对具有国家行政职权的机关和组织及其工作人员的行政行为不服，依法提起诉讼的，属于人民法院行政诉讼的受案范围。

公民、法人或者其他组织对下列行为不服提起诉讼的，不属于人民法院行政诉讼的受案范围：

（一）行政诉讼法第十二条规定的行为；

（二）公安、国家安全等机关依照刑事诉讼法的明确授权实施的行为；

（三）调解行为以及法律规定的仲裁行为；

（四）不具有强制力的行政指导行为；

（五）驳回当事人对行政行为提起申诉的重复处理行为；

（六）对公民、法人或者其他组织权利义务不产生实际影响的行为。

第四十二条 公民、法人或者其他组织不知道行政机关作出的具体行政行为内容的，其起诉期限从知道或者应当知道该具体行政行为内容之日起计算。对涉及不动产的具体行政行为从作出之日起超过20年、其他具体行政行为从作出之日起超过5年提起诉讼的，人民法院不予受理。

■《建设项目竣工环境保护验收管理办法》【2001年】

第三条 建设项目竣工环境保护验收是指建设项目竣工后，环境保护行政主管部门根据本办法规定，依据环境保护验收监测或调查结果，并通过现场检查等手段，考核该建设项目是否达到环境保护要求的活动。

案例二十三

北京市申圣通垃圾能源利用技术有限责任公司租赁房屋产权不明未获环评审批行政许可案

一、当事人概况

原告：北京市申圣通垃圾能源利用技术有限责任公司
被告：北京市丰台区环境保护局

二、基本案情

2005年，北京市申圣通垃圾能源利用技术有限责任公司（以下简称申圣通公司）在北京市丰台区长辛店乡梨园村转承租10亩废旧矿山，研究实验垃圾资源化无害化处理技术，于2010年研究试验成功，并且获得国家专利。

2013年12月13日，申圣通公司为推广垃圾零废弃机械分类技术推广项目，向北京市丰台区环境保护局（以下简称丰台环保局）提交《丰台区建设项目环境管理申请登记表》和《建设项目环境影响登记表》。

2013年12月17日，丰台环保局通过邮件向申圣通公司告知其所申报的项目需要准备的材料包括：（1）企业名称核准通知书；（2）房屋产权证或规划许可证；（3）项目周边关系图；（4）项目内部平面图；（5）法人身份证复印件；（6）非法人办理时还需提供委托书及被委托人身份证复印件。

2013年12月25日，申圣通公司提交了申请材料，其中包括《页岩开采矿区土地转包合同》和《补充租赁协议》，未包括房屋产权证或规划许可证。

2014年1月6日，丰台环保局作出补正申请材料告知书，告知申圣通公司需补充该项目使用房屋的规划许可证件或房屋产权证。

2014年1月13日，申圣通公司提交补正陈述书及发明专利证书等材料。

2014年2月8日，丰台环保局作出补正材料有关问题的答复，答复申圣通公司未按照补正申请材料告知书要求提交全部补正申请材料，待材料齐全将依照《行政许可法》相关规定予以受理。

2014年2月18日，申圣通公司提交补正书，明确表示其只有合法的废旧矿山转承租合同，没有使用房屋的规划许可证件或房屋产权证明。

2014年2月26日，丰台环保局作出补正书有关问题的答复，表明待申圣通公司补齐全部申请材料后方可根据《行政许可法》的规定予以受理。

原告申圣通公司诉称，丰台环保局的反复重复4次的补正行政登记程序违法，利用重复补正的方式拖延时间，达到剥夺申圣通公司行政诉讼的权益，规避《行政许可法》第38条第2款规定的"行政机关依法作出不予行政许可的书面决定的，应当说明理由，并告知申请人享有依法申请行政复议或者提起行政诉讼的权利"。依照《行政诉许可法》第32条第4款规定，一次告知补正全部内容，丰台环保局的行政行为已是4次告知补正通知。丰台环保局的反复重复补正的做法是在滥用职权和行政不作为。申圣通公司请求确认丰台环保局行政许可登记程序违法、行政不作为违法并依法许可填报环境影响登记表。

被告丰台环保局辩称，其在接到申圣通公司申请后，于5日内一次性告知了申圣通公司需要补正的全部申报材料，已经履行了一次性告知的义务。神圣通公司一直都没有提供完整的资料，被告不存在违法行为。

以上事实原被告双方均提供了相关的证据予以证明。原被告对于丰台环保局具有对环境影响登记表审批职权一事均无异议，申圣通公司表示项目现场现有房子为知青遗留的老房子，拟建的防尘棚未向规划部门申请规划手续。

三、处理结果

一审裁定：驳回原告的诉讼请求。

二审裁定：驳回上诉，维持原判。

四、点评解析

本案的焦点在于，被告丰台环保局是否履行了一次性告知的义务，是否存在行政不作为。

根据《行政许可法》第14条的规定和国务院253号令《建设项目环境

保护管理条例》第 10 条第 1 款规定，丰台环保局对申圣通公司拟建项目的环境影响登记表有审查许可的权限。同时，北京市人民政府第 228 号令《北京市禁止违法建设若干规定》第 21 条第 1 款明确规定，以违法建设为经营场所的，有关行政主管部门依法不得办理相关证照。本案中，申圣通公司对在其申报项目场地范围内的现存房屋和拟建房屋都不能提供合法手续，丰台环保局已在行政程序中告知申圣通公司需补充该项目使用房屋的规划许可证件或房屋产权证。丰台环保局在收到申请后的五日内已将本案所涉及行政许可所需的全部材料予以告知，符合《行政许可法》第 32 条的规定，其后的答复均是对第一次告知的重述，范围也未超过第一次告知的范围。申圣通公司虽然多次补充申请材料，但一直未能对所需材料进行补充。鉴于申圣通公司未按照丰台环保局要求提交全部补正申请材料，丰台环保局在其职权范围内予以告知和答复不能认定为行政不作为，对于申圣通公司要求许可填报环境影响登记表的诉讼请求不会得到法院的支持。

因此，本案原告所租赁的场所的房屋和拟建房屋均不具备合法的手续，原告试图以租赁合同来规避法律规定，一再进行申请。被告丰台环保局在规定的期限履行了法律规定的义务，不存在行政不作为。

五、实务提示

1. 环保行政机关哪些行为属于行政不作为？

2. 行政不作为的主要表现形式有拒绝履行、不予答复、拖延履行，它与行政中乱作为的区别是什么？

六、法条链接

■《中华人民共和国行政许可法》【2004 年】

第十四条 本法第十二条所列事项，法律可以设定行政许可。尚未制定法律的，行政法规可以设定行政许可。

必要时，国务院可以采用发布决定的方式设定行政许可。实施后，除临时性行政许可事项外，国务院应当及时提请全国人民代表大会及其常务委员会制定法律，或者自行制定行政法规。

第三十二条 行政机关对申请人提出的行政许可申请,应当根据下列情况分别作出处理:

(一)申请事项依法不需要取得行政许可的,应当即时告知申请人不受理;

(二)申请事项依法不属于本行政机关职权范围的,应当即时作出不予受理的决定,并告知申请人向有关行政机关申请;

(三)申请材料存在可以当场更正的错误的,应当允许申请人当场更正;

(四)申请材料不齐全或者不符合法定形式的,应当当场或者在五日内一次告知申请人需要补正的全部内容,逾期不告知的,自收到申请材料之日起即为受理;

(五)申请事项属于本行政机关职权范围,申请材料齐全、符合法定形式,或者申请人按照本行政机关的要求提交全部补正申请材料的,应当受理行政许可申请。

行政机关受理或者不予受理行政许可申请,应当出具加盖本行政机关专用印章和注明日期的书面凭证。

第四十二条 除可以当场作出行政许可决定的外,行政机关应当自受理行政许可申请之日起二十日内作出行政许可决定。二十日内不能作出决定的,经本行政机关负责人批准,可以延长十日,并应当将延长期限的理由告知申请人。但是,法律、法规另有规定的,依照其规定。

依照本法第二十六条的规定,行政许可采取统一办理或者联合办理、集中办理的,办理的时间不得超过四十五日;四十五日内不能办结的,经本级人民政府负责人批准,可以延长十五日,并应当将延长期限的理由告知申请人。

■《建设项目环境保护管理条例》【1998年】

第十条 建设项目环境影响报告书、环境影响报告表或者环境影响登记表,由建设单位报有审批权的环境保护行政主管部门审批;建设项目有行业主管部门的,其环境影响报告书或者环境影响报告表应当经行业主管部门预审后,报有审批权的环境保护行政主管部门审批。

海岸工程建设项目环境影响报告书或者环境影响报告表,经海洋行政主管部门审核并签署意见后，报环境保护行政主管部门审批。

环境保护行政主管部门应当自收到建设项目环境影响报告书之日起60日内、收到环境影响报告表之日起30日内、收到环境影响登记表之日起15日内，分别作出审批决定并书面通知建设单位。

■《北京市禁止违法建设若干规定》【2011年】

第二十一条 以违法建设为经营场所的，有关行政主管部门依法不得办理相关证照。

负有查处职责的机关作出责令限期改正或者限期拆除决定的，应当通知房屋行政主管部门暂停办理房屋登记手续；当事人依法改正的，应当及时通知房屋行政主管部门。

市政公用服务单位办理供水、供电、供气、供热等服务手续时，应当查验建设工程的规划许可证件或者房屋产权证明，对没有规划许可证件或者房屋产权证明的，不得提供相应服务。

案例二十四

许某某等41位村民要求
撤销行政审批意见行政许可案

一、当事人概况

原告：41位村民，5位诉讼代表人
被告：莆田市环境保护局

二、基本案情

2013年5月23日，被告莆田市环境保护局（以下简称莆田环保局）在自己网站上发布了《关于福建爱莱格游艇工业有限公司爱莱格游艇工业项目环评审批前公示》。

2013年7月24日，被告莆田环保局受理了第三人福建爱莱格游艇工业有限公司（以下简称爱莱格公司）（建设单位）爱莱格游艇工业项目建设项目环境影响评价报告表审批行政许可事项的申请。第三人爱莱格公司向被告提交的材料有：企业法人营业执照，福建爱莱格游艇工业项目可行性报告，行业主管部门、县（区）环保局审查意见以及《福建省人民政府关于莆田市秀屿区2012年度第二十批次农用地转用和土地征收的批复》《莆田市人民政府关于莆田市秀屿区2012年度第20批次农用地转用和土地征收的通知》、莆田市秀屿区住房和城乡建设局《关于莆田市国土资源局秀屿分局地块编号平海工业用地2012-01号规划（农转用）的函》及黑龙江农垦勘测设计研究院编制的建设项目《环境影响报告表》等材料。该《环境影响报告表》结论为：只要建设单位能认真落实本评价提供的各项污染防治对策，并严格执行"三同时"政策，尤其是落实好废水及工艺废气的治理措施，则本项目从环保角度分析，是可行的。

2013年7月26日，被告对第三人爱莱格公司作出莆市环保许可准字

〔2013〕111号《莆田市环境保护局准予行政许可决定书》，决定：准予环评报告表审批许可。同时，作出《地市级环境保护行政主管部门审批意见》（以下简称为《审批意见》）：（1）根据报告表结论和秀屿区环保局、经贸局审查意见，该项目符合国家产业政策，在严格落实报告表提出的各项环保措施，实现污染达标排放的前提下，原则同意福建爱莱格游艇工业有限公司爱莱格游艇工业项目在莆田市秀屿区平海镇上店村规划选址范围内建设。（2）项目应严格落实环保设施与主体工程同时设计、同时施工、同时投入试运行的"三同时"制度，做到污染物达标排放，防止对周边环境造成污染影响（其中，对厂区应实行雨污分流，生产、生活废水收集后排入厂区污水处理站，经处理达到《污水综合排放标准》（GB8978-1996）表4中一级标准后综合利用，不得外排）。（3）项目建成投入试生产三个月内应及时办理项目竣工环保验收手续，经验收合格后方可正式生产。（4）项目环境影响评价文件经批准后，如项目性质、规模、地点、生产工艺或防治污染、防止生态破坏的措施发生重大变化的，你公司应重新报批项目环境影响评价文件。（5）该项目委托秀屿区环保局负责项目环保"三同时"监督检查和日常监管，你公司应在工程开工前一个月将施工计划和相关环保措施报秀屿区环保局备案。

2013年8月1日，被告在自己网站上发布《关于2013年7月作出的建设项目环境影响评价文件批复决定的公告》。

原告获悉上述情况后，向福建省环境保护厅提起行政复议。2013年12月10日，福建省环境保护厅作出闽环复议〔2013〕9号《行政复议决定书》，决定：维持被告于2013年7月26日对第三人福建爱莱格游艇工业有限公司作出的《地市级环境保护行政主管部门审批意见》。

原告不服行政复议结果提起行政诉讼，要求依法撤销被告于2013年7月26日对第三人福建爱莱格游艇工业有限公司作出《地市级环境保护行政主管部门审批意见》。

原告提交的证据：居民身份证41份、《耕地承包合同》5份、照片、《船舶工业"十二五"发展规划》。

被告提供的证据、依据有：（1）《地市级环境保护行政主管部门审批意见》;(2)福建省环保厅关于印发《福建省建设项目环境影响评价文件分级审批管理规定的通知》(闽环发〔2012〕4号)(摘录);(3)《关于福建爱莱格游艇工业有限公司爱莱格游艇工业项目环评审批前公示》;(4)《莆田市环保局关于2013年7月作出的建设项目环境影响评价文件批复决定的公告》;(5)爱莱格游艇工业项目环境影响报告表;(6)《建设项目环境影响评价分类管理名录》(中华人民共和国环境保护部令第2号);(7)《福建爱莱格工业游艇项目可行性研究报告》第一章和第六章、国民经济行业分类与代码(GB/T4754-2011)(摘录);(8)《福建省环保厅行政复议决定书》;(9)《建设项目环境影响评价资格证书》(国环评甲字第1705号)。

被告还提供了环境影响评价法(摘录)、行政许可法(摘录)、船舶工业污染物排放标准、污水综合排放标准等作为适用法律的依据。

法庭审理过程中,双方争议的焦点有三个,分别是:

1. 被告作出的涉案具体行政行为是否超越职权

原告认为,涉案建设项目为游艇生产项目,依法应由省级环境保护行政主管部门负责审批。《福建省环保厅关于印发〈福建省建设项目环境影响评价文件分级审批管理规定的通知〉》(闽环发〔2012〕4号)(以下简称为《管理规定》)违反福建省人民政府作出的地方规章,不能作为被告作出涉案具体行政行为的法律依据。

被告则认为,《福建省建设项目环境影响评价文件分级审批管理规定》是福建省环保厅经福建省政府同意印发执行的,且福建省环保厅在《福建省环保厅关于进一步明确福建省建设项目环境影响评价文件分级审批管理规定有关问题的通知〉》(闽环保评〔2012〕99号)也对该分级审批管理规定的法律效力进行了进一步明确,因此,"修造船"建设项目环境影响评价文件由设区市环境保护行政主管部门负责审批。

2. 被告适用排污标准是否错误

原告认为游艇产业属于船舶工业,应适用《船舶工业污染物排放标准》(GB4286-84),而不是《污水综合排放物标准》(GB8979-1996)。

被告则认为,本案的项目经营范围是游艇的生产制造和销售,《船舶工业污染物排放标准》(GB4286-84)于1984年发布执行,当时没有游艇制造，其标准中废水排放标准共三类皆为金属指标，不适用于该项目，只能适用《污水综合排放物标准》（GB8979-1996）。

3. 被告作出涉案具体行政行为是否应听取周边群众意见

原告认为，环境影响评价表弄虚作假，其环境影响评价结论不具有客观性、公正性，被告依法不应作出涉案具体行政行为。

被告则认为，本项目适用环境影响评价表而不是报告书，其理由就是本项目并不属于重污染项目，从技术论证结果的层面上不涉及各上诉人的环境重大利益，故本案中公众参与的结果不是审批的法定依据。

三、处理结果

一审裁定：判决维持被告对第三人福建爱莱格游艇工业有限公司作出的《地市级环境保护行政主管部门审批意见》。【注：根据《行政诉讼法》（2015年）的规定，就是驳回原告的诉讼请求，已不存在"维持"的判决结果】

二审裁定：驳回上诉，维持原判。

四、点评解析

（一）被告作出的涉案具体行政行为是否超越职权

本案中，被告作出《审批意见》的时间是2013年7月26日，根据《福建省建设项目环境影响评价文件分级审批管理规定》（闽环发〔2012〕4号）关于"本《管理规定》自发布之日起施行，由福建省环保厅负责解释。福建建设项目有关环境影响评价分级审批权限与本规定不一致的，均以本规定为准"的规定，原告所引用的《福建省人民政府关于建设项目环境影响评价文件分级审批管理的实施意见》（闽政〔2009〕15号）已不再适用。根据《管理规定》，设区市环境保护行政主管部门负责审批"修造船"建设项目环境影响评价文件，因此，被告具有对本案建设项目环评的审批主体资格，不存在越权审批的问题。

（二）被告适用排污标准是否错误

根据国民经济行业分类与代码（GB/T4754-2011）"金属船舶制造"是

指"以钢质、铝质等金属材料为主要材料,为民用或军事部门建造远洋、近海或内陆河湖的金属船舶的制造","娱乐船和运动船的制造与修理"是指"游艇和用于娱乐或运动的其他船只的建造与修理",本案游艇建造中使用的原材料有船用玻璃纤维、不饱和聚酯树脂、毡布、实木等,即使以《船舶工业污染物排放标准》(GB4286-84)中的废水排放标准来衡量本案项目的废水排放,也没有实质违反《船舶工业污染物排放标准》(GB4286-84)中的废水排放标准,因此,被告不适用《船舶工业污染物排放标准》(GB4286-84)并无不当。

(三)被告作出涉案具体行政行为是否应听取周边群众意见

在环境许可审批案件中,需要公众参与征求意见的仅限于编制环境影响评价报告书类,根据《建设项目环境影响评价分类管理名录》,其中在"船舶及浮动装置制造"栏目中需要编制报告书的仅有"金属船舶制造、拆船、修船",其他的适用编制报告表。

本案的建设项目并不是金属船舶制造、拆船、修船,产生的环境问题是生活污水外排、施工及生产机械噪声、有机废气、粉尘,按生产能力计算,项目的建设对周边环境影响不大,故编制环境影响报告表并无不当。第三人提供的公参材料(电话征询、问卷调查)不是被告作出环评许可的必备依据,且被告已提供证据证明其履行了审批前公示和审批后公告的程序。在此期间,并无任何人提出异议,故被告作出具体行政行为的程序合法。

最后特别提出的是:2016年12月6日,环保部发布新的《建设项目环境影响评价技术导则总纲》(HJ2.1-2016),自2017年1月1日起实施。明确在环境影响评价工作程序中,将公众参与和环境影响评价文件编制工作分离。同时,环保部正在对《环境影响评价公众参与暂行办法》(2006年)进行修订。征求意见稿明确了建设单位作为环评公众参与的唯一责任主体,将公众参与篇章从环评中独立出来,与其平行;明确了建设单位作为环评公众参与的唯一责任主体,由其组织开展环评公众参与。而现行的《环境影响评价公众参与暂行办法》(2006年)中责任主体包括三方,即建设单位、环评公司和环保部门。

五、实务提示

1. 如何认定环保行政机关的行政行为属于超越职权的行为？
2. 哪些建设项目的环境影响评价需要公众参与？

六、法条链接

■《建设项目环境影响评价技术导则总纲》（HJ2.1-2016）

前　言

为贯彻《中华人民共和国环境保护法》《中华人民共和国环境影响评价法》和《建设项目环境保护管理条例》，指导建设项目环境影响评价工作，制定建设项目环境影响评价技术导则。

本标准是对《环境影响评价技术导则总纲》（HJ 2.1-2011）的修订，主要修改内容如下：

——标准名称修改为《建设项目环境影响评价技术导则总纲》；

——在环境影响评价工作程序中，将公众参与和环境影响评价文件编制工作分离；

——简化了建设项目与资源能源利用政策、国家产业政策相符性和资源利用合理性分析内容；

——简化了清洁生产与循环经济、污染物总量控制相关评价要求；

——删除了社会环境现状调查与评价相关内容；

——删除了附录A建设项目环境影响报告书的编制要求；

——强化了环境影响预测的科学性和规范性、环境保护措施的有效性以及环境管理与监测要求；

——新增污染源源强核算技术指南作为建设项目环境影响评价技术导则体系的组成部分，工程分析部分增加了污染源源强核算内容；

——环境影响评价结论增加了环境影响不可行结论的判定要求。

本标准由环境保护部环境影响评价司、科技标准司组织修订。

本标准起草单位：环境保护部环境工程评估中心。

本标准环境保护部2016年12月6日批准。

本标准自 2017 年 1 月 1 日起实施。

■《环境影响评价公众参与暂行办法》【2006 年】

第二条 本办法适用于下列建设项目环境影响评价的公众参与：

（一）对环境可能造成重大影响、应当编制环境影响报告书的建设项目；

（二）环境影响报告书经批准后，项目的性质、规模、地点、采用的生产工艺或者防治污染、防止生态破坏的措施发生重大变动，建设单位应当重新报批环境影响报告书的建设项目；

（三）环境影响报告书自批准之日起超过五年方决定开工建设，其环境影响报告书应当报原审批机关重新审核的建设项目。

第六条 按照国家规定应当征求公众意见的建设项目，建设单位或者其委托的环境影响评价机构应当按照环境影响评价技术导则的有关规定，在建设项目环境影响报告书中，编制公众参与篇章。

按照国家规定应当征求公众意见的建设项目，其环境影响报告书中没有公众参与篇章的，环境保护行政主管部门不得受理。

■《福建省环保厅关于印发〈福建省建设项目环境影响评价文件分级审批管理规定〉的通知》【闽环发〔2012〕4 号】

第二条 分级审批权限

……

（二）设区市环境保护行政主管部门负责审批下列建设项目环境影响评价文件（国家、省审批项目除外）：

1. 省级环境保护行政主管部门委托设区市级环境保护行政主管部门审批的建设项目（见附表 3），以及总投资（含增资）3 亿美元以下的鼓励类、允许类且未列入附表 2 的外商投资项目；

2. 由省政府投资主管部门审批、核准、备案或核报省政府核准、审批的对生态环境可能造成较大影响但不列入附表 2 的建设项目；

3. 由设区市政府投资主管部门审批、核准、备案的建设项目；

4. 对生态环境可能造成较大影响的建设项目：化工，合成革及人造革，造纸，修造船，酿造，农药，电镀，味精，医疗废物集中处置，柠檬酸，酶制剂，酵母，畜禽养殖，矿产勘查，除普通建筑用沙石料外的所有非金属矿开采，金属矿的选矿等；

5.110千伏及以下电压等级的输变电工程以及省级审批、核准或备案且属于编制环境影响登记表的建设项目。

6. 对平潭综合实验区，除国家规定应由国家或省级环境保护行政主管部门审批以及涉及跨行政区域的建设项目外，其余建设项目的环境影响评价文件均由平潭综合实验区环境保护行政主管部门负责审批。

第四条 本《管理规定》自发布之日（二〇一二年三月六日）起施行，由福建省环境保护厅负责解释。福建省建设项目有关环境影响评价分级审批权限凡与本规定不一致的，均以本规定为准。

案例二十五

申请确认《环境影响报告书的批复》行政许可行为违法案

一、当事人概况

原告：张某某

原告：孟某某

被告：汉中市环境保护局

第三人：汉中天泽房地产开发有限责任公司

二、基本案情

2008年6月30日，汉中市人民政府第105次专项问题会议决定，第三人汉中天泽房地产开发有限公司是汉中茶城建设项目的投资主体，建设项目属城市公共基础设施性质，用地性质为城市基础设施用地。

2008年7月28日，汉中市城乡建设规划局下发汉市规审字〔2008〕88号关于汉中市统一征地拆迁出让办公室统征茶叶市场及商品住宅用地的选址意见书。

2008年9月5日，汉中市发展和改革委员会下发汉发改工贸〔2008〕497号关于汉中天泽房地产开发有限公司茶叶市场建设项目备案的通知。

2010年3月17日，汉中市城乡建设规划局下发关于某某办事处某某村修建茶叶市场村民安置楼用地的选址意见书。

2010年4月6日，汉中市国土资源局汉台分局下发关于某某办事处某某村委会修建汉中茶叶市场拆迁村民安置联建楼用地的批复。

2010年6月9日，汉中市人民政府印发汉中茶城建设项目征地拆迁补偿安置实施方案的通知。

2010年9月2日，汉中天泽房地产开发有限公司报送关于汉中茶城项目执行环境标准的申请。

2010年9月10日,被告汉中市环境保护局汉台分局下发关于汉中天泽房地产开发有限公司汉中茶城项目执行环境标准的批复。

2011年11月11日,汉中市发展和改革委员会下发关于汉中天泽房地产开发有限公司汉中茶城综合开发建设项目备案的通知。

2011年12月20日,汉中天泽房地产开发有限公司报送关于汉中茶城项目分类审查的申请。

2011年12月22日,汉中市环境保护局汉台分局批准汉中天泽房地产开发有限公司汉中茶城综合开发建设项目环境影响评价分类登记。

2011年12月26日,汉中天泽房地产开发有限公司委托宝鸡市环境影响评价所编制环境影响报告书。

2011年12月29日,汉中天泽房地产开发有限公司汉中茶城综合开发建设项目环境影响评价公众参与第一次公示。

2012年1月11日,汉中市环境工程规划设计院关于汉中茶城综合开发建设项目环评公众参与第一次公示信息反馈情况的说明。

2012年1月12日,汉中市环境工程规划设计院出具监测报告。

2012年3月6日,汉中日报刊登汉中天泽房地产开发有限公司汉中茶城综合开发建设项目环境影响评价公众参与公示。

2012年3月23日,汉中市环境工程规划设计院作出关于汉中茶城综合开发建设项目环评公众参与第二次公示信息反馈情况的说明。

2012年3月,汉中天泽房地产开发有限公司报送汉中茶城综合开发建设项目环境报告书(送审稿)。

2012年4月17日,技术专家组对汉中天泽房地产开发有限公司汉中茶城综合开发建设项目环境影响报告书作出技术评估专家意见。

2012年5月,汉中天泽房地产开发有限公司报送汉中茶城综合开发建设项目环境报告书(报批版)。

2012年5月21日,汉中市环境保护局汉台分局下发关于汉中茶城综合开发建设项目环境影响报告书的预审意见。

2012年5月23日,汉中天泽房地产开发有限公司报送关于汉中茶城综合开发建设项目环境影响报告书审批的申请。

2012年6月19日，汉中市环境保护局网站公示汉中天泽房地产开发有限公司汉中茶城综合开发建设项目环境影响报告书。

2012年7月2日，汉中市环境保护局关于汉中天泽房地产开发有限公司汉中茶城综合开发建设项目环境影响报告书审批前公示结果说明。

2012年7月9日，汉中市环境保护局作出汉中天泽房地产开发有限公司汉中茶城综合开发建设项目环境影响报告书的批复。

2013年8月28日，汉中市环境保护局依据原告张某某申请政府信息公开向张某某作出答复。

2013年9月17日，汉中市环境保护局汉台分局作出《关于孟某某等群众反映我区某某村辖区内施工噪声扰民问题查处情况的报告》。

原告孟某某、张某某以被告作出环境影响报告书批复违法为由，向陕西省环境保护局申请复议。2013年10月12日，陕西省环境保护局作出陕环复决字〔2013〕3号行政复议决定书，维持被告汉中市环境保护局作出的环境影响报告书的批复的具体行政行为。

原告张某某、孟某某不服复议决定提起诉讼，诉称：原告分别在某某办事处某某社区某组和某组拥有合法的宅基地及住房。因自身住房涉及汉中茶城项目征地拆迁问题，为了解自身相关政府信息，原告依法向被告申请政府信息公开，被告于2013年8月28日对原告公开了相关政府信息，由此才得知被告于2012年7月9日作出（汉环批字〔2012〕104号）《关于汉中天泽房地产开发有限公司汉中茶城综合开发建设项目环境影响报告书的批复》。后原告不服上述批复，依法向陕西省环境保护厅提起了行政复议申请，复议机关受理复议后错误地维持了被告的上述批复。

原告认为，被告作出上述环境影响报告书批复的具体行政行为未征求包括原告在内利害关系人的相关意见，因汉中茶城属于汉中市重点建设工程，没有广泛地告知相关利害关系人享有的知情权、参与权和监督权，且没有对报审材料尽到实质审查义务，也没有实地勘查并积极进行监督，事实上由于上述建设项目的施工对原告的居住生活造成了十分恶劣的环境影响，故其实体和程序均违法，严重侵犯了原告的合法权益，应当依法确认违法。并请求：

依法确认被告作出（汉环批字〔2012〕104号）《关于汉中天泽房地产开发有限公司汉中茶城综合开发建设项目环境影响报告书的批复》的具体行政行为违法；被告汉中市环境保护局辩称：

1. 起诉状称"作出上述环境影响报告书批复的具体行政行为未征求包括原告在内利害关系人的相关意见"，上述说法与实际情况不符

（1）被告作出《关于汉中天泽房地产开发有限公司汉中茶城综合开发建设项目环境影响报告书的批复》（汉环批字〔2013〕104号）的具体行政为前，将该行政许可结果在汉中市环境保护局网站予以公示，公示期间未收到包括工程实施可能受到环境影响的利害关系人的任何意见。

（2）项目受理前，建设单位和环评单位已在茶城项目选址周边某某村、花苑小区等地对本工程的环境信息进行了张贴公告，张贴时间为2011年12月29日~2012年1月8日，随后又在2012年3月6日的《汉中日报》（刊号：CN61-0010）上刊登了本工程的环境信息公告，有《报告书》所附图像资料为证。建设单位和环评单位开展的第一次、第二次公示期间，也未收到包括原告在内的利害关系人的任何意见。

（3）汉中茶城作为我市的重点建设项目，从2008年就开始筹建，新闻媒体和公众关注度较高，原告获取信息渠道较多，因信息渠道不畅而不知情的情况基本不存在。

（4）原告的"征地拆迁问题"属工程占地拆迁，不属于该项目实施后环评及批复所需关注的周边环境敏感目标，因此从环境保护角度讲，原告不属于被告对该项目作出环境行政许可的重大利害关系人。

2. 起诉状关于"没有对报审材料尽到实质审查义务，也没有实地勘查并积极进行监督"和"实体和程序均违法"一说没有事实依据

（1）答辩人作出环评批复的具体行政行为履行了法定程序。项目建设单位汉中天泽房地产开发有限公司于2011年12月25日委托宝鸡市环境影响评价所、汉中市环境工程规划设计院编制《汉中茶城综合开发建设项目环境影响报告书》（以下简称《报告书》），环评单位于2012年3月编制完成了该项目的《报告书》（送审稿）。被告于2012年4月17日组织召开了该项目的技术评估会，会前被告组织与会代表及专家查看了拟建地的周边环境概况，经

认真评议和讨论,该《报告书》(送审稿)通过了专家技术评估。2012年5月22日,汉中天泽房地产开发有限公司向被告正式递交"关于汉中茶城综合开发建设项目环境影响报告书审批的申请"(天泽房产发〔2012〕10号)及修改后的《报告书》(报批版)、环保汉台分局对该项目的预审意见(汉区环函〔2012〕68号)等资料,经审查,该工程符合相关规划和产业政策,符合环境保护法律、法规及规章,其立项文件、规划选址、土地审批、村民安置楼土地征用、拆迁安置补偿方案(汉政发〔2010〕20号)等资料齐全,符合法定受理条件,被告受理了该项目《报告书》及相关资料。2012年6月12日,经被告环评审查委员会集体研究,拟同意对该项目依法作出环评批复,正式审批前在被告网站行政许可一栏中进行了批前公示(2012年6月20日,2012年6月28日),公示内容包括建设单位、项目名称、基本情况、建设地点、建设单位联系人、联系电话等信息,公示期间未收到社会公众,包括工程实施可能受到环境影响的任何意见。根据公示结果,被告于2012年7月9日正式作出对《汉中茶城综合开发建设项目环境影响报告书》的批复。

(2)审批过程中,被告严格按照《环境影响评价法》和《陕西省实施〈中华人民共和国环境影响评价法〉办法》对报审材料的合法性及行政许可法定前置条件进行了审查,包括国民经济和社会发展规划、生态建设规划、城市总体规划和其他有关规划的符合性、产业政策的符合性、污染物排放总量控制和区域环境功能区划要求的符合性、环境影响评价文件编制技术规范要求的符合性以及环境保护法律、法规、规章的符合性等,因此被告按照法律法规规定履行了法定审查义务。原告所称"没有对报审材料尽到实质审查义务"实际上指的是项目内部需解决的土地使用权及拆迁安置赔偿问题,而非环境问题。根据《陕西省实施〈中华人民共和国环境影响评价法〉办法》第25条,此类问题不是审批项目环评文件的法定前置审查条件。

(3)该项目审批前后,被告均多次进行了实地勘查,并依法对项目实施了日常监督管理。一是环评单位编制《报告书》时,对现场进行了技术踏勘,有《报告书》所附现场照片为证;二是召开项目《报告书》技术评估会前,被告组织与会代表及专家查看了拟建地周边的环境概况,相关情况在《报告书》所附具的《专家评估意见》中也有记述;三是作出批复决定后,市县环保部门多次到项目施工工地开展执法检查,并积极处理原告投诉的噪声扰民问题,对施工单位进行了查处,原告对办理结果表示满意,以上情况有环保汉台分局报告(汉区环字〔2013〕53号)及信访回复单等为证,因此原告"也没有实地勘查并积极进行监督"的说法与实际情况不符。

(4)被告作出环评批复的具体行政行为符合《环境影响评价法》和《陕西省环保部门建设项目环境影响评价文件分级审批办法》之规定。该项目已经汉中市发展和改革委员会备案(汉发改工贸〔2008〕497号,汉发改工贸〔2011〕754号),根据《陕西省建设项目环境影响评价文件分级审批办法》(陕环发〔2007〕118号)第4条规定,实行备案制的企业投资项目,项目单位必须首先向发展改革等备案管理部门办理备案手续,备案后,向环境保护行政主管部门申请办理环评审批手续;第5条规定,陕西省建设项目环境影响评价文件原则上实行同级审批;第6条第2款规定,设区市(区)级环境保护行政主管部门负责下列建设项目环境影响评价文件的审批:设区市(区)政府及其有关部门审批、核准或备案的建设项目,被告对该项目环评文件具有审批权。

3. 原告如认为建设单位的建设行为侵犯其合法权益,应寻其他法律途径进行救济

被告对《汉中天泽房地产开发有限公司汉中茶城综合开发建设项目环境影响报告书的批复》属环境准入许可,批复里也强调了"从环境保护角度,同意项目建设",其他事项还应按有关部门要求执行。从原告起诉状来看,原告对该项目环评批复不服,主要是因为对征地拆迁补偿安置方案有异议,该问题的处理不在答辩人职权范围之内,原告如对征地拆迁补偿安置方案不服,应另外通过其他方式维权。

4. 陕西省环境保护厅复议后维持被告作出上述环境影响报告书批复的行政行为

原告于2013年9月22日向陕西省环境保护厅申请行政复议,省厅于2013年9月25日依法受理,被告随后根据省厅通知要求提交了行政复议答复意见及相关依据、证据材料。省厅经审理后认为:原告认为被告作出上述环境影响报告书批复未征求过包括原告在内的利害关系人相关意见的问题,

依法不能成立；原告认为汉中市环保局没有对报审材料进行实质审查、没有实地勘查的问题，依法不能成立。被告作出环评批复的具体行政行为履行了法定程序和法定审查义务，不存在实体和程序违法的问题。决定维持被告作出的《关于汉中天泽房地产开发有限公司汉中茶城综合开发建设项目环境影响报告书的批复》（汉环批字〔2012〕104号）。

被告在提交答辩状时提交了32份和本项目有关的所有证据，请求法院依法予以维持。

三、处理结果

维持被告作出的汉环批字〔2012〕104号《关于汉中天泽房地产开发有限公司汉中茶城综合开发建设项目环境影响报告书的批复》。【注：《行政诉讼法》（2015年）的规定，是驳回原告的诉讼请求，现已不存在"维持"的判决结果。】

四、点评解析

（一）被告是否具有相应的实施建设项目环境影响报告书行政许可的职权

《环境保护法》第7条第2款规定"县级以上地方人民政府环境保护行政主管部门，对本辖区的环境保护工作实施统一管理"。《陕西省建设项目环境影响评价文件分级审批办法》第4条规定"实行备案制的企业投资项目，项目单位必须首先向发展改革等备案管理部门办理备案手续，备案后，向环境保护行政主管部门申请办理环评审批手续"。该办法第5条规定，"陕西省建设项目环境影响评价文件原则上实行同级审批"。根据以上规定，被告汉中市环境保护局有在本市范围内实施建设项目环境影响报告书行政许可的职权。

（二）被告作出的行政行为是否符合事实清楚、证据充分、适用法律法规正确、程序合法

第三人汉中天泽房地产开发有限公司向汉中市环境保护局申请汉中茶城综合开发建设环境影响报告书许可证，提交了必备的申报资料，汉中市环境

保护局履行审查程序后，依据《陕西省建设项目环境影响评价文件分类审批办法》第4条、第5条、第6条第2款的规定，向第三人下发《环境影响报告书的批复》符合环境保护的规定，其具体行政行为有事实和法律依据、证据充分、适用法律法规正确、程序合法。因此，原告张某某、孟某某起诉请求缺乏事实根据和法律依据，理由不能成立，法院自然不予支持。

需要注意的是：《行政诉讼法》（2015年）第69条规定，已经将法院对"具体行政行为有事实和法律依据，证据充分，适用法律法规正确，程序合法"修改为"行政行为证据确凿，适用法律、法规正确，符合法定程序的"，因此，作为行政机关在进行政诉讼答辩或作出行政行为时应严格按照"行政行为证据确凿，适用法律、法规正确，符合法定程序"的规定，固定证据、制作文书。

五、实务提示

1. 环保行政机关实施建设项目环境影响报告书行政许可的依据是什么？

2. 环保行政机关作出的行政行为是否符合"证据确凿，适用法律、法规正确，符合法定程序"？

六、法条链接

■《中华人民共和国环境保护法》【2015年】

第十条　国务院环境保护主管部门，对全国环境保护工作实施统一监督管理；县级以上地方人民政府环境保护主管部门，对本行政区域环境保护工作实施统一监督管理。

县级以上人民政府有关部门和军队环境保护部门，依照有关法律的规定对资源保护和污染防治等环境保护工作实施监督管理。

【旧法第七条，已作修改】

《中华人民共和国环境保护法》【1989年旧法】

第七条　国务院环境保护行政主管部门，对全国环境保护工作实施统一监督管理。

县级以上地方人民政府环境保护行政主管部门，对本辖区的环境保护工作实施统一监督管理。

国家海洋行政主管部门、港务监督、渔政渔港监督、军队环境保护部门和各级公安、交通、铁道、民航管理部门，依照有关法律的规定对环境污染防治实施监督管理。

县级以上人民政府的土地、矿产、林业、农业、水利行政主管部门，依照有关法律的规定对资源的保护实施监督管理。

■《中华人民共和国行政诉讼法》【2015年】

第六十九条　行政行为证据确凿，适用法律、法规正确，符合法定程序的，或者原告申请被告履行法定职责或者给付义务理由不成立的，人民法院判决驳回原告的诉讼请求。

第七十条　行政行为有下列情形之一的，人民法院判决撤销或者部分撤销，并可以判决被告重新作出行政行为：

（一）主要证据不足的；

（二）适用法律、法规错误的；

（三）违反法定程序的；

（四）超越职权的；

（五）滥用职权的；

（六）明显不当的。

第七十二条　人民法院经过审理，查明被告不履行法定职责的，判决被告在一定期限内履行。

第七十七条　行政处罚明显不当，或者其他行政行为涉及对款额的确定、认定确有错误的，人民法院可以判决变更。

人民法院判决变更，不得加重原告的义务或者减损原告的权益。但利害关系人同为原告，且诉讼请求相反的除外。

【以上四条构成旧法第五十四条】

《中华人民共和国行政诉讼法》【1990年旧法】

第五十四条　人民法院经过审理，根据不同情况，分别作出以下判决：

（一）具体行政行为证据确凿，适用法律、法规正确，符合法定程序的，判决维持。

（二）具体行政行为有下列情形之一的，判决撤销或者部分撤销，并可以判决被告重新作出具体行政行为：

1. 主要证据不足的；
2. 适用法律、法规错误的；
3. 违反法定程序的；
4. 超越职权的；
5. 滥用职权的。

（三）被告不履行或者拖延履行法定职责的，判决其在一定期限内履行。

（四）行政处罚显失公正的，可以判决变更。

■《中华人民共和国环境影响评价法》【2016年】

第二十条 环境影响评价文件中的环境影响报告书或者环境影响报告表，应当由具有相应环境影响评价资质的机构编制。

任何单位和个人不得为建设单位指定对其建设项目进行环境影响评价的机构。

第二十一条 除国家规定需要保密的情形外，对环境可能造成重大影响、应当编制环境影响报告书的建设项目，建设单位应当在报批建设项目环境影响报告书前，举行论证会、听证会，或者采取其他形式，征求有关单位、专家和公众的意见。

建设单位报批的环境影响报告书应当附具对有关单位、专家和公众的意见采纳或者不采纳的说明。

【旧法第二十条、第二十一条，未作修改】

■《陕西省实施〈中华人民共和国环境影响评价法〉办法》【2007年】

第二十二条 环境保护行政主管部门在审批建设项目环境影响报告书、环境影响报告表之前，应当召集有关部门和专家组成审查小组，对环境影响报告书、环境影响报告表进行审查，并提出书面审查意见。

审查小组专家的组成，按照本办法第十四条规定确定。

第二十三条 建设项目环境影响评价文件实行分级审批。

建设项目环境影响评价文件除依法由国务院环境保护行政主管部门审批的以外，其他建设项目的环境影响评价文件分级审批办法由省环境保护行政主管部门制定，报省人民政府批准。

建设项目的环境影响评价文件分级审批办法及名录应当向社会公布。

第二十四条 环境保护行政主管部门应当自受理建设项目环境影响报告书之日起六十日内，受理建设项目环境影响报告表之日起三十日内，受理建设项目环境影响登记表之日起十五日内，分别作出审批决定。

第二十五条 建设项目环境影响评价文件符合下列规定条件的，环境保护行政主管部门方可批准：

（一）符合国民经济和社会发展规划、生态建设规划、城市总体规划和其他有关规划；

（二）符合产业政策；

（三）符合污染物排放总量控制和区域环境功能区划要求；

（四）建设对生态环境有影响的建设项目，应当有生态保护、生态恢复与补偿措施；

（五）符合环境影响评价文件编制技术规范要求；

（六）符合环境保护法律、法规、规章的规定。

■《陕西省建设项目环境影响评价文件分级审批办法》【2007年】

第四条 实行审批制的政府投资项目，项目单位应依据发展改革等项目审批部门的项目建议书批复文件向环境保护行政主管部门申请办理环评审批手续；实行核准制的企业投资项目，项目单位应当在向发展改革等项目核准部门报送项目申请报告前，完成环评审批手续；实行备案制的企业投资项目，项目单位必须首先向发展改革等备案管理部门办理备案手续，备案后，向环境保护行政主管部门申请办理环评审批手续。

第五条 陕西省建设项目环境影响评价文件原则上实行同级审批。

第六条 设区市（区）级环境保护行政主管部门负责下列建设项目环境影响评价文件的审批：

（一）省政府及其有关部门审批、核准、备案的项目中，第五条规定以外的建设项目；

（二）设区市（区）政府及其有关部门审批、核准或备案的建设项目；

（三）跨县（市、区）行政区域的建设项目。

案例二十六

锦州市霞峰乳制品厂诉行政验收意见函行政许可案

一、当事人概况

原告：锦州市霞峰乳制品厂
被告：国家环境保护部
第三人：辽宁某某国际锦州热电有限责任公司

二、基本案情

2011年1月30日，被告国家环境保护部作出的环验〔2011〕41号《关于辽宁某某国际锦州热电厂工程竣工环境保护验收意见的函》（以下简称被诉函）。

2011年9月19日，原告锦州市霞峰乳制品厂向法院提起行政诉讼，诉请撤销被诉函，责令被告依法重新审查验收。其诉讼理由为：原告向被告投诉第三人给原告造成严重污染，根据建设规划和环评要求，第三人外轨中心线30米内居民搬迁，搬迁后加装防止噪声污染屏障等。原告一部分也在动迁之中，但不是整个企业都应搬迁。自2010年以来，原告一直在向被告信访投诉第三人没有执行"三同时"制度，严重污染原告。原告于2011年6月23日之后得知，被告通过了第三人的验收。但是，在原告及周边居民受污染没有解决、相应环保措施没有落实的情况下。原告认为被告的验收是违法的，一是居民包括原告一直未搬迁、噪声污染屏障一直未装等；二是原告多次上访、信访30多份，被告明知原告受污染，不应验收。因此，提起行政诉讼。

被告环保部答辩称，被告于2011年3月11日在第5484期《中国环境报》第8版刊登了《环境保护部关于2011年1~2月作出的建设项目环境影响评价文件批复和建设项目竣工环境保护验收决定的公告》，其中

"二、2011年1~2月作出的建设项目竣工环境保护验收决定"第11项，即为本案被诉函，同时公告了审批文号、审批时间、项目名称、建设单位及建设地点。

该公告还载明公告期限为"自本公告发布之日起7天届满"，同时告知了行政复议与行政诉讼权利，载明"公民、法人或者其他组织认为公告的环境影响评价批复或建设项目竣工环境保护验收决定侵犯其合法权益的，可以自公告期限届满之日起六十日提起行政复议，也可以自公告期限届满之日起三个月内提起行政诉讼"。因此，原告的起诉已经超过法定的起诉期间，依法应予驳回其起诉。

三、处理结果

驳回原告锦州市霞峰乳制品厂的起诉。

四、点评解析

本案的焦点在于，原告的起诉是否超过法定的起诉期间。

被告于2011年3月11日在第5484期《中国环境报》第8版刊登了被诉函，公告期限为"自本公告发布之日起7天届满"，而原告自上述公告届满之日起即应当知道被诉函。

根据《行政诉讼法》（1990年）第39条之规定，公民、法人或者其他组织直接向人民法院提起诉讼的，应当在知道作出具体行政行为之日起三个月内提出，因此，原告应在2011年3月19日公告期满之日起三个月内提起诉讼即2011年6月19日之前提起诉讼，但原告迟至2011年9月19日方向法院提起行政诉讼，显然，已超过法定起诉期限，依法应驳回其起诉。

但是，根据2015年5月1日实施的《行政诉讼法》（2015年）第46条之规定，公民、法人或者其他组织直接向人民法院提起诉讼的，应当自知道或者应当知道作出行政行为之日起六个月内提出。法律另有规定的除外。这里，已经将提起行政诉讼的诉讼时效由三个月修改为六个月。

五、实务提示

1.《行政诉讼法》关于诉讼时效是如何规定的？

2. 如何理解"知道或者应当知道作出行政为行为之日"？

六、法条链接

■《中华人民共和国行政诉讼法》【2015 年】

第四十六条　公民、法人或者其他组织直接向人民法院提起诉讼的，应当自知道或者应当知道作出行政行为之日起六个月内提出。法律另有规定的除外。

因不动产提起诉讼的案件自行政行为作出之日起超过二十年，其他案件自行政行为作出之日起超过五年提起诉讼的，人民法院不予受理。

【旧法第三十九条，已作修改】

《中华人民共和国行政诉讼法》【1990 年旧法】

第三十九条　公民、法人或者其他组织直接向人民法院提起诉讼的，应当在知道作出具体行政行为之日起三个月内提出。法律另有规定的除外。

■《最高人民法院关于适用〈中华人民共和国行政诉讼法〉若干问题的解释》【2015 年】

第三条　有下列情形之一，已经立案的，应当裁定驳回起诉：

（一）不符合行政诉讼法第四十九条规定的；

（二）超过法定起诉期限且无正当理由的；

（三）错列被告且拒绝变更的；

（四）未按照法律规定由法定代理人、指定代理人、代表人为诉讼行为的；

（五）未按照法律、法规规定先向行政机关申请复议的；

（六）重复起诉的；

（七）撤回起诉后无正当理由再行起诉的；

（八）行政行为对其合法权益明显不产生实际影响的；

（九）诉讼标的已为生效裁判所羁束的；

（十）不符合其他法定起诉条件的。

人民法院经过阅卷、调查和询问当事人，认为不需要开庭审理的，可以径行裁定驳回起诉。

案例二十七

夏某某等4人撤销环境影响报告表的审批意见的行政许可案

一、当事人概况

原告：夏某某等4人
被告：东台市环境保护局
第三人：四季辉煌沐浴广场

二、基本案情

原告夏某某等4人（以下简称原告等4人）系江苏省东台市东台镇景范新村19幢的住户，其住宅与第三人四季辉煌沐浴广场系上下相邻。

四季辉煌沐浴广场为新建洗浴服务项目，在涉案地段承租了营业用房作为经营场地，项目投资250万元，其中环保投资25万元。

2013年2月25日，四季辉煌沐浴广场就涉案建设项目报东台市东台镇人民政府审批。

2013年3月12日，四季辉煌沐浴广场向被告东台市环境保护局提交了《建设项目环境影响申报（登记）表》，并根据被告有关须委托有资质的环评单位编制环境影响报告表的意见，委托东台市环境科学研究所编制相关报告表，其后送至被告进行审批。

2013年4月1日，被告作出《关于对东台市东台镇四季辉煌沐浴广场洗浴服务项目环境影响报告表的审批意见》（以下简称《审批意见》），同意四季辉煌沐浴广场在景范新村17号楼及19号楼之间新建洗浴服务项目，并对该项目在运营过程中产生的废、污水的处理、场界噪声对邻近声环境质量的影响及各类固体废物处置等提出了具体要求。

原告等4人认为，被告在没有召开座谈会、论证会以及征询公众意见的情况下，即作出《审批意见》，侵犯了其合法权益，故提起行政诉讼，请求法院撤销该《审批意见》。

三、处理结果

一审裁定：撤销被告作出的《关于对东台市东台镇四季辉煌沐浴广场洗浴服务项目环境影响报告表的审批意见》。

二审裁定：驳回上诉，维持原判。

四、点评解析

本案的焦点在于，原告夏某某等4人是否与被告对四季辉煌沐浴广场的行政许可的行政行为具有重大利益关系。

首先，被告东台市环境保护局具有对本辖区建设项目的环境影响报告表进行审批的职权。

其次，《行政许可法》第47条规定，行政许可直接涉及申请人与他人之间重大利益关系的，行政机关在作出行政许可决定前，应当告知申请人、利害关系人享有要求听证的权利；申请人、利害关系人在被告知听证权利之日起五日内提出听证申请的，行政机关应当在20日内组织听证。

何谓"重大利益关系"？我国现行法律、法规、规章以及司法解释虽无具体规定，但涉及民生利益的问题，不应被排除在"重大利益关系"之外。本案中，原告夏某某等4人的住宅与第三人四季辉煌沐浴广场系上下相邻。第三人新建的洗浴项目投入运营后所产生的潮湿及热、噪声污染等，不能排除对原告的生活造成重大影响的可能，被告在作出《审批意见》前应当告知4名原告享有听证的权利，但被告却未履行告知听证的权利径行作出《审批意见》，违反上述《行政许可法》规定的法定程序，因此，法院判决撤销该《审批意见》是正确的，既有力地维护了相邻群众的合法权益，又强化了司法对行政权力的监督，对引导和规范环保机关的同类审批行为，促进公众参与环境行政许可的决策与监督，强化行政审批的程序意识，具有重要意义。

五、实务提示

1. 如何认定行政许可的事项直接涉及第三人的重大利益？
2. 如何履行行政许可的听证程序？

六、法条链接

■《中华人民共和国行政许可法》【2004 年】

第三十六条 行政机关对行政许可申请进行审查时，发现行政许可事项直接关系他人重大利益的，应当告知该利害关系人。申请人、利害关系人有权进行陈述和申辩。行政机关应当听取申请人、利害关系人的意见。

第四十七条 行政许可直接涉及申请人与他人之间重大利益关系的，行政机关在作出行政许可决定前，应当告知申请人、利害关系人享有要求听证的权利；申请人、利害关系人在被告知听证权利之日起五日内提出听证申请的，行政机关应当在二十日内组织听证。

申请人、利害关系人不承担行政机关组织听证的费用。

第四十八条 听证按照下列程序进行：

（一）行政机关应当于举行听证的七日前将举行听证的时间、地点通知申请人、利害关系人，必要时予以公告；

（二）听证应当公开举行；

（三）行政机关应当指定审查该行政许可申请的工作人员以外的人员为听证主持人，申请人、利害关系人认为主持人与该行政许可事项有直接利害关系的，有权申请回避；

（四）举行听证时，审查该行政许可申请的工作人员应当提供审查意见的证据、理由，申请人、利害关系人可以提出证据，并进行申辩和质证；

（五）听证应当制作笔录，听证笔录应当交听证参加人确认无误后签字或者盖章。

行政机关应当根据听证笔录，作出行政许可决定。

第三章　环境行政处罚听证

案例二十八

北京辛普劳食品加工有限公司
水污染物超标排放行政处罚听证案

一、当事人概况

听证申请人：北京辛普劳食品加工有限公司

听证主持人：北京市丰台区环境保护局

二、基本案情

2014年11月21日，北京市丰台区环境保护局在对北京辛普劳食品加工有限公司（以下简称辛普劳食品公司）实施例行检查时发现其排放的污水化学需氧量浓度超标。

2014年11月21日，北京市丰台区环境保护局委托北京市康居环境检测站对辛普劳食品公司排放的污水进行检测，经检测发现该公司污水中化学需氧量浓度为563mg/L，超过《水污染物排放标准》（DB11/307-2013）规定的500mg/L排放限值。

发现情况后，北京市丰台区环境保护局执法人员立刻采取措施，关闭了废水排放阀门，并责令辛普劳食品公司调用抽水车，每天将污水运至污水处理厂。

2014年12月5日，北京市丰台区环境保护局对该公司正式立案调查。

经调查发现，该公司成立于 1992 年，是北京市丰台区的一家老企业。

2015 年 3 月 10 日，北京市丰台区环境保护局举行了行政处罚听证会，充分听取了该公司的陈述申辩意见，该公司特别提出了"这次发生水污染物超标排放，也是因为对污水站进行更新改造造成的，公司的两座污水处理站分别建于 1993 年和 1996 年，之前一直正常运行。公司每年都主动委托有资质的检测机构对污水进行检测，20 年来未发生过水污染物超标排放的问题。由于时间紧，其未向环境保护主管部门进行申报，在污水站改造期间，部分污水未经充分处理排入市政管网，不具有主观故意，希望环境保护主管部门予以从轻处罚"。并对北京市丰台区环境保护局提供的相关执法证据进行了质证，发表了辩论意见。

2015 年 3 月 17 日，北京市丰台区环境保护局最终根据《北京市水污染防治条例》第 78 条之规定，排放水污染物超过国家或者本市规定的水污染物排放标准，或者超过重点水污染物排放总量控制指标的，由市或者区、县环境保护行政主管部门责令限期治理，并处应缴纳排污费数额 2 倍以上 5 倍以下的罚款。应缴纳排污费数额按年计算。

三、处理结果

综合考虑该案实际情况，北京市丰台区环境保护局对辛普劳食品公司处以应缴纳年排污费三倍的罚款，金额总计 3 918 481.56 元。

四、点评解析

本案的焦点在于，丰台区环境保护局举办的行政处罚听证会是否合法、是否符合法定的程序。

北京市丰台区环境保护局此次举行的行政处罚听证会严格按照《行政处罚法》《环境行政处罚办法》《环境行政处罚听证程序规定》等法律、规章的规定，严格遵循相关的法定程序，取得了良好的执法效果和社会效果。正如北京市丰台区环境保护局局长所说："事实准确、证据充分、程序合法、处罚适当，经得起法律的检验。"

在本案的听证中，申请人对于违法事实基本上没有异议，但对于处罚的数额有异议,并对此进行了相关的申辩,北京市丰台区环境保护局根据《规范环境行政处罚自由裁量权若干意见》进行了综合考虑,依法确定了处罚数额。

值得一提的是:北京市丰台区环境保护局在援引法律适用上,除了根据《北京市水污染防治条例》第78条之规定,还应当明确援引《水污染防治法》(2008年)第74条第1款之规定"违反本法规定,排放水污染物超过国家或者地方规定的水污染物排放标准,或者超过重点水污染物排放总量控制指标的,由县级以上人民政府环境保护主管部门按照权限责令限期治理,处应缴纳排污费数额二倍以上五倍以下的罚款"。这样在适用法律上更加突出了法律的适用位阶,更加符合准确适用法律、法规条款的规定。

环保行政机关必须以法治思维提升依法执政水平,健全行政执法裁量权基准制度,统一行政执法程序、标准和裁量。全面落实行政执法责任制和评议考核制,完善投诉举报案件督查督办和监督考核制度,加大环境保护关系群众切身利益、群众反映强烈的重点领域执法力度,全面形成办事依法、遇事找法、解决问题用法、化解矛盾靠法的良好法治环境。

五、实务提示

1. 环境行政处罚适用听证的范围是什么?
2. 环保行政机关如何开好环境行政处罚听证会?

六、法条链接

■《中华人民共和国水污染防治法》【2008年】

第七十四条第一款 违反本法规定,排放水污染物超过国家或者地方规定的水污染物排放标准,或者超过重点水污染物排放总量控制指标的,由县级以上人民政府环境保护主管部门按照权限责令限期治理,处应缴纳排污费数额二倍以上五倍以下的罚款。

■《北京市水污染防治条例》【2011年】

第七十八条第一款 违反本条例规定,排放水污染物超过国家或者本市规定的水污染物排放标准,或者超过重点水污染物排放总量控制指标的,由市或者区、县环境保护行政主管部门责令限期治理，并处应缴纳排污费数额二倍以上五倍以下的罚款。应缴纳排污费数额按年计算。

■《环境行政处罚办法》【2010 年】

第四十八条　【处罚告知和听证】在作出行政处罚决定前，应当告知当事人有关事实、理由、依据和当事人依法享有的陈述、申辩权利。

在作出暂扣或吊销许可证、较大数额的罚款和没收等重大行政处罚决定之前，应当告知当事人有要求举行听证的权利。

■《环境行政处罚听证程序规定》【2011 年】

第五条　环境保护主管部门在作出以下行政处罚决定之前，应当告知当事人有申请听证的权利；当事人申请听证的，环境保护主管部门应当组织听证：

（一）拟对法人、其他组织处以人民币 50 000 元以上或者对公民处以人民币 5000 元以上罚款的；

（二）拟对法人、其他组织处以人民币（或者等值物品价值）50 000 元以上或者对公民处以人民币（或者等值物品价值）5000 元以上的没收违法所得或者没收非法财物的；

（三）拟处以暂扣、吊销许可证或者其他具有许可性质的证件的；

（四）拟责令停产、停业、关闭的。

第十七条　对适用听证程序的行政处罚案件，环境保护主管部门应当在作出行政处罚决定前，制作并送达《行政处罚听证告知书》，告知当事人有要求听证的权利。

《行政处罚听证告知书》应当载明下列事项：

（一）当事人的姓名或者名称；

（二）已查明的环境违法事实和证据、处罚理由和依据；

（三）拟作出的行政处罚的种类和幅度；

（四）当事人申请听证的权利；

（五）提出听证申请的期限、申请方式及未如期提出申请的法律后果；

（六）环境保护主管部门名称和作出日期，并且加盖环境保护主管部门的印章。

第十八条 当事人要求听证的，应当在收到《行政处罚听证告知书》之日起 3 日内，向拟作出行政处罚决定的环境保护主管部门提出书面申请。当事人未如期提出书面申请的，环境保护主管部门不再组织听证。

以邮寄方式提出申请的，以寄出的邮戳日期为申请日期。

因不可抗力或者其他特殊情况不能在规定期限内提出听证申请的，当事人可以在障碍消除的 3 日内提出听证申请。

第十九条 环境保护主管部门应当在收到当事人听证申请之日起 7 日内进行审查。对不符合听证条件的，决定不组织听证，并告知理由。对符合听证条件的，决定组织听证，制作并送达《行政处罚听证通知书》。

第二十条 有下列情形之一的，由拟作出行政处罚决定的环境保护主管部门决定不组织听证：

（一）申请人不是本案当事人的；

（二）未在规定期限内提出听证申请的；

（三）不属于本程序规定第五条、第六条规定的听证适用范围的；

（四）其他不符合听证条件的。

第二十一条 同一行政处罚案件的两个以上当事人分别提出听证申请的，可以合并举行听证会。

案件有两个以上当事人，其中部分当事人提出听证申请的，环境保护主管部门可以通知其他当事人参加听证。

只有部分当事人参加听证的，可以只对涉及该部分当事人的案件事实、证据、法律适用进行听证。

第二十二条 听证会应当在决定听证之日起 30 日内举行。

《行政处罚听证通知书》应当载明下列事项，并在举行听证会的 7 日前送达当事人和第三人：

（一）当事人的姓名或者名称；

（二）听证案由；

（三）举行听证会的时间、地点；

（四）公开举行听证与否及不公开听证的理由；

（五）听证主持人、听证员、记录员的姓名、单位、职务等信息；

（六）委托代理权、对听证主持人和听证员的回避申请权等权利；

（七）提前办理授权委托手续、携带证据材料、通知证人出席等注意事项；

（八）环境保护主管部门名称和作出日期，并盖有环境保护主管部门印章。

第二十三条　当事人申请变更听证时间的，应当在听证会举行的3日前向组织听证的环境保护主管部门提出书面申请，并说明理由。

理由正当的，环境保护主管部门应当同意。

第二十四条　环境保护主管部门可以根据场地等条件，确定旁听听证会的人数。

第二十七条　听证会按下列程序进行：

（一）记录员查明听证参加人的身份和到场情况，宣布听证会场纪律和注意事项，介绍听证主持人、听证员和记录员的姓名、工作单位、职务；

（二）听证主持人宣布听证会开始，介绍听证案由，询问并核实听证参加人的身份，告知听证参加人的权利和义务；询问当事人、第三人是否申请听证主持人、听证员和记录员回避；

（三）案件调查人员陈述当事人违法事实，出示证据，提出初步处罚意见和依据；

（四）当事人进行陈述、申辩，提出事实理由依据和证据；

（五）第三人进行陈述，提出事实理由依据和证据；

（六）案件调查人员、当事人、第三人进行质证、辩论；

（七）案件调查人员、当事人、第三人作最后陈述；

（八）听证主持人宣布听证会结束。

第三十一条　与案件相关的证据应当在听证中出示，并经质证后确认。

涉及国家秘密、商业秘密和个人隐私的证据，由听证主持人和听证员验证，不公开出示。

第三十二条　质证围绕证据的合法性、真实性、关联性进行，针对证据证明效力有无以及证明效力大小进行质疑、说明与辩驳。

第三十五条　环境保护主管部门应当对听证会全过程制作笔录。听证笔录应当载明下列事项：

（一）听证案由；

（二）听证主持人、听证员和记录员的姓名、工作单位、职务；

（三）听证参加人的基本情况；

（四）听证的时间、地点；

（五）听证公开情况；

（六）案件调查人员陈述的当事人违法事实、证据，提出的初步处理意见和依据；

（七）当事人和其他听证参加人的主要观点、理由和依据；

（八）相互质证、辩论情况；

（九）延期、中止或者终止的说明；

（十）听证主持人对听证活动中有关事项的处理情况；

（十一）听证主持人认为应当记入听证笔录的其他事项。

听证结束后，听证笔录交陈述意见的案件调查人员、当事人、第三人审核无误后当场签字或者盖章。拒绝签字或者盖章的，将情况记入听证笔录。

听证主持人、听证员、记录员审核无误后在听证笔录上签字或者盖章。

第三十六条　听证终结后，听证主持人将听证会情况书面报告本部门负责人。

听证报告包括以下内容：

（一）听证会举行的时间、地点；

（二）听证案由、听证内容；

（三）听证主持人、听证员、书记员、听证参加人的基本信息；

（四）听证参加人提出的主要事实、理由和意见；

（五）对当事人意见的采纳建议及理由；

（六）综合分析，提出处罚建议。

■《关于〈水污染防治法〉第七十三条和第七十四条"应缴纳排污费数额"具体应用问题的通知》（环函〔2011〕32号）

各省、自治区、直辖市环境保护厅（局）、财政厅（局）、发展改革委、物价局：

2008年修订的《水污染防治法》第七十三条规定："违反本法规定，不正常使用水污染物处理设施，或者未经环境保护主管部门批准拆除、闲置水污染物处理设施的，由县级以上人民政府环境保护主管部门责令限期改正，处应缴纳排污费数额一倍以上三倍以下的罚款。"第七十四条规定："违反本法规定，排放水污染物超过国家或者地方规定的水污染物排放标准，或者超过重点水污染物排放总量控制指标的，由县级以上人民政府环境保护主管部门按照权限责令限期治理，处应缴纳排污费数额二倍以上五倍以下的罚款。"

根据《全国人民代表大会常务委员会关于加强法律解释工作的决议》，经请示全国人民代表大会常务委员会法制工作委员会，现就《水污染防治法》第七十三条和第七十四条所指"应缴纳排污费数额"的具体应用问题，通知如下：

一、《水污染防治法》第七十三条和第七十四条所指"应缴纳排污费数额"，是法律授权环保部门参照排污费征收标准及计算方法确定并用以裁定罚款数额的基数。

二、确定"应缴纳排污费数额"时，对水污染物的种类、浓度和污水排放量的认定，按照以下方法执行：

1. 关于水污染物的种类、浓度，应当按照国家有关水污染源在线监测技术规范或者监督性监测方法，对违法行为发生时所排水污染物的种类、浓度进行认定。

2. 关于污水排放量，排污者实施违法行为不超过30天的，应当按照30天的污水排放量进行认定；超过30天的，应当按照实际违法行为期间污水排放量进行认定。

三、排污者具备法定减缴、免缴、不缴排污费情形的，不影响环保部门参照排污费征收标准及计算方法确定并用以裁定罚款数额的基数。

四、关于《水污染防治法》第七十三条和第七十四条"应缴纳排污费数额"具体应用问题，环境保护部此前所作的规定与本通知不一致的，按本通知执行。

环境保护部
财 政 部
发展改革委
二〇一一年二月二十二日

第四章　环境行政复议

案例二十九

范某某向环境保护部申请信息公开行政复议案

一、当事人概况

申请人：范某某

被申请人：江苏省环境保护厅

二、基本案情

2009年5月4日，申请人范某某向被申请人提出政府信息公开申请，要求提供2003年至2008年江苏省环保部门环评审批时依据的法律法规及有效期限、南通市宝中建材有限公司的环评审批权属及法律依据、该公司的详细地理位置、监测数据来源等6项政府信息。

2009年5月7日，被申请人收到申请人的政府信息公开申请，并将申请人的政府信息公开申请书作为信访件转交南通市环保局办理。

2009年5月20日，被申请人向申请人寄送了《信访事项转送告知单》（苏环信转字〔2009〕13号），书面告知其来信反映的环境问题已转至南通市环保局处理，请其直接与该局联系。

2009年6月1日，中华人民共和国环境保护部（复议机关）收到申请人的行政复议申请，申请人以被申请人未依法对其提起的政府信息公开申请作出答复为由，请求：责令被申请人以申请人申请公开的方式公开其申请公开的所有信息。

在行政复议期间，复议机关环境保护部收到被申请人于 2009 年 6 月 18 日向申请人作出的书面告知，针对申请人的政府信息公开申请，被申请人向申请人通报了 2003 年至 2008 年江苏省环保部门环评审批时依据的法律法规名称及其文本获取途径、南通市宝中建材有限公司项目环评审批权属；对不属于被申请人公开的该公司项目环评相关信息，明确告知其应向江苏省如皋市环保局申请，并提供了该局的联系方式和电话；对有关问题的举报，明确告知其可以向有关部门举报和投诉及获得有关信息的途径和方式。

复议机关对申请人的行政复议申请及被申请人 2009 年 6 月 18 日对申请人有关政府信息公开申请作出的答复进行审查后，于 2009 年 7 月 24 日作出环法〔2009〕49 号行政复议决定（以下简称复议决定）。

该决定认为，根据《政府信息公开条例》第 21 条和第 24 条规定，被申请人应在法定期限内，针对范某某提起的 6 项政府信息公开申请，区分不同情况，逐项作出答复，但被申请人却依照《信访条例》的规定，将范某某有关政府信息公开申请作为信访件处理，属适用法律不当，应予纠正。

行政复议期间，被申请人于 2009 年 6 月 18 日向范某某作出书面告知，通报了 2003 年至 2008 年江苏省环保部门环评审批时依据的法律法规名称及其文本获取途径、南通市宝中建材有限公司项目环评审批权属；对不属于被申请人公开的该公司项目环评相关信息，明确告知其应向江苏省如皋市环保局申请，并提供了该局的联系方式和电话；对有关问题的举报，明确告知其可以向有关部门举报和投诉。

复议机关经审查，该答复符合《政府信息公开条例》的有关规定，事实清楚，适用法律正确。对被申请人上述纠正行为，应予肯定。鉴于行政复议期间，被申请人已主动纠正错误，实际上已保障了范某某的知情权、监督权，责令被申请人重新履行政府信息公开职责已无实际意义。

三、处理结果

确认江苏省环境保护厅未在法定期限内按照政府信息公开要求答复范某某 2009 年 5 月 4 日政府信息公开申请的行为违法；维持江苏省环境保护厅

2009年6月18日对范某某有关政府信息公开申请作出的答复。

四、点评解析

本案的焦点在于，复议机关是否可以超越复议申请人的复议申请请求而作出复议决定。

本案中，申请人的复议申请请求是责令被申请人以申请人申请公开的方式公开其申请公开的所有信息。申请人并未提出"维持江苏省环境保护厅2009年6月18日对范某某有关政府信息公开申请作出的答复"的复议请求，复议机关是否有权一并径行作出复议决定？

根据我国《行政复议法》第2条规定，公民、法人或者其他组织认为具体行政行为侵犯其合法权益，向行政机关提出行政复议申请，行政机关受理行政复议申请、作出行政复议决定，适用本法。因此，行政复议行为属于依当事人申请作出的具体行政行为。

本案中，申请人仅针对被申请人江苏省环境保护厅对其政府信息公开申请未予答复的不作为行为向复议机关环境保护部申请行政复议，请求复议机关责令被申请人江苏省环境保护厅依法以申请人申请公开的方式公开其申请公开的所有信息。复议机关应当依法针对申请人的该项申请作出行政复议决定。

申请人并未针对江苏省环境保护厅在行政复议期间对其作出的告知行为提出行政复议申请，复议机关径行对江苏省环境保护厅于2009年6月18日对申请人作出的告知行为的合法性进行复议，并作出维持该行为的行政复议决定，超出了申请人所提的行政复议申请范围，且影响了申请人行使行政复议的程序权利，缺乏法律依据。这样，既剥夺了相对人直接提起诉讼的选择权，也损害了相对人对补作行为提供证据、陈述意见的机会。因此，复议机关作出的复议决定的第二项是违反法律规定的。

五、实务提示

行政复议机关的复议决定是否可以超过复议申请人申请请求？

六、法条链接

■《中华人民共和国行政复议法》【2009年】

第二条　公民、法人或者其他组织认为具体行政行为侵犯其合法权益，向行政机关提出行政复议申请，行政机关受理行政复议申请、作出行政复议决定，适用本法。

第十二条第一款　对县级以上地方各级人民政府工作部门的具体行政行为不服的，由申请人选择，可以向该部门的本级人民政府申请行政复议，也可以向上一级主管部门申请行政复议。

■《中华人民共和国行政复议法实施条例》【2007年】

第十一条　公民、法人或者其他组织对行政机关的具体行政行为不服，依照行政复议法和本条例的规定申请行政复议的，作出该具体行政行为的行政机关为被申请人。

第十九条　申请人书面申请行政复议的，应当在行政复议申请书中载明下列事项：

（一）申请人的基本情况，包括：公民的姓名、性别、年龄、身份证号码、工作单位、住所、邮政编码；法人或者其他组织的名称、住所、邮政编码和法定代表人或者主要负责人的姓名、职务；

（二）被申请人的名称；

（三）行政复议请求、申请行政复议的主要事实和理由；

（四）申请人的签名或者盖章；

（五）申请行政复议的日期。

第三十九条　行政复议期间被申请人改变原具体行政行为的，不影响行政复议案件的审理。但是，申请人依法撤回行政复议申请的除外。

第五十一条　行政复议机关在申请人的行政复议请求范围内，不得作出对申请人更为不利的行政复议决定。

■《环境行政复议办法》【2008年】

第二条　公民、法人或者其他组织认为地方环境保护行政主管部门的具体行政行为侵犯其合法权益的，可以向该部门的本级人民政府申请行政复议，也可以向上一级环境保护行政主管部门申请行政复议。认为国务院环境保护行政主管部门的具体行政行为侵犯其合法权益的，向国务院环境保护行政主管部门提起行政复议。

环境保护行政主管部门办理行政复议案件，适用本办法。

案例三十

胡某某不服行政处罚申请行政复议案

一、当事人概况

申请人：胡某某（系北京胡某某餐饮管理中心经营者）

被申请人：北京市石景山区环境保护局

二、基本案情

2016年11月7日，被申请人行政执法人员来到申请人处进行现场检查，检查油烟处理装置使用情况，发现其后厨未安装油烟净化装置，油烟未采取油烟净化措施直接排入大气环境中，遂制作了现场检查笔录，并拍照佐证。

2016年11月7日，被申请人依法立案。

2016年11月8日，被申请人对申请人进行调查询问，并下达了石环保监察限〔2016〕第23号《责令（限期）改正通知书》。

2016年11月10日，被申请人向申请人送达了石环保听告〔2016〕21号《行政处罚听证告知书》，告知申请人违法事实、证据和处罚依据、拟作出的处罚决定以及有陈述、申辩和要求听证的权利。申请人未提交陈述、申辩意见，也未申请听证。

2016年11月23日，被申请人经集体研究后，根据《大气污染防治法》第118条第1款的规定，对申请人作出了石环保罚〔2016〕44号《行政处罚决定书》，罚款人民币三万元。

2016年11月25日，申请人不服向北京市环境保护局提起行政复议，申请人称：2016年11月7日执法人员来检查，11月8日上午就及时安装了油烟净化器，及时改正了违法行为，态度非常好，积极配合，且主营烩面，油烟极少，一直处于赔钱状态，希望多多体谅，支持农民工创业、就业，不应处罚。

2016年12月5日，被申请人进行了行政复议的答复：

1. 被申请人作为县级以上人民政府环境保护主管部门依法具有对大气污染防治实施统一监督管理的法定职责

根据《大气污染防治法》（2016年）第5条第1款之规定，被申请人作为县级以上人民政府环境保护主管部门依法具有对大气污染防治实施统一监督管理的法定职责。

2. 被申请人于2016年11月23日作出的石环保罚字〔2016〕44号《行政处罚决定书》的行政行为认定事实清楚、证据确凿、适用法律正确、程序合法、内容适当的，应当予以维持

（1）事实清楚，证据确凿。2016年11月7日，被申请人行政执法人员来到申请人处进行现场检查，检查油烟处理装置使用情况，发现未安装油烟净化装置，厨房油烟未采取油烟净化措施直接排入大气环境中，污染大气环境。申请人以上违法行为的事实，有如下证据予以证明，现场检查笔录、立案审批表、照片、调查询问通知书以及调查询问笔录、责令（限期）改正通知书、行政处罚听证告知书以及送达回证、案件处理审批表、集体讨论记录、案件调查终结报告。因此，事实清楚，证据确凿。

（2）适用法律正确，程序合法。鉴于申请人的上述违法行为，被申请人作为县级以上人民政府环境保护主管部门依法具有对大气污染防治实施统一监督管理的法定职责。依据《中华人民共和国大气污染防治法》第81条第1款及第118条第1款、《饮食业油烟排放标准》（GB18483-2001）第3.5、5.1条以及国家环保总局《关于饮食业单位排气适用标准问题的复函》〔2005〕第1条之规定，被申请人适用法律正确，程序合法。

（3）内容适当。被申请人根据申请人的上述违法行为以及法律的规定，依据北京市环境保护局关于印发《北京市环境保护局行政处罚自由裁量基准》（2016版）中的《餐饮业经营者违反油烟净化设施使用规定行政处罚自由裁量基准表》。

同时，北京进入11月份以来，空气较多处于雾霾的严峻形势，符合《北京市环境保护局行政处罚自由裁量基准》（2016版）中"环境违法行为危害的具体对象"以及"其他可以从重行政处罚的情形"。因此，对申请人作出

罚款人民币三万元，属于处罚合理、内容适当。

综上，被申请人于2016年11月23日作出的石环保罚字〔2016〕44号《行政处罚决定书》的行政行为认定事实清楚、证据确凿、适用法律正确、程序合法、内容适当的，依法应当予以维持。

三、处理结果

双方达成了和解协议，申请人缴纳罚款并保证油烟净化设施正常使用。

四、点评解析

（一）未按要求安装油烟净化设施的，是否需要进行排放浓度监测，是否可以视同超标排放

根据2016年1月1日实施的《大气污染防治法》第81条第1款的规定，"排放油烟的餐饮服务业经营者应当安装油烟净化设施并保持正常使用，或者采取其他油烟净化措施，使油烟达标排放，并防止对附近居民的正常生活环境造成污染"以及该法第118条第1款的规定，"违反本法规定，排放油烟的餐饮服务业经营者未安装油烟净化设施、不正常使用油烟净化设施或者未采取其他油烟净化措施，超过排放标准排放油烟的，由县级以上地方人民政府确定的监督管理部门责令改正，处五千元以上五万元以下的罚款；拒不改正的，责令停业整治"。如果要采取罚款的行政处罚，前提条件是"超过排放标准排放油烟"，因此，根据以上规定，对于未按要求安装油烟净化设施的，需要进行排放浓度监测。

目前，国家环保总局《关于饮食业单位排气适用标准问题的复函》（环函〔2005〕225号）没有失去法律效力的情况下，可以作为行政处罚的依据，该复函第5.1条规定："排放油烟的饮食业单位必须安装油烟净化设施，并保证操作期间按要求运行。油烟无组织排放视同超标。"因此，视同超标，这亦体现了环境法所要求的严格标准的原则。

此外，如果《关于饮食业单位排气适用标准问题的复函》失效了，则必须依照《大气污染防治法》的规定，履行排放浓度的监测，否则，属于违反法定的程序。

（二）被申请人对申请人作出三万元的罚款是否合理

《大气污染防治法》第118条第1款规定，"处五千元以上五万元以下的罚款"。因此，法律规定了行政机关享有处罚的自由裁量权，被申请人根据申请人的上述违法行为以及法律规定，依据北京市环境保护局关于印发《北京市环境保护局行政处罚自由裁量基准》（2016版）中的《餐饮业经营者违反油烟净化设施使用规定行政处罚自由裁量基准表》，并考虑到北京进入11月份以来，空气质量处在雾霾的严峻形势之下，符合《北京市环境保护局行政处罚自由裁量基准》（2016版）中"环境违法行为危害的具体对象"以及"其它可以从重行政处罚的情形"。因此，对申请人作出罚款人民币三万元，属于处罚合理，内容适当。

（三）行政复议是否可以进行调解

根据《行政复议法实施条例》第50条之规定，有下列情形之一的，行政复议机关可以按照自愿、合法的原则进行调解：（1）公民、法人或者其他组织对行政机关行使法律、法规规定的自由裁量权作出的具体行政行为不服申请行政复议的；（2）当事人之间的行政赔偿或者行政补偿纠纷。因此，本案符合上述法规的规定，可以按照自愿、合法的原则进行调解。在双方经过复议的过程中，充分考虑双方的情况，依法自愿、依规合理的进行了调解，这样处理既维护了经营者的合法权益，又很好地发挥了行政机关内部层级监督的作用，促进了行政机关依法行政，较好地解决了行政机关与管理相对人的争议，复议双方都很满意，亦达到了社会效果和法律效果的统一。

五、实务提示

1. 未按要求安装油烟净化设施的，是否需要进行排放浓度监测，是否可以视同超标排放？

2. 行政复议是否可以进行调解？

六、法条链接

■《中华人民共和国大气污染防治法》（2016年）

第八十一条第一款：排放油烟的餐饮服务业经营者应当安装油烟净化设

施并保持正常使用,或者采取其他油烟净化措施,使油烟达标排放,并防止对附近居民的正常生活环境造成污染。

第一百一十八条第一款:违反本法规定,排放油烟的餐饮服务业经营者未安装油烟净化设施、不正常使用油烟净化设施或者未采取其他油烟净化措施,超过排放标准排放油烟的,由县级以上地方人民政府确定的监督管理部门责令改正,处五千元以上五万元以下的罚款;拒不改正的,责令停业整治。

■《中华人民共和国行政复议法实施条例》(2007年)

第五十条 有下列情形之一的,行政复议机关可以按照自愿、合法的原则进行调解:

(一)公民、法人或者其他组织对行政机关行使法律、法规规定的自由裁量权作出的具体行政行为不服申请行政复议的;

(二)当事人之间的行政赔偿或者行政补偿纠纷。

当事人经调解达成协议的,行政复议机关应当制作行政复议调解书。调解书应当载明行政复议请求、事实、理由和调解结果,并加盖行政复议机关印章。行政复议调解书经双方当事人签字,即具有法律效力。

调解未达成协议或者调解书生效前一方反悔的,行政复议机关应当及时作出行政复议决定。

■《饮食业油烟排放标准》(GB18483-2001)

3.5 无组织排放

未经任何油烟净化设施净化的油烟排放。

5.1 排放油烟的饮食业单位必须安装油烟净化设施,并保证操作期间按要求运行。油烟无组织排放视同超标。

■国家环境保护总局《关于饮食业单位排气适用标准问题的复函》(2005年)

一、饮食业排放油烟应按照国家排放标准《饮食业油烟排放标准(试行)》(以下简称:《排放标准》)的规定进行控制。排放标准规定的油烟排放浓度限值及采样分析方法,适用于对已按要求安装油烟净化设施的饮食业单位排放含油烟气体的控制;未按要求安装油烟净化设施的,视同超标排放,不需进行排放浓度监测。

■《北京市环境保护局行政处罚自由裁量基准》(2016版)

二、行使自由裁量权的有关情节和情形

(一) 应当综合、全面考虑的情节

……

2. 环境违法行为危害的具体对象

……

(二) 从重处罚的情形

……

5. 其它可以从重行政处罚的情形。

……

附件：环境行政处罚自由裁量基准表（略）

第五章　环境信息公开

案例三十一

中华环保联合会诉修文县
环境保护局环境信息公开案

一、当事人概况

原告：中华环保联合会
被告：修文县环境保护局

二、基本案情

原告中华环保联合会诉称：2011年10月，原告向贵州省清镇市人民法院环保法庭提起环境公益诉讼，起诉贵州好一多乳业股份有限公司超标排放工业污水，基于该案件需要，需调取好一多公司的相关环保资料，便向被告贵州省贵阳市修文县环境保护局（以下简称"修文县环保局"）提出申请，要求被告向其公开好一多公司的排污许可证、排污口数量和位置、排放污染物种类和数量情况、经环保部门确定的排污费标准、经环保部门监测所反映的情况及处罚情况、环境影响评价文件及批复文件、"三同时"验收文件等有关环境信息，并于2011年10月28日将信息公开申请表以公证邮寄的方式提交给被告。而修文县环保局在法定期限内既未向原告公开上述信息，也未对原告申请给予答复，违反了国务院《政府信息公开条例》和环保部《环境信息公开办法（试行）》的规定，故向人民法院提起行政公益诉讼，要求判决修文县环保局对原告的政府信息公开申请予以答复，并向原告公开相关信息。

被告修文县环保局辩称：（1）原告中华环保联合会确实于2011年10月28日以特快专递的方式提交了政府信息公开申请，但申请表未附原告机构代码证等主体材料，也未明确需要好一多三个基地中具体哪一家基地的信息，其申请公开的信息内容不明确；（2）原告要求公开信息的形式不具体、不清楚；（3）原告获取信息的方式不明确；（4）原告申请信息公开时未提供相关的检索、复制、邮寄等成本费用。且被告已于2011年10月31日电话告知了原告的联系人宋某某，要求原告对申请公开的信息内容进行补充说明，以方便被告履行信息公开的职责。故原告诉被告不履行政府信息公开法定职责没有事实依据和法律依据。

三、处理结果

被告贵州省贵阳市修文县环境保护局于判决生效之日起10日内对原告中华环保联合会的政府信息公开申请进行答复，并按原告的要求向其公开贵州好一多乳业股份有限公司的相关环境信息。

四、点评解析

（一）原告中华环保联合会向被告修文县环境保护局提交的信息公开申请书是否明确具体

原告中华环保联合会为环境公益诉讼案件的需要向被告修文县环保局通过邮政快递的方式提出了环境信息公开的书面申请，在申请中载明了申请人的名称、联系方式、申请公开的具体内容、获取信息的方式等，其申请环境信息的内容不涉及国家秘密、商业秘密、个人隐私，属于法定可以公开的政府环境信息，申请环境信息的程序亦符合《政府信息公开条例》第20条、《环境信息公开办法（试行）》第16条的规定。

关于被告修文县环保局认为好一多公司在修文县有三个基地，原告中华环保联合会未明确申请公开哪一个基地的环境信息，原告所申请的内容不明确的意见，根据《政府信息公开条例》第21条的规定，对于申请内容不明确的，行政机关应当告知申请人作出更改、补充。在本案中，原告在申请表中已经明确提出需要贵州好一多乳业股份有限公司的排污许可证、排污口数量和位置、排放污染物种类和数量情况、经环保部门确定的排污费标准、经环保部门监测所反映的情况及处罚情况、环境影响评价文件及批复文件，其申请内容的表述是明确具体的，至于好一多公司在修文县有几个基地，并不妨碍被告公开信息，被告应就其手中掌握的所有涉及好一多公司的相关环境信息向原告公开。另外，《贵州省政府信息公开暂行规定》第 24 条规定"行政机关对申请公开的政府信息，根据下列情况分别作出答复：……（六）申请内容不明确或申请书形式要件不齐备的，行政机关应当出具《补正申请告知书》，一次性告知申请人作出更正、补充"。即便被告认为原告申请内容不明确，也应当按该规定向原告发出《补正申请告知书》，一次性告知申请人作出更正、补充，而被告显然没有按规定办理。故被告以申请内容不明确不公开信息，不符合规定。同时，按照《政府信息公开条例》第 24 条第 2 款、《环境信息公开办法（试行）》第 18 条的规定，被告显然没有在法定期限内履行其答复的义务，故被告不予答复申请的行为违反法律法规的规定。

（二）原告中华环保联合会申请信息公开时，是否需要提供原告机构代码证等主体材料，是否需要提供相关检索、复制、邮寄等成本费用

关于被告修文县环保局认为原告中华环保联合会在提交政府信息公开申请时，应同时附上原告的身份证明的意见。因原告在信息公开申请表中已正确填写了单位名称、住所地、联系人及电话并加盖了公章，而《政府信息公开条例》第 20 条明确规定，政府信息公开申请应当包括（1）申请人的姓名或者名称、联系方式；（2）申请公开的政府信息的内容描述；（3）申请公开的政府信息的形式要求。其中，并没有强制要求申请人提供身份证明，故被告所提意见没有法律依据。

关于被告修文县环保局认为原告中华环保联合会申请信息公开时，未提供相关检索、复制、邮寄等成本费用的意见，根据《贵州省政府信息公开暂行规定》第 26 条规定，行政机关依申请提供政府信息，可以收取实际发生的检索、复制、邮寄等成本费用，但被告并未向原告提出收费要求，原告也未向被告明

示不支付相关费用，故被告以此理由不公开环境信息不符合法律规定。

五、实务提示

1. 信息公开申请人应具备什么样的条件？
2. 信息公开的范围如何界定？

六、法条链接

■《中华人民共和国政府信息公开条例》【2008年】

第十三条　除本条例第九条、第十条、第十一条、第十二条规定的行政机关主动公开的政府信息外，公民、法人或者其他组织还可以根据自身生产、生活、科研等特殊需要，向国务院部门、地方各级人民政府及县级以上地方人民政府部门申请获取相关政府信息。

第二十条　公民、法人或者其他组织依照本条例第十三条规定向行政机关申请获取政府信息的，应当采用书面形式（包括数据电文形式）；采用书面形式确有困难的，申请人可以口头提出，由受理该申请的行政机关代为填写政府信息公开申请。

政府信息公开申请应当包括下列内容：

（一）申请人的姓名或者名称、联系方式；

（二）申请公开的政府信息的内容描述；

（三）申请公开的政府信息的形式要求。

第二十一条　对申请公开的政府信息，行政机关根据下列情况分别作出答复：

（一）属于公开范围的，应当告知申请人获取该政府信息的方式和途径；

（二）属于不予公开范围的，应当告知申请人并说明理由；

（三）依法不属于本行政机关公开或者该政府信息不存在的，应当告知申请人，对能够确定该政府信息的公开机关的，应当告知申请人该行政机关的名称、联系方式；

（四）申请内容不明确的，应当告知申请人作出更改、补充。

第二十四条　行政机关收到政府信息公开申请，能够当场答复的，应当当场予以答复。

行政机关不能当场答复的，应当自收到申请之日起15个工作日内予以答复；如需延长答复期限的，应当经政府信息公开工作机构负责人同意，并告知申请人，延长答复的期限最长不得超过15个工作日。

申请公开的政府信息涉及第三方权益的，行政机关征求第三方意见所需时间不计算在本条第二款规定的期限内。

第二十七条　行政机关依申请提供政府信息，除可以收取检索、复制、邮寄等成本费用外，不得收取其他费用。行政机关不得通过其他组织、个人以有偿服务方式提供政府信息。

行政机关收取检索、复制、邮寄等成本费用的标准由国务院价格主管部门会同国务院财政部门制定。

■《环境信息公开办法（试行）》【2008年】

第十六条　公民、法人和其他组织依据本办法第五条规定申请环保部门提供政府环境信息的，应当采用信函、传真、电子邮件等书面形式；采取书面形式确有困难的，申请人可以口头提出，由环保部门政府环境信息公开工作机构代为填写政府环境信息公开申请。

政府环境信息公开申请应当包括下列内容：

（一）申请人的姓名或者名称、联系方式；

（二）申请公开的政府环境信息内容的具体描述；

（三）申请公开的政府环境信息的形式要求。

第十八条　环保部门应当在收到申请之日起15个工作日内予以答复；不能在15个工作日内作出答复的，经政府环境信息公开工作机构负责人同意，可以适当延长答复期限，并书面告知申请人，延长答复的期限最长不得超过15个工作日。

■《贵州省政府信息公开暂行规定》【2011年】

第二十六条　行政机关依申请提供政府信息，可以收取实际发生的检索、复制、邮寄等成本费用，具体标准由省物价部门会同省财政部门制定。

案例三十二

源头爱好者环境研究所申请危险废弃物监管信息公开案

一、当事人概况

原告：北京市丰台区源头爱好者环境研究所
被告：北京市环境保护局

二、基本案情

2013年4月12日，原告北京市丰台区源头爱好者环境研究所（以下简称源头爱好者研究所）填写了北京市政府信息公开申请表，要求被告北京市环境保护局（以下简称市环保局）公开北京市密云县工业开发区C区西统路51号凯比（北京）制动系统有限公司（以下简称凯比公司）所属工厂自运营之日起到2013年3月为止的危险废弃物监管信息。其他特征描述为，包括危险废弃物的：（1）产生情况（类型、各自的产生量以及成分）；（2）转移情况（类型、转移量、成分、运输单位、每次危险废物转移联单的复印件）；（3）处理情况（各类危废的处理单位、处理方法、处理量）。

2013年4月16日，市环保局收到上述申请，并作出登记回执。

2013年5月6日，市环保局作出第45号告知书，告知源头爱好者研究所其申请公开的信息，市环保局未制作和获取，请向密云县环保局提出申请。

源头爱好者研究所不服该告知书，向法院提起行政诉讼。

原告诉称，根据《固体废物污染环境防治法》第10条的规定，被告作为北京市负责环境保护工作的行政机关，对北京地区危险废物的产生、贮存、转运、处理和利用都负有直接的管理责任。被告在其单位网站公布了其依照法律规定审核并颁发了12个单位的《危险废物经营许可证》，同时还在网站上公布年度《固体废物污染环境防治信息的公告》，在公告中详细披露了年度全市执行危险废物转移联单制度的企业数量、转移量、危险废物产生量、综合利用量、处置量等详细数据。2007年，被告就下发了京环发〔2007〕5号文件，要求在北京市内转移危险废物的，都要在被告单位网站上进行申请转移联单。上述情况说明，不论依照法律规定的职责，还是实际工作中的现状，被告都取得了原告所申请公开的信息。

被告市环保局辩称：（1）被告依法答复了原告的信息公开申请。2013年4月16日，被告收到原告邮寄的政府信息公开申请。同年5月6日被告作出第45号告知书，告知原告其申请获取的信息被告未制作和获取，根据《政府信息公开条例》的规定，请原告向密云县环保局提出申请。（2）按照"谁审批、谁监管"原则，原告应向作出审批的行政机关申请公开相关企业危险废弃物监管信息。凯比公司的环评报告由密云县环保局审批，原告应向密云县环保局申请公开对该公司有关危险废弃物的监管信息，被告已经履行了告知义务。（3）密云县环保局已对相同政府信息公开申请作出答复。其他申请人刘某某以个人名义向密云县环保局提出完全相同的信息公开申请。2013年5月24日，密云县环保局作出8号告知书，告知刘某某到密云县环境保护局查询（查阅）申请公开的有关危险废弃物监管信息。被告作出的第45号告知书，符合法律规定。

原告提供的证据有：（1）邮寄申请的证明；（2）北京市政府信息公开申请表，证明原告申请公开的政府信息的内容；（3）第45号告知书。

被告提供的证据1~3与原告的证据内容相同，同时提交证据4，即密云县环保局密环信公〔2013〕8号环境信息公开告知书（以下简称8号告知书），证明密云县环保局作出的信息已公开告知。

三、处理结果

撤销被告北京市环境保护局2013年5月6日作出的京环信息公开〔2013〕第45号信息公开告知书；责令被告北京市环境保护局于本判决生效之日起15个工作日内，对原告北京市丰台区源头爱好者环境研究所提出的政府信息公开申请重新作出答复。

四、点评解析

本案的焦点在于，原告所申请公开的信息，被告在履行职责过程中是否取得或制作。

（1）本案原告所申请公开的信息属于环保部门应当主动公开的信息。我国《环境信息公开办法（试行）》第2条第2款规定，政府环境信息，是指环保部门在履行环境保护职责中制作或者获取的，以一定形式记录、保存的信息。该办法第5条规定，公民、法人和其他组织可以向环保部门申请获取政府环境信息。该办法第11条规定，环保部门应当在职责权限范围内向社会主动公开的政府环境信息包括大、中城市固体废物的种类、产生量、处置状况等信息。因此，本案原告所申请公开的凯比公司所属工厂自运营之日起到2013年3月为止的危险废弃物监管信息属于环保部门应当主动公开的环境信息。

（2）本案被告已经取得了原告申请公开的环境信息。2007年，被告下发了京环发〔2007〕5号文件，要求在北京市内转移危险废物的，都要在被告单位网站上进行申请转移联单。而且被告在其单位网站公布了其依照法律规定审核并颁发了12个单位的《危险废物经营许可证》，同时还在网站上公布年度《固体废物污染环境防治信息的公告》，在公告中详细披露了年度全市执行危险废物转移联单制度的企业数量、转移量、危险废物产生量、综合利用量、处置量等详细数据。凯比公司作为危险废物的产生单位，其在市环保局网站的固体废物管理信息系统中，申报了年度危险废物计划产生总量、年度内单次危险废物计划转移量等相关信息。市环保局获取并保存了凯比公司申报的上述信息，该信息属于源头爱好者研究所申请公开的相关政府信息的范围。因此，被告称原告申请公开的信息被告未制作和获取是与事实不符。

（3）被告能否应当公开原告所申请的信息，需要被告进行调查、裁量后作出决定。我国《环境信息公开办法（试行）》第7条规定，公民、法人和其他组织使用公开的环境信息，不得损害国家利益、公共利益和他人的合法权益。该办法第10条规定，环保部门公开政府环境信息，不得危及国家安全、公共安全、经济安全和社会稳定。原告所申请的环境信息如果不会造成法律规定影响，被告应当按照原告申请的内容予以公开。

五、实务提示

本案判决被告是重新作出答复而不是公开原告所申请的信息，被告再次答复时能否以其他理由再次不予公开？

六、法条链接

■《中华人民共和国政府信息公开条例》【2008年】

第二条 本条例所称政府信息，是指行政机关在履行职责过程中制作或者获取的，以一定形式记录、保存的信息。

第九条 行政机关对符合下列基本要求之一的政府信息应当主动公开：

（一）涉及公民、法人或者其他组织切身利益的；

（二）需要社会公众广泛知晓或者参与的；

（三）反映本行政机关机构设置、职能、办事程序等情况的；

（四）其他依照法律、法规和国家有关规定应当主动公开的。

■《环境信息公开办法（试行）》【2008年】

第二条第一款、第二款 本办法所称环境信息，包括政府环境信息和企业环境信息。

政府环境信息，是指环保部门在履行环境保护职责中制作或者获取的，以一定形式记录、保存的信息。

第五条 公民、法人和其他组织可以向环保部门申请获取政府环境信息。

第七条 公民、法人和其他组织使用公开的环境信息，不得损害国家利益、公共利益和他人的合法权益。

第十一条 环保部门应当在职责权限范围内向社会主动公开以下政府环境信息：

（一）环境保护法律、法规、规章、标准和其他规范性文件；

（二）环境保护规划；

（三）环境质量状况；

（四）环境统计和环境调查信息；

（五）突发环境事件的应急预案、预报、发生和处置等情况；

（六）主要污染物排放总量指标分配及落实情况，排污许可证发放情况，城市环境综合整治定量考核结果；

（七）大、中城市固体废物的种类、产生量、处置状况等信息；

（八）建设项目环境影响评价文件受理情况，受理的环境影响评价文件的审批结果和建设项目竣工环境保护验收结果，其他环境保护行政许可的项目、依据、条件、程序和结果；

（九）排污费征收的项目、依据、标准和程序，排污者应当缴纳的排污费数额、实际征收数额以及减免缓情况；

（十）环保行政事业性收费的项目、依据、标准和程序；

（十一）经调查核实的公众对环境问题或者对企业污染环境的信访、投诉案件及其处理结果；

（十二）环境行政处罚、行政复议、行政诉讼和实施行政强制措施的情况；

（十三）污染物排放超过国家或者地方排放标准，或者污染物排放总量超过地方人民政府核定的排放总量控制指标的污染严重的企业名单；

（十四）发生重大、特大环境污染事故或者事件的企业名单，拒不执行已生效的环境行政处罚决定的企业名单；

（十五）环境保护创建审批结果；

（十六）环保部门的机构设置、工作职责及其联系方式等情况；

（十七）法律、法规、规章规定应当公开的其他环境信息。

环保部门应当根据前款规定的范围编制本部门的政府环境信息公开目录。

案例三十三

陈某某就已经公开的环保信息申请信息公开案

一、当事人概况

原告：陈某某
被告：成都市成华区环境保护局

二、基本案情

2013年6月16日，原告陈某某向被告成都市成华区环境保护局（以下简称《成华区环保局》）提出政府信息公开申请，申请公开"其辖区内保和乡天鹅工业园区内各个企业环境保护监督检查情况，尤其是各个企业办理环境影响评价手续监督检查情况"，并要求被告成华区环保局以新闻发布会的形式向原告提供政府信息。

另有，2012年11月原告因私自设置暗管偷排污水，被告对其先后两次作出行政处罚。

2013年6月21日，被告成华区环保局对原告陈某某提出的政府信息公开申请作出《关于对政府信息公开申请有关事项的回复》，内容为"我局已经在成华区门户网站上对辖区内环保行政处罚、行政审批等情况进行了公开，请你直接登录成华区门户网站中的'信息公开'栏目的'信息公开目录'中查阅"。

原告陈某某对该回复不服，向法院提起行政诉讼。

原告陈某某诉称，原告按被告回复登陆了该门户网站，但该门户网站里并没有原告申请要求公开的内容，对被告随便敷衍申请人、不依法行政的行为，请求法院判令被告按照原告申请要求的内容及形式提供政府信息。

被告成华区环保局辩称，（1）答辩人具有在成华区范围内实施环境污染防治的监督管理、环境保护行政执法监督等主要职责。（2）对原告申请公开与本人生产经营活动无关的政府信息答辩人不予提供。（3）对原告申请公开的信息答辩人可以不予采用新闻发布会的方式提供。我国《政府信息公开条例》第15条规定，行政机关应将主动公开政府信息，通过政府公报、政府网站、新闻发布会以及报刊、广播、电视等便于公众知晓的方式公开。该条例第26条规定，行政机关依申请公开信息，应当按照申请要求的形式予以提供；无法按照申请人的要求提供，可以通过安排申请人查阅相关资料、提供复印件或者其他形式提供。即"新闻发布会"方式仅适用于行政机关主动公开政府信息的情形，而不适用于原告申请公开信息的情形。因此，答辩人可以不采用"新闻发布会"方式向原告提供信息。(4) 因原告申请公开的政府信息已经向公众公开，并且答辩人已经告知原告获得该信息的方式和途径，人民法院应当依法判决驳回原告的诉请。依照《最高人民法院关于审理政府信息公开行政案件若干问题的规定》第12条第2项，答辩人请求法院依法判决驳回原告的诉请。

原告陈某某提交了证据为：成都市成华区环境保护局《关于对政府信息公开申请有关事项的回复》。

被告成华区环保局提交了以下证据材料：(1) 组织机构代码证，证明被告的主体资格；(2) 成都市成华区环境保护局主要职责内设机构和人员编制规定，证明被告具有在成华区范围内实施环境污染防治的监督管理、环境保护行政执法监督等主要职责；(3) 原告于2013年6月16日向被告提交的政府信息公开申请；(4) 关于对政府信息公开申请有关事项的回复；(5) 成华区门户网站上信息公开的相关网页，原告申请公开的政府信息，被告早已向公众公开，公开网站上能找到相关信息。

三、处理结果

驳回原告陈某某的诉讼请求。

四、点评解析

（一）本案原告要求被告公开的信息是否属于需要公开的政府信息

《政府信息公开条例》第2条规定，"本条例所称政府信息，是指行政机关在履行职责过程中制作或者获取的，以一定形式记录、保存的信息"。该条例第9条规定，"行政机关对符合下列基本要求之一的政府信息应当主动公开：（一）涉及公民、法人或者其他组织切身利益的；（二）需要社会公众广泛知晓或者参与的；（三）反映本行政机关机构设置、职能、办事程序等情况的；（四）其他依照法律、法规和国家有关规定应当主动公开的"。

显然，原告申请的被告辖区内的企业环境监督检查情况、企业办理环境影响评价手续监督检查情况属于法律规定的应该公开的政府信息。

（二）被告是否公开了原告申请的政府信息

本案原告陈某某于2013年6月16日向被告成华区环保局提出政府信息公开申请，申请公开"其辖区内保和乡天鹅工业园区内各个企业环境保护监督检查情况，尤其是各个企业办理环境影响评价手续监督检查情况"，被告成华区环保局收到申请后，2013年6月21日通过书面回复的形式明确告知原告陈某某上述信息已经通过政府网站的形式向社会公开，并告知其查询方式。庭审中法院核实了被告成华区环保局向原告陈某某告知的信息检索来源和方式能够查询到，包括成都市成华区范围内企业办理环评手续以及被告对相关违反环保法律法规企业进行监督检查处罚的相关信息，其内容涵盖了原告要求公开的成华区天鹅社区相关企业的环评和处罚信息。庭审中，原告提出天鹅社区相关环境申报检查监督信息不全，被告没有全部公布，但对此并未提供任何证明材料予以证明。

《政府信息公开条例》第21条规定："对申请公开的政府信息，行政机关根据下列情况分别作出答复：（一）属于公开范围的，应当告知申请人获取该政府信息的方式和途径；（二）属于不予公开范围的，应当告知申请人并说明理由；（三）依法不属于本行政机关公开或者该政府信息不存在的，应当告知申请人，对能够确定该政府信息的公开机关的，应当告知申请人该行政机关的名称、联系方式；（四）申请内容不明确的，应当告知申请人作出更改、补充。"该条例第24条第2款规定："行政机关不能当场答复的，应当自收到申请之日起15个工作日内予以答复。"因此，本案的被告在规定的期限内向原告回复并告知了查询方式，符合法律规定。

（三）被告公开政府信息的公开形式是否符合要求

由于原告要求公布的信息，被告已经通过符合法律规定的形式予以公开，原告再次要求被告以原告限定的新闻发布会的形式予以公开没有法律依据。并且原告以个人身份提出申请，要求被告必须以新闻发布会的形式公开信息内容同样缺乏合理性和法律的约束性规定，原告在庭审中提出的《最高人民法院关于审理政府信息公开行政案件若干问题的规定》第1条第2项规定，"认为行政机关提供的政府信息不符合其在申请中要求的内容或者法律、法规规定的适当形式的"，其中规定内容根据申请人的申请，形式根据法律法规规定。信息公开形式并非按照申请人的指定，并且该条条款也是针对案件立案受理问题的，显然不能作为原告要求被告必须按照其限定形式公开信息的依据。

五、实务提示

1. 申请人申请信息公开的信息，被申请人是否应予以全部答复？
2. 如何审查申请人申请公开的内容符合信息公开的规定？

六、法条链接

■《中华人民共和国政府信息公开条例》【2008年】

第二条　本条例所称政府信息，是指行政机关在履行职责过程中制作或者获取的，以一定形式记录、保存的信息。

第九条　行政机关对符合下列基本要求之一的政府信息应当主动公开：

（一）涉及公民、法人或者其他组织切身利益的；

（二）需要社会公众广泛知晓或者参与的；

（三）反映本行政机关机构设置、职能、办事程序等情况的；

（四）其他依照法律、法规和国家有关规定应当主动公开的。

第十五条　行政机关应当将主动公开的政府信息，通过政府公报、政府网站、新闻发布会以及报刊、广播、电视等便于公众知晓的方式公开。

第二十一条　对申请公开的政府信息，行政机关根据下列情况分别作出答复：

（一）属于公开范围的，应当告知申请人获取该政府信息的方式和途径；

（二）属于不予公开范围的，应当告知申请人并说明理由；

（三）依法不属于本行政机关公开或者该政府信息不存在的，应当告知申请人，对能够确定该政府信息的公开机关的，应当告知申请人该行政机关的名称、联系方式；

（四）申请内容不明确的，应当告知申请人作出更改、补充。

第二十四条　行政机关收到政府信息公开申请，能够当场答复的，应当当场予以答复。

行政机关不能当场答复的，应当自收到申请之日起15个工作日内予以答复；如需延长答复期限的，应当经政府信息公开工作机构负责人同意，并告知申请人，延长答复的期限最长不得超过15个工作日。

申请公开的政府信息涉及第三方权益的，行政机关征求第三方意见所需时间不计算在本条第二款规定的期限内。

■《最高人民法院关于审理政府信息公开行政案件若干问题的规定》【2011年】

第十二条　有下列情形之一，被告已经履行法定告知或者说明理由义务的，人民法院应当判决驳回原告的诉讼请求：

（一）不属于政府信息、政府信息不存在、依法属于不予公开范围或者依法不属于被告公开的；

（二）申请公开的政府信息已经向公众公开，被告已经告知申请人获取该政府信息的方式和途径的；

（三）起诉被告逾期不予答复，理由不成立的；

（四）以政府信息侵犯其商业秘密、个人隐私为由反对公开，理由不成立的；

（五）要求被告更正与其自身相关的政府信息记录，理由不成立的；

（六）不能合理说明申请获取政府信息系根据自身生产、生活、科研等特殊需要，且被告据此不予提供的；

（七）无法按照申请人要求的形式提供政府信息，且被告已通过安排申请人查阅相关资料、提供复制件或者其他适当形式提供的；

（八）其他应当判决驳回诉讼请求的情形。

案例三十四

李某某申请环保部公开项目规划环评案

一、当事人概况

原告：李某某

被告：国家环境保护部

二、基本案情

2012年8月21日，原告李某某通过邮寄方式向被告国家环境保护部（以下简称环保部）提交了政府信息公开申请表，所需信息的内容描述为：中华人民共和国环境保护部关于大广高速公路（河北省承赤高速公路）建设项目环境影响评估报告的批复决定书、规划环境影响评估报告书的批复决定书。

2012年9月7日，被告环保部对原告李某某作出2012年第84号《环境保护部政府信息公开告知书》（以下简称《告知书》），具体内容如下："经查，你申请获取信息的项目为大广公路蒙冀界至承德段工程。根据《环境影响评价法》规定，该公路按独立建设项目开展环评工作。该项目环评批复属于我部政府信息公开范围，现向你提供，见附件；该项目未开展规划环评工作，你申请获取的规划环评批复不存在。"

原告李某某不服被告环保部作出的2012年第84号《告知书》，向法院提起行政诉讼。

原告李某某诉称：原告是河北省承德市某某区某某镇人，大广高速公路（承赤高速）修路经过原告的院落。原告依法向被告提出申请，要求公开承赤高速公路项目环境影响评估报告的批复（以下简称环评批复）、公开承赤高速公路项目规划环境影响评估报告的批复（以下简称规划环评批复）。但被告只给予了环评批复，未给予规划环评批复。根据《行政诉讼法》《政府信息公开条例》《环境影响评价法》的相关规定，原告提起本案之诉，请求法院判决确认被告未公开规划环评批复的行为违法。

被告环保部辩称：我部对原告李某某作出的《告知书》符合法律规定，已经履行了法定职责，对原告申请公开的两项信息逐一进行了答复，关于规划环评信息，因我部确未开展该项目规划环评工作，故该信息不存在；关于环评批复，属于我部公开范围，以附件的形式向原告进行了公开。《告知书》完全符合《政府信息公开条例》第21条的规定，故请求法院判决驳回原告的诉讼请求。

被告环保部在法定举证期限内向提交了以下证据：（1）政府信息公开申请表，用以证明原告向环保部提起政府信息公开申请，要求公开政府信息的情况；（2）国内挂号信邮件封面，用以证明环保部已向原告寄送《告知书》；（3）环保部依申请信息公开办理单及附件，用以证明环保部办理原告政府信息公开申请的流程情况。

三、处理结果

驳回原告李长青的诉讼请求。

四、点评解析

根据原《环境影响评价法》（2002年）第8条第1款规定："国务院有关部门、设区的市级以上地方人民政府及其有关部门，对其组织编制的工业、农业、畜牧业、林业、能源、水利、交通、城市建设、旅游、自然资源开发的有关专项规划（以下简称"专项规划"），应当在该专项规划草案上报审批前，组织进行环境影响评价，并向审批该专项规划的机关提出环境影响报告书。"该法第12条规定："专项规划的编制机关在报批规划草案时，应当将环境影响报告书一并附送审批机关审查；未附送环境影响报告书的，审批机关不予审批。"

本案中，原告以《环境影响评价法》第12条的规定为依据主张"大广高速公路（承赤高速公路）"项目存在规划环境影响评价，进而应当存在审批机关作出的规划环评批复。其未提供证据证明"大广高速公路（承赤高速公路)"项目属于上述法律规定的专项规划范围。

《环境影响评价法》第 18 条第 2 款规定："作为一项整体项目的规划，按照建设项目进行环境影响评价，不进行规划的环境影响评价。"在案证据亦能证明被告对原告申请公开的上述信息进行了查找，且确不存在的事实。《政府信息公开条例》第 21 条第（3）项规定，对申请公开的政府信息，依法不属于本机关公开或者该政府信息不存在的，应当告知申请人，对能够确定该政府信息的公开机关的，应当告知申请人该行政机关的名称、联系方式。

因此，被告认定原告申请公开的大广高速公路（承赤高速公路）的规划环评批复不存在，并以《告知书》的形式答复原告，应当认定被告已经履行了法定告知义务，且符合法律规定。

五、实务提示

1. 如何判断一个项目是否有项目规划环评？
2. 信息公开的形式有哪些？作为被申请人的机关应采取哪种形式？

六、法条链接

■《中华人民共和国政府信息公开条例》【2008 年】

第二十一条　对申请公开的政府信息，行政机关根据下列情况分别作出答复：

（一）属于公开范围的，应当告知申请人获取该政府信息的方式和途径；

（二）属于不予公开范围的，应当告知申请人并说明理由；

（三）依法不属于本行政机关公开或者该政府信息不存在的，应当告知申请人，对能够确定该政府信息的公开机关的，应当告知申请人该行政机关的名称、联系方式；

（四）申请内容不明确的，应当告知申请人作出更改、补充。

■《中华人民共和国环境影响评价法》【2016 年修正】

第八条　国务院有关部门、设区的市级以上地方人民政府及其有关部门，对其组织编制的工业、农业、畜牧业、林业、能源、水利、交通、城市建设、旅游、自然资源开发的有关专项规划（以下简称专项规划），应当在该专项规划草案上报审批前,组织进行环境影响评价,并向审批该专项规划的机关提出环境影响报告书。

前款所列专项规划中的指导性规划,按照本法第七条的规定进行环境影响评价。

【旧法第八条,未作修改】

第十二条 专项规划的编制机关在报批规划草案时,应当将环境影响报告书一并附送审批机关审查;未附送环境影响报告书的,审批机关不予审批。

【旧法第十二条,未作修改】

第十八条 建设项目的环境影响评价,应当避免与规划的环境影响评价相重复。

作为一项整体建设项目的规划,按照建设项目进行环境影响评价,不进行规划的环境影响评价。

已经进行了环境影响评价的规划所包含的具体建设项目,其环境影响评价内容建设单位可以简化。

【旧法第十八条,仅对第三款进行修改】

《中华人民共和国环境影响评价法》【2002年旧法】

第十八条第三款 已经进行了环境影响评价的规划包含具体建设项目的,规划的环境影响评价结论应当作为建设项目环境影响评价的重要依据,建设项目环境影响评价的内容应当根据规划的环境影响评价审查意见予以简化。

第二篇

权责统一

党的十八届四中全会通过的《中共中央关于全面推进依法治国若干重大问题的决定》指出："行政机关要坚持法定职责必须为、法无授权不可为，勇于负责、敢于担当，坚决纠正不作为、乱作为，坚决克服懒政、怠政，坚决惩处失职、渎职。"这是基于行政机关权责统一的属性以及当前实践中"为官不为"等突出问题而作出的有针对性的要求。

权责要统一，是指行政机关拥有的职权应与其承担的职责相适应，拥有多大的权力就应当承担多大的责任，不应当有无责任的权力，也不应当有无权力的责任，并且在行政机关违法或者不当行使职权时，应当依法承担法律责任。权责统一是行政权力与生俱来的本质属性，法律赋予行政机关职权的同时，实际上是赋予行政机关义务和责任，行政机关在接受授权的同时，也接受了义务和责任。行政职权与行政职责不可分离。

目前，我国在权责统一上存在的主要问题有两个方面：一是行政机关享有的权力大于承担的责任。主要表现为制度建设上的有权无责、大权小责、强权弱责、实权虚责等问题和法律实施上的权责分离、揽权弃责、行权诿责、滥权怠责等现象。二是法律对行政机关授权不充分，行政机关执法手段不够，在一定程度上影响着执法工作。尤其是行政机关有权无责、权大于责的问题则更为突出。

美国总统杰斐逊说："在权力问题上，不要谈论对人的信任，而是要用锁链限制他们，防止他们作出伤害人的事情。"因此，加强行政责任制度建设，是实现权责统一的主要路径。落实权责统一原则的最终目的，就是要实现执法有保障、有权必有责、用权受监督、违法受追究、侵权须赔偿。唯有如此，依法行政才能落地，才能真正实现法治政府，实现法治梦、中国梦。

第六章　环保行政处分

案例三十五

粗心误认污染源，分别被记过、记大过行政处分

一、当事人概况

被处罚人：四川省乐山市环保局环境监察支队队长周某

四川省乐山市环保局副局长夏某某

二、基本案情

2004年12月中旬，四川省乐山市自来水公司第三水厂取水口水色度严重超标，威胁25万群众生活用水。四川省人民政府迅速组织成调查组查实污染源，乐山市、眉山市人民政府和四川省环保局、水利厅采取紧急措施消除污染源，保证了群众饮水安全，维护了社会稳定。

经查，造成该事件的主要原因是水厂水源保护区内违法砂石场违规作业。但乐山市环保局环境监察支队在发现水质色度异常，于2005年1月5日向四川省环保局监察总队书面报告中，认定影响水厂取水安全的原因是青衣江沿岸造纸企业所致。由于乐山市环保局环境监察支队作风不实、责任心不强，判断错误，导致未能及时查清污染源，延误了处理时机。

三、处理结果

四川省监察厅给予乐山市环保局环境监察支队队长周某行政记大过处分,给予乐山市环保局副局长夏某某行政记过处分。国家环保总局向全国环保系统通报了此案。

四、点评解析

本案是一起自来水公司水源污染事故。水厂水源保护区内违法砂石场违规作业是导致该事故的主要原因,而乐山市环保局环境监察支队的判断错误造成污染源没有及时被发现处理,威胁到25万群众生活用水。最终因四川省人民政府迅速组成调查组查实污染源,有关单位采取紧急措施消除污染源,没有造成严重后果。在这起水源污染事故中,负有主要责任的是乐山市环保局环境监察支队队长周某,主管环境监察支队的是副局长夏某某,四川省监察厅依照相关法律、法规、规章,依法对具有环境保护监督管理职责的上述二位直接责任人员,分别给予记大过、记过行政处分。

五、实务提示

1. 依法具有环境保护监督管理职责的国家行政机关及其工作人员具有哪些法定职责?
2. 行政处分有哪些种类?
3. 如果受到了行政处分,有哪些救济的途径?

六、法条链接

■《中华人民共和国环境保护法》【2015年】

第六十八条 地方各级人民政府、县级以上人民政府环境保护主管部门和其他负有环境保护监督管理职责的部门有下列行为之一的,对直接负责的主管人员和其他直接责任人员给予记过、记大过或者降级处分;造成严重后果的,给予撤职或者开除处分,其主要负责人应当引咎辞职:

(一)不符合行政许可条件准予行政许可的;

（二）对环境违法行为进行包庇的；

（三）依法应当作出责令停业、关闭的决定而未作出的；

（四）对超标排放污染物、采用逃避监管的方式排放污染物、造成环境事故以及不落实生态保护措施造成生态破坏等行为，发现或接到举报未及时查处的；

（五）违反本法规定，查封、扣押企业事业单位和其他生产经营者的设施、设备的；

（六）篡改、伪造或者指使篡改、伪造监测数据的；

（七）应当依法公开环境信息而未公开的；

（八）将征收的排污费截留、挤占或者挪作他用的；

（九）法律法规规定的其他违法行为。

【新增条款】

■《中华人民共和国行政监察法》【2010年】

第二条 监察机关是人民政府行使监察职能的机关，依照本法对国家行政机关及其公务员和国家行政机关任命的其他人员实施监察。

第七条 国务院监察机关主管全国的监察工作。

县级以上地方各级人民政府监察机关负责本行政区域内监察工作，对本级人民政府和上一级监察机关负责并报告工作，监察业务以上级监察机关领导为主。

■《中华人民共和国公务员法》【2006年】

第五十五条 公务员因违法违纪应当承担纪律责任的，依照本法给予处分；违纪行为情节轻微，经批评教育后改正的，可以免予处分。

第五十六条 处分分为：警告、记过、记大过、降级、撤职、开除。

第五十七条 对公务员的处分，应当事实清楚、证据确凿、定性准确、处理恰当、程序合法、手续完备。

公务员违纪的，应当由处分决定机关决定对公务员违纪的情况进行调查，并将调查认定的事实及拟给予处分的依据告知公务员本人。公务员有权进行陈述和申辩。

处分决定机关认为对公务员应当给予处分的，应当在规定的期限内，按照管理权限和规定的程序作出处分决定。处分决定应当以书面形式通知公务员本人。

第五十八条 公务员在受处分期间不得晋升职务和级别，其中受记过、记大过、降级、撤职处分的，不得晋升工资档次。

受处分的期间为：警告，六个月；记过，十二个月；记大过，十八个月；降级、撤职，二十四个月。

受撤职处分的，按照规定降低级别。

■《行政机关公务员处分条例》【2007 年】

第六条 行政机关公务员处分的种类为：

（一）警告；

（二）记过；

（三）记大过；

（四）降级；

（五）撤职；

（六）开除。

第七条 行政机关公务员受处分的期间为：

（一）警告，6 个月；

（二）记过，12 个月；

（三）记大过，18 个月；

（四）降级、撤职，24 个月。

■《中华人民共和国行政监察法实施条例》【2004 年】

第二条 国家行政机关和法律、法规授权的具有管理公共事务职能的组织以及国家行政机关依法委托的组织及其工勤人员以外的工作人员，适用行政监察法和本条例。

行政监察法第二条所称"国家行政机关任命的其他人员"，是指企业、事业单位、社会团体中由国家行政机关以委任、派遣等形式任命的人员。

■《环境保护违法违纪行为处分暂行规定》【2005 年】

第八条 依法具有环境保护监督管理职责的国家行政机关及其工作人员有下列行为之一的，对直接责任人员，给予警告、记过或者记大过处分；情节较重的，给予降级或者撤职处分；情节严重的，给予开除处分：

（一）发现环境保护违法行为或者接到对环境保护违法行为的举报后不及时予以查处的；

（二）对依法取得排污许可证、危险废物经营许可证、核与辐射安全许可证等环境保护许可证件或者批准文件单位不履行监督管理职责，造成严重后果的；

（三）发生重大环境污染事故或者生态破坏事故，不按照规定报告或者在报告中弄虚作假，或者不依法采取必要措施或者拖延、推诿采取措施，致使事故扩大或者延误事故处理的；

（四）对依法应当移送有关机关处理的环境保护违法违纪案件不移送，致使违法违纪人员逃脱处分、行政处罚或者刑事处罚的；

（五）有其他不履行环境保护监督管理职责行为的。

第七章 环境行政赔偿

案例三十六

卢某某、沈某、杨某某、朱某某与荣县人民政府环保行政赔偿案

一、当事人概况

原告：卢某某、沈某、杨某某、朱某某
被告：荣县人民政府

二、基本案情

2009年12月，原告卢某某、沈某、杨某某、朱某某（以下简称四原告）合伙开办荣县望佳镇鑫达废旧塑料加工厂（以下简称鑫达塑料加工厂）。

2009年12月16日，鑫达塑料加工厂委托荣县环境监测站对该项目所在地周围的地表水、大气、声环境质量进行了监测，荣县环境监测站作出了荣环监字〔2009〕第B068号监测报告。2009年12月23日，荣县环境保护局（以下简称荣县环保局）作出荣环建发〔2009〕126号《关于荣县望佳镇鑫达废旧塑料加工厂新建废旧塑料回收加工项目环境影响登记表的批复》。

2010年1月7日，四原告以卢某某的名义进行个体工商户登记。四川省自贡市荣县工商行政管理局向卢某某颁发了个体工商户营业执照，名称为荣县望佳镇鑫达废旧塑料加工厂。

2010年6月30日，四川省荣县国家税务局向卢某某颁发了税务登记证。

2010年6月，鑫达塑料加工厂在没有向荣县环保局申请环境保护设施竣工验收的情况下即开始进行生产经营。

2012年3月9日，荣县环境监察执法大队执法人员到鑫达塑料加工厂进行现场检查、勘验发现，鑫达塑料加工厂的生产废水部分经废水池的溢出口外溢进入旭水河；固废未采取"三防"措施，且乱堆乱放，厂区内脏乱差。同日，荣县环保局向鑫达塑料加工厂发出环违改字〔2012〕06号环境违法行为改正通知书。

2012年6月8日，荣县望佳镇数名群众向荣县环保局联名举报鑫达塑料加工厂堆放的垃圾臭味和塑料熔化所产生的废气，让人难以忍受，不敢开窗通风，垃圾塑料露天乱放，影响身体健康；污水渗透到地里，影响旭水河水源等情况。

2012年6月11日，荣县环保局对鑫达塑料加工厂涉嫌严重污染环境案立案调查。

2012年6月14日，荣县环境监察执法大队执法人员到鑫达塑料加工厂进行了调查询问，并进行了现场检查（勘验）。勘验笔录载明：鑫达塑料加工厂在废旧塑料熔化过程中产生的恶臭气体因没有活性炭吸附，导致恶臭气体直接排放，严重污染环境。同日，荣县环境监测站受荣县环保局委托对鑫达塑料加工厂进行了监测，作出了荣环监字〔2012〕第C067号监测报告，结果为：该工厂烟囱废气排口烟气黑度超标1级。

2012年6月18日，荣县环保局发出荣环违改字〔2012〕31号环境违法行为改正通知书，责令鑫达塑料加工厂立即停止生产，告知其不停产将依法实施10万元以下的罚款。该通知书于当天送达给卢某某签收。

2012年7月，荣县环保局又多次接到群众强烈反映鑫达塑料加工厂仍在继续生产，污染严重。

2012年8月29日，荣县环境监察执法大队执法人员到鑫达塑料加工厂进行了调查询问，并进行了现场检查（勘验）。勘验笔录载明：生产经营缺乏有效的大气污染治理设施；垃圾无序堆放；污水横流。当天，荣县环境监测站受荣县环保局委托对塑料加工厂进行了监测，作出了荣环监字〔2012〕第C074号监测报告，结果为：该工厂烟囱废气排口烟气黑度超标1级。

2012年8月30日，荣县环境监察执法大队作出调查终结报告：根据《四川省环境保护管理条例》第36条的规定，建议报请荣县人民政府对鑫达塑料加工厂依法进行关闭。

2012年8月31日，荣县环保局书面报告荣县人民政府，建议对鑫达塑料加工厂依法进行关闭。

2012年9月3日，被告荣县人民政府向鑫达塑料加工厂发出行政处罚告知书，告知其拟对该厂作出关闭的行政处罚，并告知有陈述和申辩及听证的权利，但未告知诉权或者起诉期限。

2012年9月14日，荣县人民政府作出荣县府发〔2012〕30号《关于对荣县望佳镇鑫达废旧塑料加工厂依法实施关闭的决定》，并于2012年9月17日留置送达到鑫达塑料加工厂。

2012年10月16日，四川省自贡市荣县工商行政管理局依据荣县人民政府的关闭决定，撤销了对卢某某个体工商户设立登记的行政许可。

2013年1月9日，联合执法队对鑫达塑料加工厂采取了强制断电措施。

随后原告等四人向法院提起诉讼，请求确认荣县人民政府行政违法，并要求行政赔偿人民币3 019 133元。同时提交了如下证据：（1）2009年12月23日，荣县环保局关于鑫达塑料加工厂新建废旧塑料回收加工项目环境影响登记表的批复（荣环建发〔2009〕126号）；（2）2009年12月16日，荣县环境监测站受鑫达塑料加工厂的委托作出的监测报告（荣环监字〔2009〕B068号）；（3）个体工商户营业执照及税务登记证原件；（4）合伙协议；（5）2009年9月、11月，卢某某分别与荣县望佳镇望佳村5组和6组、望佳镇曲江村13组、望佳镇玉河村3组签订的农村土地承包经营权流转合同三份；（6）2009年10月13日卢某某等三人租地申请书；（7）2010年8月1日鑫达塑料加工厂向荣县环保局申请环保设施竣工验收申请书；（8）2012年10月16日四川省自贡市荣县工商行政管理局撤销行政许可决定书（荣工商撤许字〔2012〕02号）；（9）荣县人民政府2012年11月1日催告书；（10）荣县环保局2012年11月、12月通知鑫达塑料加工厂不予资金补偿的回复二份；（11）荣县望佳镇望佳村5组和6组、曲江村13组、玉河村3组2013年10月17日催告鑫达塑料加工厂支付土地流转费的通知书；（12）自贡市人民群众来访告知单；(13) 关于投资修建费（购买条石、木料、河沙、红砖、工程款等）的收款收据15份、收条2份；(14) 关于购买设备的收款收据3份；(15) 关于技术改造的发票（荣县共益电力公司）1份及电气安装施工合同1份，电磁加热节能改造项目安装合同1份及收条3份，购买潜水泵、电缆线等收款收据5份及收条1份；(16) 关于支付土地流转费用的收款收据原件7份及收条20份；(17) 证明人廖某某、李某某、杨某某、廖某某的证言。

被告荣县人民政府答辩认为，原告的起诉超过了诉讼时效，亦不是适格的诉讼主体，应依法驳回原告等四人的诉讼请求，并提交了以下证据和法律依据：

1. 第一组关于起诉期限的证据：(1) 四川省自贡市荣县工商行政管理局撤销行政许可决定书、送达回证、情况说明；(2) 2012年11月7日，荣县环保局与卢某某的会谈记录；(3) 荣县环境监察执法大队大队长王某某工作笔记复印件；(4) 荣县人民政府信访局徐某某、张某某于2012年12月21日接待业主情况、工作笔录、音频资料。

2. 第二组关于诉讼主体、事实、程序证据 (1) 荣县环保局执法人员执法证件复印件、文书送达人身份复印件；(2) 荣县环保局关于鑫达塑料加工厂新建废旧塑料回收加工项目环境影响登记表的批复（荣环建发〔2009〕126号）；(3) 鑫达塑料加工厂建设项目环境影响登记表；(4) 个体工商户营业执照、税务登记证；(5) 2011年12月7日，荣县环保局会议记录复印件；(6) 对鑫达塑料加工厂2012年3月9日生产的取证照片；(7) 2012年3月9日，环境行政执法现场检查（勘验）笔录（荣环检勘字〔2012〕1号）；(8) 2012年3月9日环境行政执法询问笔录；(9) 望佳镇副镇长邹某某2012年3月9日工作笔记复印件；(10) 荣县环保局环境违法行为改正通知书（环违改字〔2012〕06号）、送达回证；(11) 望佳镇副镇长邹某某2012年4月19日工作笔记复印件；(12) 数名群众2012年6月8日检举书；(13) 2012年6月11日环境行政处罚立案登记审批书（荣环行处立字〔2012〕4-1号）；(14) 环境行政处罚立案决定书（荣环行处立字〔2012〕4-2号）；(15) 环境行政处罚立案决定书的送达回证；(16) 对鑫达塑料加工厂 2012 年 6 月 14 日生产的取证照片；（17）2012 年 6 月 14 日环境行政执法现场检查（勘验）笔录（荣环行处检勘字〔2012〕4-1 号）；（18）望佳镇副镇长邹某某 2012 年 6 月 14 日工作笔记复印件；（19）2012 年 6 月 14 日荣县环境监测站监测报告（荣环监字〔2012〕第 C067 号）；（20）2012 年 6 月 18 日荣县环境监察执法大队约见业主与群众的约见纪要；（21）2012 年 6 月 18 日荣县环保局环境违法行为改正通知书（荣环违改字〔2012〕31 号）、送达回证；（22）群众 2012 年 7 月 7~16 日投诉、举报情况；（23）对鑫达塑料加工厂 2012 年 8 月 29 日生产的取证照片；（24）2012 年 8 月 29 日环境行政执法现场检查（勘验）笔录（荣环行处检勘字〔2012〕4-2 号）；（25）2012 年 8 月 29 日环境行政执法询问笔录（荣环行处询字〔2012〕4-1 号）；（26）2012 年 8 月 29 日荣县环境监测站监测报告（荣环监字〔2012〕第 C074 号）；（27）2012 年 8 月 30 日调查终结报告（荣环行处调终字〔2012〕4 号）；（28）2012 年 8 月 30 日荣县环保局案审委员会审议记录（荣环行处审委记字〔2012〕4 号）；（29）2012 年 8 月 31 日荣县环保局关于依法对鑫达塑料加工厂、荣县马鞍山废旧塑料加工厂实施关闭的报告（荣环〔2012〕15 号）；（30）2012 年 9 月 3 日行政处罚告知书；

（31）行政处罚告知书送达回证；

（32）2012 年 9 月 14 日荣县人民政府关于对鑫达塑料加工厂实施关闭的决定（荣县府发〔2012〕30 号）；

（33）送达关闭决定的送达回证、送达照片；

（34）2012 年 11 月 1 日关闭催告；

（35）联合执法队对鑫达塑料加工厂实施断电措施照片；

（36）视频资料。

3. 第三组荣县人民政府作出行政行为的法律依据

《中华人民共和国水污染防治法》第 17 条、《中华人民共和国行政强制法》第 35 条、《建设项目环境保护管理条例》第 23 条和第 28 条、《四川省环境保护条例》第 36 条。

三、处理结果

一审判决:确认被告荣县人民政府作出的荣县府发〔2012〕30号《关于对荣县望佳镇鑫达废旧塑料加工厂依法实施关闭的决定》行政处罚决定违法。驳回原告卢某某等四人要求行政赔偿3 019 133元的诉讼请求。

二审裁定:驳回上诉,维持原判。

四、点评解析

(一)荣县人民政府作出的《关于对荣县望佳镇鑫达废旧塑料加工厂依法实施关闭的决定》事实是否清楚,证据是否充分,程序是否合法

根据《四川省环境保护条例》第36条:"各级人民政府对严重污染环境、影响居民正常生活的企业,必须停产治理;缺乏有效治理措施的,应予关闭或者有计划地搬迁;直接危害城镇饮用水源而又无法治理的,一律关停"的规定,根据荣县环保局所作的调查、书面报告及荣县望佳镇等周边村民的信访材料,能够客观地反映鑫达塑料加工厂对周边的环境已造成严重污染的事实。

根据《环境保护法》(1990年)第39条"对经限期治理逾期未完成治理任务的企业事业单位,除依照国家规定加收超标准排污费外,可以根据所造成的危害后果处以罚款,或者责令停业、关闭。前款规定的罚款由环境保护行政主管部门决定。责令停业、关闭,由作出限期治理决定的人民政府决定;责令中央直接管辖的企业事业单位停业、关闭,须报国务院批准"之规定,荣县人民政府有权对严重污染环境、影响居民正常生活的企业作出关闭的行政处罚。虽然鑫达塑料加工厂确实存在严重污染环境及缺乏有效治理措施的情形,但应经过限期治理的前置程序,荣县人民政府没有经过责令企业限期治理的程序,就直接作出了《关于对荣县望佳镇鑫达废旧塑料加工厂依法实施关闭的决定》,其程序违法。

特别需要提醒的是,《环境保护法》(1990年)第39条的规定,在《环境保护法》(2015年)中被第60条所替代,即"企业事业单位和其他生产经营者超过污染物排放标准或者超过重点污染物排放总量控制指标排放污染物

的，县级以上人民政府环境保护主管部门可以责令其采取限制生产、停产整治等措施；情节严重的，报经有批准权的人民政府批准，责令停业、关闭"。所以，按照《环境保护法》（2015年）的规定，已经没有限期治理作为前置程序的规定。

（二）荣县人民政府是否应承担国家赔偿责任

根据《国家赔偿法》第2条"国家机关和国家机关工作人员行使职权，有本法规定的侵害公民、法人和其他组织合法权益的情形，造成损害的，受害人有依照本法取得国家赔偿的权利"之规定，行政机关只有在被确认违法的行政行为损害了公民、法人或其他组织合法权益前提下，才承担赔偿责任。

根据《行政诉讼法》（1990年）第67条第1款的规定，行政赔偿的前提是公民、法人或其他组织的合法权益受到了侵害。行政机关违法行使职权的行为不必然导致行政赔偿结果。需要注意的是，《行政诉讼法》（2015年）已经将上述第67条的规定予以删除。

根据《环境保护法》第26条"建设项目中防治污染的设施，必须与主体工程同时设计、同时施工、同时投产使用。防治污染的设施必须经原审批环境影响报告书的环境保护行政主管部门验收合格后，该建设项目方可投入生产或者使用"之规定，鑫达塑料加工厂在其环境保护设施未经验收的情况下，主体工程即投入生产是违法的，不受法律保护。荣县人民政府虽然作出了关闭决定，但企业投资购置的财产仍为企业所支配。荣县人民政府不应承担行政赔偿责任。

根据《最高人民法院关于审理行政赔偿案件若干问题的规定》第33条："被告的具体行政行为违法但尚未对原告合法权益造成损害的，或者原告的请求没有事实根据或法律根据的，人民法院应当判决驳回原告的赔偿请求"的规定，原告等四人未提交证据证明荣县人民政府的关闭决定造成企业财产的灭失和毁损，故原告等四人提出的国家赔偿理由不成立，法院不予采纳。

五、实务提示

1. 人民政府作出责令停业、关闭的行政处罚，其前置条件是什么？

2. 国家赔偿的条件是什么？行政执法存在错误，是否导致行政赔偿成立？

六、法条链接

■《中华人民共和国环境保护法》【2015 年】

第四十一条　建设项目中防治污染的设施，应当与主体工程同时设计、同时施工、同时投产使用。防治污染的设施应当符合经批准的环境影响评价文件的要求，不得擅自拆除或者闲置。

第六十条　企业事业单位和其他生产经营者超过污染物排放标准或者超过重点污染物排放总量控制指标排放污染物的，县级以上人民政府环境保护主管部门可以责令其采取限制生产、停产整治等措施；情节严重的，报经有批准权的人民政府批准，责令停业、关闭。

《中华人民共和国环境保护法》【1989 年旧法】

第二十六条　建设项目中防治污染的设施，必须与主体工程同时设计、同时施工、同时投产使用。防治污染的设施必须经原审批环境影响报告书的环境保护行政主管部门验收合格后，该建设项目方可投入生产或者使用。

防治污染的设施不得擅自拆除或者闲置，确有必要拆除或者闲置的，必须征得所在地的环境保护行政主管部门同意。

第三十九条　对经限期治理逾期未完成治理任务的企业事业单位，除依照国家规定加收超标准排污费外，可以根据所造成的危害后果处以罚款，或者责令停业、关闭。

前款规定的罚款由环境保护行政主管部门决定。责令停业、关闭，由作出限期治理决定的人民政府决定；责令中央直接管辖的企业事业单位停业、关闭，须报国务院批准。

■《建设项目环境保护管理条例》【1998 年】

第十六条　建设项目需要配套建设的环境保护设施，必须与主体工程同时设计、同时施工、同时投产使用。

第二十三条　建设项目需要配套建设的环境保护设施经验收合格，该建设项目方可正式投入生产或者使用。

■《中华人民共和国行政诉讼法》【1990年旧法】

第六十七条 公民、法人或者其他组织的合法权益受到行政机关或者行政机关工作人员作出的具体行政行为侵犯造成损害的,有权请求赔偿。

公民、法人或者其他组织单独就损害赔偿提出请求,应当先由行政机关解决。对行政机关的处理不服,可以向人民法院提起诉讼。

赔偿诉讼可以适用调解。

第六十八条 行政机关或者行政机关工作人员作出的具体行政行为侵犯公民、法人或者其他组织的合法权益造成损害的,由该行政机关或者该行政机关工作人员所在的行政机关负责赔偿。

行政机关赔偿损失后,应当责令有故意或者重大过失的行政机关工作人员承担部分或者全部赔偿费用。

【新法已删除该条款】

■《中华人民共和国国家赔偿法》【2010年】

第二条 国家机关和国家机关工作人员行使职权,有本法规定的侵害公民、法人和其他组织合法权益的情形,造成损害的,受害人有依照本法取得国家赔偿的权利。

■《最高人民法院关于审理行政赔偿案件若干问题的规定》【1997年】

第三十三条 被告的具体行政行为违法但尚未对原告合法权益造成损害的,或者原告的请求没有事实根据或法律根据的,人民法院应当判决驳回原告的赔偿请求。

第八章 环境刑事责任

案例三十七

电镀厂负责人翁某某污染环境罪一案

一、当事人概况

公诉机关：福州市仓山区人民检察院

被告人：翁某某（电镀厂负责人）

二、基本案情

2013年1~8月，被告人翁某某未经环保等相关部门审批，在福州市仓山区某村租赁厂房私自开设电镀厂，未依法建设废水处理设施，擅自从事配件镀锌加工，生产废水通过车间下水道直接排放进入外环境。

2013年8月8日，该厂被福建省环境保护厅查处。经福建省环境监测中心站监测，该厂车间地面水总铬含量57.8mg/L，超过国家污染物排放标准56倍以上；车间外废水总铬含量70.8mg/L，超过国家污染物排放标准69倍以上；车间外雨水沟六价铬含量16mg/L、总铬含量105mg/L，分别超过国家污染物排放标准79倍、104倍以上。

2013年9月23日，被告人翁某某向福州市公安局仓山分局投案。

2014年5月26日，福州市仓山区人民检察院指控被告人翁某某犯污染环境罪，向法院提起公诉。

为了证明被告人翁某某构成污染环境罪，公诉机关提交以下证据予以证明：

（1）福建省环境保护厅出具的案件移送函，证实涉案电镀厂的废水经采样监测，车间地面水总铬超标56倍，车间外暗管排放口总铬超标69倍，车间外雨水沟六价铬超标79倍、总铬超标104倍。违反相关规定，福建省环境保护厅依法将该案移送公安机关。

（2）证人李某某、王某某的证言及辨认笔录，证实2013年1月，他们将位于福州市仓山区某镇某村的厂房分别出租给卢某某和翁某某。

（3）福建省环境保护厅出具的环保行政案件调查报告及附件、调查询问笔录、现场检查（勘察笔录），证实2013年8月8日，福建省环境保护厅执法人员会同福州市环保局执法人员对涉案电镀厂进行检查，发现电镀厂正在生产，未建设废水处理实施，生产电镀废水漫流在车间地面上，通过一根暗管排到车间外的暗沟，并穿过马路排入对面的雨水沟。该厂于2013年8月1日曾被仓山环保局查封，但被人撕毁封条恢复生产。随即执法人员对电镀厂进行查处，对现场工人进行询问，并现场进行了采样监测。

（4）现场勘验检查工作记录，证实涉案电镀厂的位置、状况。

（5）福建省环境监测中心站出具的闽环站〔2013〕C103《监测报告》、福建省环境保护厅出具的《关于福建省环境监测中心站监测数据予以认可的批复》，证实电镀厂车间地面水总铬含量57.8mg/L；车间外暗管排放口总铬含量70.8mg/L。福建省环境保护厅对该监测数据予以认可。

（6）被告人翁某某的户籍信息，证明被告人翁某某的身份情况。

（7）被告人翁某某的供述及辨认笔录，证实2013年1月左右，他在福州市仓山区某镇某村租了一厂房办电镀厂，电镀厂没有经过工商、税务、环保等部门批准。电镀厂有酸洗槽、水洗槽、电镀槽。因为污水净化设备成本太高，所以他给这些槽子都安装了管道，管道埋在地下，污水则通过地下管道通往大门旁的休息室地下，再排到外面的污水沟里。8月1日，仓山环保局过来查封，他把封条撕了继续生产。8月8日，福建省环境环保厅的执法人员下来检查被发现。9月23日，他到仓山刑侦大队投案。

被告人翁某某辩称其从事镀锌加工时间只有一个月。

辩护人提出：

(1) 电镀厂车间内总铬超标 56 倍，而车间外雨水沟总铬超标 104 倍，不符合常理，并认为存在周围其他工厂向雨水沟内排污的可能。

(2) 被告人翁某某有自首情节。被告人翁某某主观恶性小，犯罪情节显著轻微，建议对被告人翁某某免除处罚。

三、处理结果

被告人翁某某犯污染环境罪，判处有期徒刑六个月，并处罚金人民币一万元。

四、点评解析

（一）污染环境罪的客观要件修改变化

《刑法》第 338 条的污染环境罪规定：违反国家规定，排放、倾倒或者处置有放射性的废物、含传染病病原体的废物、有毒物质或者其他有害物质，严重污染环境的，处三年以下有期徒刑或者拘役，并处或者单处罚金；后果特别严重的，处三年以上七年以下有期徒刑，并处罚金。

2011 年，《刑法修正案（八）》修改不但将原来的罪名由重大环境污染事故罪修改为污染环境罪，而且构成本罪的客观要件也由原来的"造成重大环境污染事故，致使公私财产遭受重大损失或者人身伤亡的严重后果"修改为现在的"严重污染环境"。

修改前的重大环境污染事故罪属于结果犯，必须具备造成重大环境污染事故，并由此导致公私财产遭受重大损失或者人身伤亡的情况下，才应当追究刑事责任。而现行的污染环境罪只要构成了重大环境污染，无论是否属于污染事故，都将被追究刑事责任。

（二）本案翁某某构成污染环境罪

环境问题是当代社会关注度和敏感度最高的问题之一。在公民环保意识日益增强，国家对环境违法行为的打击力度日益加大的情况下，"污染环境罪"作为破坏环境资源保护罪中最为重要的一项罪名，开始逐步展现出其应有的威力，越来越多的单位及个人因为污染环境而受到法律制裁。

《刑法修正案（八）》污染环境罪的要件由原来的"危险废物"修改为"有害物质"，有害物质的范围比危险废物的范围更加宽泛。

《最高人民法院、最高人民检察院关于办理环境污染刑事案件适用法律若干问题的解释》（2017 年）第 1 条规定，实施《刑法》第 338 条规定的行为，具有下列情形之一的，应当认定为"严重污染环境"：其中第（3）项，排放、倾倒、处置含铅、汞、镉、铬、砷、铊、锑的污染物，超过国家或者地方污染物排放标准三倍以上的；第（5）项规定，通过暗管、渗井、渗坑、裂隙、溶洞、灌注等逃避监管的方式排放、倾倒、处置有放射性的废物、含传染病病原体的废物、有毒物质的。

根据以上法律规定可以看出，翁某某自 2013 年 1～9 月没有经过工商、税务、环保等部门批准，并且通过暗管偷排有毒物质铬，排除标准超过国家标准的 56 倍，其行为构成污染环境罪。翁某某未经环保部门查封仍继续生产排放，其辩护人提出的翁某某主观恶意小、犯罪情节轻微的辩解不能成立。但翁某某主动投案交代，具有自首情节。法院最终以翁某某犯污染环境罪判处翁某某有期徒刑六个月、罚金人民币一万元，适用法律正确。

（三）本案中，行政机关在行政执法过程和查办案件过程中收集的证据如何转化为刑事诉讼中的证据

行政执法和刑事司法衔接（简称为"行刑衔接"，或"两法衔接"），是检察机关会同公安机关和有关行政执法机关探索实行的旨在防止以罚代刑、有罪不究、及时将行政执法中查办的涉嫌犯罪的案件移送司法机关处理的工作机制。

自 2001 年，国务院先后出台《关于整顿和规范市场秩序的决定》《行政执法机关移送涉嫌犯罪案件的规定》，自此提出了行政执法和刑事司法形成合力的工作机制。随后，2002 年最高人民检察院出台了《人民检察院办理行政执法机关移送涉嫌犯罪案件的规定》，2004 年最高人民检察院、全国"整规办"、公安部联合下发《关于加强行政执法机关与公安、人民检察院工作联系的意见》，2006 年最高人民检察院与全国"整规办"、公安部、监察部联合下发《关于在行政执法中及时移送涉嫌犯罪案件的意见》，但是十多年来，

在行刑衔接上仍然存在大量有案不移、以罚代刑的现象。总体而言，行刑衔接工作还缺乏一种行之有效的工作机制和完善的监督体系，没有真正畅通行刑衔接的渠道。

非常可喜的是，经修订后2013年1月1日实施的《刑事诉讼法》第52条第2款规定："行政机关在行政执法和查办案件过程中收集的物证、书证、视听资料、电子数据等证据材料，在刑事诉讼中可以作为证据使用。"基本上体现了两者接轨的意图，将行政执法过程中获取的实物证据材料物证、书证、视听资料、电子数据等可以直接转化为刑事立案和最终裁判的根据，这类证据发生变化的可能性比较小，受人的主观因素影响程度不大，具有较强的稳定性和较高的证明力。相对于实物证据的言词证据，因带有较强的主观色彩，本身具有不确定性和不稳定性，往往会出现反复，不能直接作为证据使用，需要由刑事司法机关重新提取后才可以作为证据来使用。

尤其重要的是，十八届四中全会于2014年10月28日作出的《中共中央关于全面推进依法治国若干重大问题的决定》，明确规定"健全行政执法和刑事司法衔接机制，完善案件移送标准和程序，建立行政执法机关、公安机关、检察机关、审判机关信息共享、案情通报、案件移送制度，坚决克服有案不移、有案难移、以罚代刑现象，实现行政处罚和刑事处罚无缝对接"。让行刑衔接的建设路程更加明确，目标更加明晰。

五、实务提示

1. 《刑法修正案（八）》中，将原来的罪名"重大环境污染事故罪"修改为"污染环境罪"，两者有哪些区别？
2. "行刑衔接"的证据如何进行固定和转化？

六、法条链接

■《中华人民共和国刑法》【刑法修正案（八）】

第三百三十八条　违反国家规定，排放、倾倒或者处置有放射性的废物、含传染病病原体的废物、有毒物质或者其他有害物质，严重污染环境的，处三年以下有期徒刑或者拘役，并处或者单处罚金；后果特别严重的，处三年以上七年以下有期徒刑，并处罚金。"

■《最高人民法院、最高人民检察院关于办理环境污染刑事案件适用法律若干问题的解释》【2017年】

第一条 实施刑法第三百三十八条规定的行为，具有下列情形之一的，应当认定为"严重污染环境"：

（一）在饮用水水源一级保护区、自然保护区核心区排放、倾倒、处置有放射性的废物、含传染病病原体的废物、有毒物质的；

（二）非法排放、倾倒、处置危险废物三吨以上的；

（三）排放、倾倒、处置含铅、汞、镉、铬、砷、铊、锑的污染物，超过国家或者地方污染物排放标准三倍以上的；

（四）排放、倾倒、处置含镍、铜、锌、银、钒、锰、钴的污染物，超过国家或者地方污染物排放标准十倍以上的；

（五）通过暗管、渗井、渗坑、裂隙、溶洞、灌注等逃避监管的方式排放、倾倒、处置有放射性的废物、含传染病病原体的废物、有毒物质的；

（六）二年内曾因违反国家规定，排放、倾倒、处置有放射性的废物、含传染病病原体的废物、有毒物质受过两次以上行政处罚，又实施前列行为的；

（七）重点排污单位篡改、伪造自动监测数据或者干扰自动监测设施，排放化学需氧量、氨氮、二氧化硫、氮氧化物等污染物的；

（八）违法减少防治污染设施运行支出一百万元以上的；

（九）违法所得或者致使公私财产损失三十万元以上的；

（十）造成生态环境严重损害的；

（十一）致使乡镇以上集中式饮用水水源取水中断十二小时以上的；

（十二）致使基本农田、防护林地、特种用途林地五亩以上，其他农用地十亩以上，其他土地二十亩以上基本功能丧失或者遭受永久性破坏的；

（十三）致使森林或者其他林木死亡五十立方米以上，或者幼树死亡二千五百株以上的；

（十四）致使疏散、转移群众五千人以上的；

（十五）致使三十人以上中毒的；

（十六）致使三人以上轻伤、轻度残疾或者器官组织损伤导致一般功能障碍的；

（十七）致使一人以上重伤、中度残疾或者器官组织损伤导致严重功能障碍的；

（十八）其他严重污染环境的情形。

第四条　实施刑法第三百三十八条、第三百三十九条规定的犯罪行为，具有下列情形之一的，应当从重处罚：

（一）阻挠环境监督检查或者突发环境事件调查，尚不构成妨害公务等犯罪的；

（二）在医院、学校、居民区等人口集中地区及其附近，违反国家规定排放、倾倒、处置有放射性的废物、含传染病病原体的废物、有毒物质或者其他有害物质的；

（三）在重污染天气预警期间、突发环境事件处置期间或者被责令限期整改期间，违反国家规定排放、倾倒、处置有放射性的废物、含传染病病原体的废物、有毒物质或者其他有害物质的；

（四）具有危险废物经营许可证的企业违反国家规定排放、倾倒、处置有放射性的废物、含传染病病原体的废物、有毒物质或者其他有害物质的。

第十五条　下列物质应当认定为刑法第三百三十八条规定的"有毒物质"：

（一）危险废物，是指列入国家危险废物名录，或者根据国家规定的危险废物鉴别标准和鉴别方法认定的，具有危险特性的废物；

（二）《关于持久性有机污染物的斯德哥尔摩公约》附件所列物质；

（三）含重金属的污染物；

（四）其他具有毒性，可能污染环境的物质。

■《最高人民法院、最高人民检察院关于办理环境污染刑事案件适用法律若干问题的解释》【2013年】

第一条　实施刑法第三百三十八条规定的行为，具有下列情形之一的，应当认定为"严重污染环境"：

（一）在饮用水水源一级保护区、自然保护区核心区排放、倾倒、处置有放射性的废物、含传染病病原体的废物、有毒物质的；

（二）非法排放、倾倒、处置危险废物三吨以上的；

（三）非法排放含重金属、持久性有机污染物等严重危害环境、损害人体健康的污染物超过国家污染物排放标准或者省、自治区、直辖市人民政府根据法律授权制定的污染物排放标准三倍以上的；

（四）私设暗管或者利用渗井、渗坑、裂隙、溶洞等排放、倾倒、处置有放射性的废物、含传染病病原体的废物、有毒物质的；

（五）两年内曾因违反国家规定，排放、倾倒、处置有放射性的废物、含传染病病原体的废物、有毒物质受过两次以上行政处罚，又实施前列行为的；

（六）致使乡镇以上集中式饮用水水源取水中断十二小时以上的；

（七）致使基本农田、防护林地、特种用途林地五亩以上，其他农用地十亩以上，其他土地二十亩以上基本功能丧失或者遭受永久性破坏的；

（八）致使森林或者其他林木死亡五十立方米以上，或者幼树死亡二千五百株以上的；

（九）致使公私财产损失三十万元以上的；

（十）致使疏散、转移群众五千人以上的；

（十一）致使三十人以上中毒的；

（十二）致使三人以上轻伤、轻度残疾或者器官组织损伤导致一般功能障碍的；

（十三）致使一人以上重伤、中度残疾或者器官组织损伤导致严重功能障碍的；

（十四）其他严重污染环境的情形。

第四条 实施刑法第三百三十八条、第三百三十九条规定的犯罪行为，具有下列情形之一的，应当酌情从重处罚：

（一）阻挠环境监督检查或者突发环境事件调查的；

（二）闲置、拆除污染防治设施或者使污染防治设施不正常运行的；

（三）在医院、学校、居民区等人口集中地区及其附近，在限期整改期间，违反国家规定排放、倾倒、处置有放射性的废物、含传染病病原体的废物、有毒物质或者其他有害物质的；

实施前款第一项规定的行为，构成妨害公务罪的，以污染环境罪与妨害公务罪数罪并罚。

第十条 下列物质应当认定为"有毒物质"：

（一）危险废物，包括列入国家危险废物名录的废物，以及根据国家规定的危险废物鉴别标准和鉴别方法认定的具有危险特性的废物；

（二）剧毒化学品、列入重点环境管理危险化学品名录的化学品，以及含有上述化学品的物质；

（三）含有铅、汞、镉、铬等重金属的物质；

（四）《关于持久性有机污染物的斯德哥尔摩公约》附件所列物质；

（五）其他具有毒性，可能污染环境的物质。

■《中华人民共和国刑事诉讼法》【2012年】

第五十二条第二款 行政机关在行政执法和查办案件过程中收集的物证、书证、视听资料、电子数据等证据材料，在刑事诉讼中可以作为证据使用。

案例三十八

程某某走私废物罪一案

一、当事人概况

公诉机关：江苏省南京市人民检察院

被告人：程某某（南京瑞三克进出口有限公司法定代表人、执行董事）

二、基本案情

2011年，被告人程某某与马某、蒋某（均另案处理）共同商议自国外进口"粉末涂料"，程某某主要负责采购并处理报关事宜，马某主要负责销售，蒋某主要负责财务工作。

2011年7月，上述三人签署了合作协议，明确约定了三人的分工和利益分配等问题。被告人程某某自己或安排员工联系国外供货商，求购废弃、剩余、二手、喷涂、过期、回收利用的粉末涂料。程某某在明知国家禁止进口上述"粉末涂料"的情况下，采用伪报品名等方式逃避海关监管，将"粉末涂料"走私进境予以销售。自2011年9月30日起，被告人程某某与马某、蒋某开始申报进口粉末涂料。

2012年5月8日，被告人程某某和马某、蒋某共同出资成立南京瑞三克公司，程某某任该公司法人代表，开始以该公司名义进口"粉末涂料"。截至2013年8月6日，程某某等人以及南京瑞三克公司从上海外高桥港区海关、南京新生圩海关共申报进口"粉末涂料"35票，合计934.994吨，部分已销售至扬州、宁波等地，尚有四票计97.88吨被南京海关缉私局查封、扣押。该局从查封、扣押的四票货物内取样送检，经中国环境科学研究院固体废物污染控制技术研究所鉴别，送检样品属于目前我国禁止进口的固体废物。

2013年8月9日，被告人程某某被抓获归案。另查明，2012年2月至2013年8月6日，被告人程某某与马某、蒋某违法所得共计人民币41.7万元。

2013年8月10日，程某某因涉嫌犯走私废物罪被刑事拘留，同年9月16日被逮捕。

上述事实，有下列证据予以证明。

第一组：证明程某某从国外购买废粉末涂料，通过伪报品名等方式走私进境销售的证据。

(1) 被告人程某某供述，其与马某、蒋某于2011年从事自国外购买废粉末涂料在国内销售的生意，自己负责购买和进口废粉末涂料，马某负责销售，蒋某负责财务。其通过网络搜索引擎寻找销售"废弃、剩余、二手、喷涂、过期、回收利用的粉末涂料"的国外销售商，最终确定了美国、英国、比利时的合作商。其要求国外卖家在商品包装上标注"劣质碳酸钙"等名称，并在任何文件和实物上都不能有"粉末涂料"的字样，在报关过程中，将品名更改为"以碳酸钙为基本成分的固色剂""以碳酸钙为基本成分的填料""粗体粉末涂料二级品"，之所以这样做，是使海关在审单和查验时不能仅从英文字母就看出来其进口的实际上是废粉末涂料，以此逃避海关监管。

(2) 证人马某的证言，证明2012年5月，与程某某、蒋某三人共同成立南京瑞三克进出口公司，进口外国涂料厂家在生产工程中产生的不符合工艺要求的超细粉末涂料和超过保质期的粉末涂料。程某某负责采购和进口，其负责销售，蒋某负责公司财务。

(3) 证人蒋某的证言，2012年5月8日成立了南京瑞三克公司，三人共同出资，股份三人平分，由程某某任法人代表，负责与外商联系、采购、进口报关事宜等，马某负责国内销售，其负责财务。

(4) 证人李某甲（南京瑞三克公司原采购经理）的证言，证明其在南京瑞三克有限公司负责在网络上寻找国外废粉末涂料的客户和资源。程某某负责采购粉末涂料，蒋某负责财务，马某负责销售。其和武某某负责寻找国内外供货商，采购"废弃的、多余的、用过的、残留的、过剩的、回收的粉末涂料"。发现有意向合作的国外供应商就交给程某某采购，Purchasingforpowdercoolings.doc是寻找国外供应商时关于南京瑞三克公司的介绍，内容为：我们是一家回收粉末涂料的中国公司，我公司长期回收废的、多余的、用过的、残留的、过剩的、回收的粉末涂料，从世界各地采购，所有的颜色都可以，我公司的回收量每个月 300 吨~500 吨左右。

（5）证人武某（南京瑞三克公司员工）证言，证明公司的业务为采购和销售废粉末涂料。其寻找客户转给程某某。Purchasingforpowdercoolings.doc 文件写的是南京瑞三克公司求购废弃的、多余的、用过的、残留的、过期的、回收的粉末涂料。

（6）证人汪某（南京瑞三克公司员工）的证言，证明其于 2013 年三四月到南京瑞三克公司工作，该公司向外商采购"废弃的、过期的粉末涂料"。

（7）证人杨某（上海大微国际集团有限公司进口销售部工作人员）证言，证明程某某于 2011 年 8 月 5 日通过 QQ 与其联系，称有一批废粉末涂料需要进口，主要成分为聚酯、环氧，但没有 AQSIQ 证，也不提供 CCIC 证。其了解行情后，告诉程某某可以按照轻质碳酸钙来申报，最终确定该票货物报关品名为"以碳酸钙为基本成分的固色剂"。证人杨某的证言得到上海大微国际集团有限公司营业执照、合同审批表、报价确认书以及杨某与程某某 QQ 联系记录、货物图片资料、相关报关单证、集装箱号、提单号、发票号等证据的印证。

（8）证人陈某（上海申安对外经济贸易公司第一分公司经理）的证言，证明 2012 年至 2013 年 8 月，上海申安对外经济贸易公司受南京瑞三克公司委托代理进口固色剂，申报品名均由南京瑞三克公司提供。代理协议上将申报品名改为"以碳酸钙为基本成分的固色剂或以碳酸钙环氧树脂钛白粉为基本成分的混合物"。

（9）证人吕某、姚某、徐某、李某乙的证言，证明曾经自南京瑞三克公司购买进口的废粉末涂料，价格 2000 元~5000 元/吨。上述证人的证言与相关销售合同、订货单相印证。

（10）书证：海关申报表及附件、程某某与外商往来的邮件等，报关单中详细记载了 2011 年 9 月至 2013 年 8 月，程某某等三人自美国、英国、比利时 6 家公司采购了 35 单共计 934.994 吨的废粉末涂料，申报品名分别为"以碳酸钙为基本成分的固色剂""以碳酸钙为基本成分的基料""以碳酸钙环氧聚酯树脂、钛白粉为基本成分的混合物""粗体粉末涂料二级品"，其中 32 票申报品名为"以碳酸钙为基本成分的固色剂"，1 票申报品名为"以碳酸钙环氧树脂钛白粉为基本成分的混合物",2票申报品名为"以粗体粉末涂料二级品"。

程某某与外商的往来邮件,证明程某某向外商求购废弃的、剩余的、二手的、喷涂的、过期的、回收利用的粉末涂料,要求外商将品名改为低品质碳酸钙,在标签中不要出现废粉末涂料字样。

从程某某电脑中调取的货物采购合同28个,明确记载了采购的物品为"粉末涂料",采购价格约几十美元至两百余美元1吨,但申报价格基本为350美元/吨,其中,程某某供认的英国公司免费送的18吨废物,申报价格为350美元/吨。

(11) 书证,蒋某发给程某某、马某的账目资料邮件、南京瑞三克公司订单号等,证明程某某等人自2012年2月至2013年8月6日非法所得人民币41.7万元。

第二组:证明程某某等人进口的废粉末涂料为国家禁止进口的固体废物的证据。

(1) 南京海关缉私局制作的提取笔录、物品登记表、扣押笔录、扣押决定书及清单等,证明南京海关缉私局民警依法扣押、提取了本案4票废物样本经过。在南京新生圩海关查扣货物对应报关单号230820131083045723,19吨;在六合仓库查扣的货物对应报关单号230820131083043084、223120131310069513,分别为18吨、48.8吨;上海仓库查扣的货物对应报关单号22312013131310069523,12.08吨。合计97.88吨。

(2) 被告人程某某的供述,证明南京海关缉私局查扣的4票货物均系其公司报关进口的。

(3) 证人郑某(上海永昶货物运输代理有限公司法定代表人)的证言及派车单,证明其公司于2013年8月曾运输一批货物至南京,收货地为南京六合镇横梁镇方山村,另有一批货物存放在其公司上海江心沙路华佳仓库。

(4) 证人牛某的证言及厂房租赁合同。厂房租赁合同证明,2013年7月15日,马某代表瑞三克公司与蒋某某签订租赁合同,厂房地址为南京市六合区横梁镇方山村太平河东太平砖场。

证人牛某的证言,证明2013年7月29日其曾接到中远报关行的提货单送货至南京市六合区横梁镇方山村,联系人为马某、蒋某,提单号COSU8007809560,收货人为蒋某。

(5)中国环境科学研究院固体废物污染控制技术研究所出具的进口物品固体废物属性鉴别报告,证明送检的样品属于固体废物。其中包括从比利时Nelco公司进口的报关单号为223120131310069513、编号为20130212HB的样品。

(6)国家环境资源保护部固体废物管理中心出具的《关于"回收粉末涂料"是否属于禁止进口固体废物的请示》的回复函,证明江苏省固体有害废物登记和管理中心请示的五类回收粉末涂料喷溢粉、过喷粉、超细粉、机头粉、过期粉属于《禁止进口固体废物目录》中序号第83指的过期和废弃涂料、油漆,为国家禁止进口的固体废物。

(7)证人刘某的证言(中国化工学会涂料涂装专业委员会秘书长),证明粉末涂料可分为热塑性粉末涂料和热固性粉末涂料,热塑性粉末涂料的主要成分为聚丙烯、聚乙烯、聚氯乙烯等;而热固性粉末涂料的主要成分为环氧、聚酯、丙烯酸、聚氨酯等,废粉末涂料不能被土壤吸收,只能通过焚烧的方式,再经过空气净化,通过活性物质把有害物质吸收之后才能排到大气层。

(8)中国化工学会涂料涂装专业委员会秘书长刘某的证言及中国粉末涂料行业2010年度报告(载于《中国粉末涂料及涂装》),证明国产的粉末涂料的价格人民币18 000元~20 000元/吨,国外产品在国内市场的价格约人民币36 000元/吨。

第三组:证明程某某主观故意的证据。

(1)上诉人程某某的供述,证明其在浙江省宁波华美公司工作时就曾听别人说过废粉末涂料是国家禁止进口的,在开始进口废粉末涂料时,也核算过法律风险。进口第一票废粉时货代杨某告知,废粉不能进口,别人用"以碳酸钙为基本成分的固色剂"向海关申报。其就告诉外商把发票的品名改成碳酸钙,要求在任何文件和实物上都不能有"粉末涂料"字样,把提单上的品名也改成"碳酸钙粉末"。这样海关工作人员在审查和查验的时候不能仅仅从英文字母就看出南京瑞三克公司进口的实际上是废粉末涂料。其获悉扬州小纪镇的人被抓之后，其和马某非常紧张，其知道其和小纪镇被抓的人一样都走私进口回收粉。

（2）证人杨某的证言、程某某和杨某、马某的 QQ 聊天记录等，证明程某某明知进口的是超细粉、落地粉，没有 AQSIQ 证和 CCIC 证。

（3）书证，上诉人程某某与比利时 Nelco 公司的往来邮件，证明比利时 Nelco 公司回复程某某该公司有大量可处理的涂料粉末残留物，报价也区分了原始涂料和回收粉末涂料。两者价格相差巨大。该公司原始涂料没有销售超出欧洲区域的经验。程某某购买了价格便宜的回收粉末涂料。

（4）南京市公安局出具的宁公（网）勘（2013）295 号电子证据检查笔录，证明侦查人员依法提取了程某某、马某手机中的信息。短信内容能够证明二人明确认识到从事了国家禁止进口的业务。

三、处理结果

一审判决被告人程某某犯走私废物罪，判处有期徒刑七年，并处罚金人民币十万元。涉案违法所得予以追缴，上缴国库。

二审裁定驳回上诉，维持原判。

四、点评解析

（一）本案被告人构成走私废物罪还是擅自进口固体废物罪

关于走私废物罪与擅自进口固体废物罪的区分。走私废物罪的犯罪对象既包括国家允许限制进口的可用作原料的固体废物、液态废物和气态废物，也包括国家禁止进口的不能用作原料的固体废物、液态废物和气态废物，其危害行为表现为违反海关法规，逃避海关监管，非法将境外固体废物、液态废物和气态废物运输进境。本罪是行为犯，只要实施走私固体废物、液态废物和气态废物的行为，即可构成。

擅自进口固体废物罪的犯罪对象则仅限于国家限制进口的可用作原料的固体废物。其危害行为表现为未经国务院有关主管部门批准，擅自进口固体废物用作原料的行为。该罪是结果犯，构成该罪以发生重大环境污染事故，致使公私财产遭受重大损失或者严重危害人体健康的实际危害结果为必要条件。

本案被告人程某某以牟利为目的，以伪报货物品名方式逃避海关监管，将我国禁止进口的固体废物走私进境。依据《刑法》第339条之规定，以原料利用为名，进口不能用作原料的固体废物的，依照第152条第2款、第3款规定的走私废物罪定罪处罚。其行为已构成走私废物罪，而非擅自进口固体废物罪。

（二）本案是否为单位犯罪

本案中，被告人程某某为了走私废粉末涂料而成立南京瑞三克公司，符合《最高人民法院关于审理单位犯罪案件具体应用法律有关问题的解释》第2条规定的"个人为进行违法犯罪活动设立公司"的情形，应当认定为自然人犯罪，而非单位犯罪。被告人程某某及其辩护人提出的本案为单位犯罪的理由是不能成立的。

五、实务提示

1. 走私废物罪与走私固体废物罪两者如何区分？
2. 如何认定是单位犯罪还是个人犯罪？

六、法条链接

■《中华人民共和国刑法》【刑法修正案（八）】

第三百三十九条　违反国家规定，将境外的固体废物进境倾倒、堆放、处置的，处五年以下有期徒刑或者拘役，并处罚金；造成重大环境污染事故，致使公私财产遭受重大损失或者严重危害人体健康的，处五年以上十年以下有期徒刑，并处罚金；后果特别严重的，处十年以上有期徒刑，并处罚金。

未经国务院有关主管部门许可，擅自进口固体废物用作原料，造成重大环境污染事故，致使公私财产遭受重大损失或者严重危害人体健康的，处五年以下有期徒刑或者拘役，并处罚金；后果特别严重的，处五年以上十年以下有期徒刑，并处罚金。

以原料利用为名,进口不能用作原料的固体废物、液态废物和气态废物的,依照本法第一百五十二条第二款、第三款的规定定罪处罚。

第一百五十二条 以牟利或者传播为目的,走私淫秽的影片、录像带、录音带、图片、书刊或者其他淫秽物品的,处三年以上十年以下有期徒刑,并处罚金;情节严重的,处十年以上有期徒刑或者无期徒刑,并处罚金或者没收财产;情节较轻的,处三年以下有期徒刑、拘役或者管制,并处罚金。

逃避海关监管将境外固体废物、液态废物和气态废物运输进境,情节严重的,处五年以下有期徒刑,并处或者单处罚金;情节特别严重的,处五年以上有期徒刑,并处罚金。

单位犯前两款罪的,对单位判处罚金,并对其直接负责的主管人员和其他直接责任人员,依照前两款的规定处罚。

■《最高人民法院关于审理单位犯罪案件具体应用法律有关问题的解释》【1999年】

第二条 个人为进行违法犯罪活动而设立的公司、企业、事业单位实施犯罪的,或者公司、企业、事业单位设立后,以实施犯罪为主要活动的,不以单位犯罪论处。

案例三十九

陈某、罗某非法处置进口的固体废物罪一案

一、当事人概况

公诉机关：广东省陆丰市人民检察院

被告人：陈某某、罗某

二、基本案情

2014年9月24日凌晨5时许，被告人陈某某受揭阳市某某物流公司林某某的雇请驾驶闽Ａ××××9【闽Ａ×××2挂】号牌的重型挂车到福建省南安市某某码头。被告人罗某受福建省某某物流有限公司林某栋的雇请驾驶闽Ａ××××3【闽Ａ×××3挂】号牌的重型挂车到福建省南安市某某码头。

两被告人驾车各装一车废旧服装载往广东省陆丰市，两被告人运载的货物无任何合法手续。当天下午到达陆丰市某某加油站内休息时，被陆丰市打私办、陆丰市工商局联合行动组查获（查获时货车司机及货主无人在场）。当场从两辆货车上缴获进口的固体废物旧服装共计430包，重约40吨。现场无任何合法手续证明，也无司机及货主在场。遂决定对非法处置进口固体废物案立案侦查。

2014年12月25日，被告人陈某某、罗某到公安机关投案自首。

两被告供述分别驾驶上述两部大货车运载旧服装的活动轨迹和犯罪事实。

犯罪嫌疑人陈某某供述其受揭阳一货运信息部的介绍与一持有手机为189×××××2的雇请人联系，后于9月22日驾车到福建南安某某地，并在某某地过夜，直到9月24日的早上才到某某码头装载旧服装的破布料。同时，陈某某供认是其亲手遮盖货车上的彩色塑料大帆布的。

犯罪嫌疑人罗某供认其受福建省某某物流公司的指派，与一持有手机为189×××××2的雇请人联系，后于9月22日驾车到福建南安某某地，

并在某某地过夜,直到9月24日的早上才到某某码头装载旧服装的破布料,并且罗某供认是其亲手遮盖货车上的绿色大帆布的。

两嫌疑人都供述运费5700元均未拿到。

三、处理结果

被告人陈某某犯非法处置进口的固体废物罪,判处有期徒刑十个月,缓刑一年;并处罚金人民币2000元(缓刑考验期限,从判决确定之日起计算;罚金已缴交)。被告人罗某犯非法处置进口的固体废物罪,判处有期徒刑十个月,缓刑一年;并处罚金人民币2000元(缓刑考验期限,从判决确定之日起计算;罚金已缴交)。

四、点评解析

本案的焦点在于,两被告的行为是否构成非法处置进口的固体废物罪。

关于非法处置进口的固体废物罪,《刑法》第339条第1款规定"违反国家规定,将境外的固体废物进境倾倒、堆放、处置的,处五年以下有期徒刑或者拘役,并处罚金;造成重大环境污染事故,致使公私财产遭受重大损失或者严重危害人体健康的,处五年以上十年以下有期徒刑,并处罚金;后果特别严重的,处十年以上有期徒刑,并处罚金"。本罪的表现特征是将境外的固体废物进境倾倒、堆放、处置,是行为犯。只要实施了将境外固体废物在境内倾倒、堆放、处置即构成本罪。这些固体废物不仅有碍环境的净化,更因其具有危险成分,可能造成污染事故,因此其危害性相当大。如果已经造成重大环境污染事故的,构成本罪的加重情节。

本案被告人陈某某、罗某受他人雇请,明知没有合法手续非法处置进口的固体废物,依然为其运输。其主观上存在故意,客观上实施了将境外固体废物进行处置的行为,其行为均已构成非法处置进口的固体废物罪的共犯。

五、实务提示

1. 非法处置进口固体废物罪的构成要件是什么?
2. 非法处置进口固体废物罪造成重大污染事故的认定标准是什么?

六、法条链接

■《中华人民共和国刑法》【刑法修正案（八）】

第三百三十九条　违反国家规定，将境外的固体废物进境倾倒、堆放、处置的，处五年以下有期徒刑或者拘役，并处罚金；造成重大环境污染事故，致使公私财产遭受重大损失或者严重危害人体健康的，处五年以上十年以下有期徒刑，并处罚金；后果特别严重的，处十年以上有期徒刑，并处罚金。

未经国务院有关主管部门许可，擅自进口固体废物用作原料，造成重大环境污染事故，致使公私财产遭受重大损失或者严重危害人体健康的，处五年以下有期徒刑或者拘役，并处罚金；后果特别严重的，处五年以上十年以下有期徒刑，并处罚金。

以原料利用为名，进口不能用作原料的固体废物、液态废物和气态废物的，依照本法第一百五十二条第二款、第三款的规定定罪处罚。

■《最高人民法院、最高人民检察院关于办理环境污染刑事案件适用法律若干问题的解释》【2017年】

第三条　实施刑法第三百三十八条、第三百三十九条规定的行为，具有下列情形之一的，应当认定为"后果特别严重"：

（一）致使县级以上城区集中式饮用水水源取水中断十二小时以上的；

（二）非法排放、倾倒、处置危险废物一百吨以上的；

（三）致使基本农田、防护林地、特种用途林地十五亩以上，其他农用地三十亩以上，其他土地六十亩以上基本功能丧失或者遭受永久性破坏的；

（四）致使森林或者其他林木死亡一百五十立方米以上，或者幼树死亡七千五百株以上的；

（五）致使公私财产损失一百万元以上的；

（六）造成生态环境特别严重损害的；

（七）致使疏散、转移群众一万五千人以上的；

（八）致使一百人以上中毒的；

（九）致使十人以上轻伤、轻度残疾或者器官组织损伤导致一般功能障碍的；

（十）致使三人以上重伤、中度残疾或者器官组织损伤导致严重功能障碍的；

（十一）致使一人以上重伤、中度残疾或者器官组织损伤导致严重功能障碍，并致使五人以上轻伤、轻度残疾或者器官组织损伤导致一般功能障碍的；

（十二）致使一人以上死亡或者重度残疾的；

（十三）其他后果特别严重的情形。

第四条 实施刑法第三百三十八条、第三百三十九条规定的犯罪行为，具有下列情形之一的，应当从重处罚：

（一）阻挠环境监督检查或者突发环境事件调查，尚不构成妨害公务等犯罪的；

（二）在医院、学校、居民区等人口集中地区及其附近，违反国家规定排放、倾倒、处置有放射性的废物、含传染病病原体的废物、有毒物质或者其他有害物质的；

（三）在重污染天气预警期间、突发环境事件处置期间或者被责令限期整改期间，违反国家规定排放、倾倒、处置有放射性的废物、含传染病病原体的废物、有毒物质或者其他有害物质的；

（四）具有危险废物经营许可证的企业违反国家规定排放、倾倒、处置有放射性的废物、含传染病病原体的废物、有毒物质或者其他有害物质的。

■ **《最高人民法院、最高人民检察院关于办理环境污染刑事案件适用法律若干问题的解释》【2013年】**

第二条 实施刑法第三百三十九条、第四百零八条规定的行为，具有本解释第一条第六项至第十三项规定情形之一的，应当认定为"致使公私财产遭受重大损失或者严重危害人体健康"或者"致使公私财产遭受重大损失或者造成人身伤亡的严重后果"。

第三条 实施刑法第三百三十八条、第三百三十九条规定的行为，具有下列情形之一的，应当认定为"后果特别严重"：

（一）致使县级以上城区集中式饮用水水源取水中断十二个小时以上的；

（二）致使基本农田、防护林地、特种用途林地十五亩以上，其他农用地三十亩以上，其他土地六十亩以上基本功能丧失或者遭受永久性破坏的；

（三）致使森林或者其他林木死亡一百五十立方米以上，或者幼树死亡七千五百株以上的；

（四）致使公私财产损失一百万元以上的；

（五）致使疏散、转移群众一万五千人以上的；

（六）致使一百人以上中毒的；

（七）致使十人以上轻伤、轻度残疾或者器官组织损伤导致一般功能障碍的；

（八）致使三人以上重伤、中度残疾或者器官组织损伤导致严重功能障碍的；

（九）致使一人以上重伤、中度残疾或者器官组织损伤导致严重功能障碍，并致使五人以上轻伤、轻度残疾或者器官组织损伤导致一般功能障碍的；

（十）致使一人以上死亡或者重度残疾的；

（十一）其他后果特别严重的情形。

第四条 实施刑法第三百三十八条、第三百三十九条规定的犯罪行为，具有下列情形之一的，应当酌情从重处罚：

（一）阻挠环境监督检查或者突发环境事件调查的；

（二）闲置、拆除污染防治设施或者使污染防治设施不正常运行的；

（三）在医院、学校、居民区等人口集中地区及其附近，违反国家规定排放、倾倒、处置有放射性的废物、含传染病病原体的废物、有毒物质或者其他有害物质的；

（四）在限期整改期间，违反国家规定排放、倾倒、处置有放射性的废物、含传染病病原体的废物、有毒物质或者其他有害物质的。

实施前款第一项规定的行为，构成妨害公务罪的，以污染环境罪与妨害公务罪数罪并罚。

案例四十

环境保护局监察支队队长汪某受贿罪一案

一、当事人概况

公诉机关：安徽省郎溪县人民检察院

被告人：汪某（原宣城市环保局监察支队队长、工会副主席）

二、基本案情

被告人汪某于2005年11月至2009年7月1日任宣城市环保局监察支队支队长，2009年7月7日至2013年2月任宣城市环保局系统工会副主席。2006~2013年，汪某利用职务之便，为他人谋取利益；利用其职权或地位形成的便利条件，通过其他国家工作人员职务上的行为，为请托人谋取不正当利益，非法收受他人给予的现金165 000元和价值180万元的股份。事实如下：

（1）2006~2008年，汪某利用职务上的便利，为泾县榕航公司环境监管方面予以照顾，在中秋、春节期间，六次收受该公司总经理池某某给予的现金共计45 000元（每年春节10 000元、中秋节5000元）；2009~2010年，该公司为感谢汪某在任期间的照顾，该公司安排吴某某于中秋、春节期间继续给予现金四次合计20 000元（每年春节、中秋节各5000元），汪某予以收受。

2012年，吴某某小孩生病，汪某到医院给了3000元，后吴某某春节拜年给了其5000元，后其给吴某某买了紫砂壶、玉器和找人画了一幅山水画。

2014年5月，因听说池某某被调查了，其到池某某的办公室退了25 000元。

（2）2012年，被告人汪某在任宣城市环保局工会副主席期间，为使三友公司的环评能通过市环保局验收，利用其职权和地位形成的便利条件，与市环保局的相关工作人员予以接触，并以其女儿薪酬的名义收受三友公司股东曹某给付的现金10万元。

（3）2013年，汪某在宣城市环保局工作期间，为使三友公司的环评项目获得市环保局的通过验收，汪某与市环保局工作人员联系三友公司的试生产，并安排市环保局的相关领导与曹某、颜某某一起吃饭。汪某在未实际出资的情况下，收受三友公司股东颜某某提供的该公司10%的股份，价值180万元，并于2013年11月19日将股权转让登记为其妻李某某所有。

另查明：三友公司成立于2012年6月15日，私营企业，注册资本1800万元，实收资本1800万元。2013年1月29日，黄某某将三友公司1/3股份，价格600万元全部转让给颜某某；2013年11月19日，颜某某分别与李某某、茆某某、曹某签订股权转让协议，将三友公司10%的股份价值180万元转让给李某某，将15%的股份价值270万元转让给茆某某，将3.6667%的股份价值66万元转让给曹某；2014年4月1日，颜某某又将该公司20%的股份价值360万元转让给徐某某。即三友公司每股价值18万元。且均在协议中约定：协议生效之日将股权转让款支付给对方。至2014年4月10日，三友公司在工商部门企业登记的股东信息为：曹某666万元占37%，颜某某324万元占18%，茆某某270万元占15%，李某某180万元占10%，徐某某360万元占20%。

2014年7月1日，汪某向侦查机关退交赃款25万元。

三、处理结果

被告人汪某犯受贿罪，判处有期徒刑12年，并处没收财产20万元；刑期从判决执行之日起计算。判决执行以前先行羁押的，羁押一日折抵刑期一日。指定居所监视居住的，监视居住二日折抵刑期一日。即自2014年7月2日起至2026年6月26日止。对被告人汪某犯罪所得赃款165 000元予以没收，对以李某某名义收受涉宣城三友材料表面处理有限责任公司10%的股份予以追缴，上缴国库。

四、点评解析

（一）汪某收受泾县榕航公司现金的性质、数额及其给两行贿人的字画能否抵扣其所收受的钱款

被告人辩解称其并没有给予泾县榕航公司照顾，此项指控没有具体的请托事项不符合受贿罪的犯罪构成。经查，池某某、吴某某的证言中多次证实其送钱的目的是因为那时企业防尘未做有污染，怕抽查罚款，而被告人汪某时任市环境监察支队的支队长，其工作职责就是对全市内污染源的排放等进行现场查处，而本辖区内的泾县榕航公司存有污染，汪某对该企业负有直接的管辖、制约关系，其也明知他人有具体请托事项（关照企业排污）而收受其财物的，视为承诺为他人谋取利益，况且两行贿人也证实在被告人任支队长期间，对企业很少抽查，以至于在汪某离任后仍感谢而继续给其送钱。故汪某利用职务之便，收受请托人现金且为请托人谋取利益的行为符合受贿罪的犯罪构成。

两行贿人池某某、吴某某的证言中，对送钱的时间、地点、数额、次数、目的等与被告人的供述基本一致，能够印证确认被告人受贿的数额为65 000元及其与行贿人之间的字画等物品上的往来是在汪某那里买的画和陶器都是另外出钱的，与年节送的钱没有关系。事后汪某虽向池某某退还了25 000元，但系因与其受贿有关联的人被查处，为掩饰犯罪而退还，亦不影响认定受贿罪。至于汪某在2012年夏天吴某某小孩生病期间到医院给予的3000元与指控的事实无关。2009年后，汪某虽不任监察支队长，泾县榕航公司为了被告人在职期间的关照仍继续送钱，根据"国家工作人员利用职务上的便利为请托人谋取利益，离职前后连续收受请托人财物的，离职前后收受部分均应计入受贿数额"之规定，汪某离职后收受吴某某送的20 000元及在职时池某某送的45 000元合计为65 000元，事实清楚、证据确实充分。汪某收受泾县榕航公司的犯罪数额为应确定为65 000元。

（二）三友公司支付给汪某的 10 万元是汪某的劳动报酬，还是汪某变相收受的贿赂款

关于第二笔事实中的 10 万元，是汪某的劳动报酬，还是汪某变相收受的贿赂款问题。特定关系人虽然参与工作但领取的薪酬明显高于该职位正常薪酬水平的，其性质即属于变相受贿。本案汪某虽在三友公司做了一些工作，但其在天康地热公司的月薪为 2000 元，而三友公司股东的月薪只有 4000 元，汪某的月薪却近万元，明显高于其正常薪酬，原因即基于汪某的关系，属于汪某利用职务上的便利，为请托人谋取利益的变相受贿，应当计入汪某受贿的数额。

（三）颜某某转让给汪某妻子李某某三友公司 10% 股份的性质、价值

汪某的行为符合斡旋受贿的特征。《刑法》第 388 条规定的犯罪情形，指行为人并非直接利用自己的职务之便为他人谋利，而是通过斡旋，利用其他国家工作人员的职务行为，为请托人谋取不正当利益。"谋取不正当利益"包括两种情况：一是利益本身不符合国家法律、法规、政策和规章的规定，即利益本身不正当；二是提供不符合国家法律、法规、政策和规章规定的帮助或者方便条件，即国家工作人员为请托人谋取利益的手段不正当。经查，本案中，汪某在任市环保局系统工会副主席期间，为了三友公司的环评项目获得市环保局的通过验收，通过向同事联系三友公司试生产事宜及安排相关领导与三友公司负责人的饭局，进行斡旋，饭局上汪某虽没有明说为三友公司环评之事，但参与饭局的双方应当属明知此事而心照不宣，查证的事实也证实了饭后相关领导即到主管环评项目验收现场检查的监察大队了解三友公司的情况。由于被告人及三友公司使用了上述不正当的手段，因此而使得其所欲获取的利益也成了不正当的利益，虽然三友公司的环评仍在正常审查中，亦不能以此否认汪某实施了斡旋行为及三友公司欲获取利益的不正当性，故被告人汪某实施了斡旋行为、为请托人谋取不正当利益并以其妻名义收受股份的行为，符合斡旋受贿的特征，构成受贿罪。

关于三友公司 10% 股份价值多少及汪某是否支付该股份对价的问题。经查，三友公司成立于 2012 年 6 月，注册资本 1800 万元，由于该公司没有正

式投产运营,且该公司股份自 2013 年 1 月黄某某转让给颜某某至 2013 年 11 月 19 日颜某某转让给茆某某、曹某及 2014 年 4 月颜某某转让给徐某甲,均按每股 18 万元计算,证实了三友公司每股的市场价值即是 18 万元。根据 "收受干股,股份发生了实际转让的,受贿数额按转让行为时股份价值计算;未实际转让的,以股份分红获利的数额计算"之规定,汪某的妻子李某某办理股份转让登记的日期是 2013 年 11 月 19 日,且与颜某某转给茆某某、曹某股权系同一天,故颜某某送给汪某三友公司 10% 股份的市场价值为 180 万元。此 180 万元,李某某与颜某某虽在股权转让合同中约定:协议生效之日付清股权转让款,但颜某某、曹某、李某某的证言与被告人汪某的供述一致确认,10% 的股份是颜某某为了让环评尽快通过送给汪某的,不需要付钱。事实上,汪某至今也没有给付颜某某股权转让费。因此,本案应认定被告人受贿 10% 股份的价值为 180 万元。

五、实务提示

汪某的行为是以合法的形式掩盖非法目的?还是正当的报酬、交易?

六、法条链接

■ 《中华人民共和国刑法》【2015 年修正】

第六十四条 犯罪分子违法所得的一切财物,应当予以追缴或者责令退赔;对被害人的合法财产,应当及时返还;违禁品和供犯罪所用的本人财物,应当予以没收。没收的财物和罚金,一律上缴国库,不得挪用和自行处理。

第三百八十三条 对犯贪污罪的,根据情节轻重,分别依照下列规定处罚:

(一)贪污数额较大或者有其他较重情节的,处三年以下有期徒刑或者拘役,并处罚金。

(二)贪污数额巨大或者有其他严重情节的,处三年以上十年以下有期徒刑,并处罚金或者没收财产。

(三)贪污数额特别巨大或者有其他特别严重情节的,处十年以上有期徒刑或者无期徒刑,并处罚金或者没收财产;数额特别巨大,并使国家和人民利益遭受特别重大损失的，处无期徒刑或者死刑，并处没收财产。

对多次贪污未经处理的，按照累计贪污数额处罚。

犯第一款罪，在提起公诉前如实供述自己罪行、真诚悔罪、积极退赃，避免、减少损害结果的发生，有第一项规定情形的，可以从轻、减轻或者免除处罚；有第二项、第三项规定情形的，可以从轻处罚。

犯第一款罪，有第三项规定情形被判处死刑缓期执行的，人民法院根据犯罪情节等情况可以同时决定在其死刑缓期执行二年期满依法减为无期徒刑后，终身监禁，不得减刑、假释。

第三百八十五条 国家工作人员利用职务上的便利，索取他人财物的，或者非法收受他人财物，为他人谋取利益的，是受贿罪。

国家工作人员在经济往来中，违反国家规定，收受各种名义的回扣、手续费，归个人所有的，以受贿论处。

第三百八十六条 对犯受贿罪的，根据受贿所得数额及情节，依照本法第三百八十三条的规定处罚。索贿的从重处罚。

第三百八十八条 国家工作人员利用本人职权或者地位形成的便利条件，通过其他国家工作人员职务上的行为，为请托人谋取不正当利益，索取请托人财物或者收受请托人财物的，以受贿论处。

国家工作人员的近亲属或者其他与该国家工作人员关系密切的人，通过该国家工作人员职务上的行为，或者利用该国家工作人员职权或者地位形成的便利条件，通过其他国家工作人员职务上的行为，为请托人谋取不正当利益，索取请托人财物或者收受请托人财物，数额较大或者有其他较重情节的，处三年以下有期徒刑或者拘役，并处罚金；数额巨大或者有其他严重情节的，处三年以上七年以下有期徒刑，并处罚金；数额特别巨大或者有其他特别严重情节的，处七年以上有期徒刑，并处罚金或者没收财产。

离职的国家工作人员或者其近亲属以及其他与其关系密切的人，利用该离职的国家工作人员原职权或者地位形成的便利条件实施前款行为的，依照前款的规定定罪处罚。

【旧法第三百八十八条，已被修改】

《中华人民共和国刑法》【1997年】

第三百八十三条 对犯贪污罪的,根据情节轻重,分别依照下列规定处罚:

(一)个人贪污数额在十万元以上的,处十年以上有期徒刑或者无期徒刑,可以并处没收财产;情节特别严重的,处死刑,并处没收财产。

(二)个人贪污数额在五万元以上不满十万元的,处五年以上有期徒刑,可以并处没收财产;情节特别严重的,处无期徒刑,并处没收财产。

(三)个人贪污数额在五千元以上不满五万元的,处一年以上七年以下有期徒刑;情节严重的,处七年以上十年以下有期徒刑。个人贪污数额在五千元以上不满一万元,犯罪后有悔改表现、积极退赃的,可以减轻处罚或者免予刑事处罚,由其所在单位或者上级主管机关给予行政处分。

(四)个人贪污数额不满五千元,情节较重的,处二年以下有期徒刑或者拘役;情节较轻的,由其所在单位或者上级主管机关酌情给予行政处分。

对多次贪污未经处理的,按照累计贪污数额处罚。

第三百八十八条 国家工作人员利用本人职权或者地位形成的便利条件,通过其他国家工作人员职务上的行为,为请托人谋取不正当利益,索取请托人财物或者收受请托人财物的,以受贿论处。

■《最高人民法院、最高人民检察院〈关于办理受贿刑事案件适用法律若干问题的意见〉》【2007年】

……

二、关于收受干股问题

干股是指未出资而获得的股份。国家工作人员利用职务上的便利为请托人谋取利益,收受请托人提供的干股的,以受贿论处。进行了股权转让登记,或者相关证据证明股份发生了实际转让的,受贿数额按转让行为时股份价值计算,所分红利按受贿孳息处理。股份未实际转让,以股份分红名义获取利益的,实际获利数额应当认定为受贿数额。

……

六、关于特定关系人"挂名"领取薪酬问题

国家工作人员利用职务上的便利为请托人谋取利益,要求或者接受请托人以给特定关系人安排工作为名，使特定关系人不实际工作却获取所谓薪酬的，以受贿论处。

七、关于由特定关系人收受贿赂问题

国家工作人员利用职务上的便利为请托人谋取利益，授意请托人以本意见所列形式，将有关财物给予特定关系人的，以受贿论处。

……

十、关于在职时为请托人谋利，离职后收受财物问题

国家工作人员利用职务上的便利为请托人谋取利益之前或者之后，约定在其离职后收受请托人财物，并在离职后收受的，以受贿论处。

十一、关于"特定关系人"的范围

本意见所称"特定关系人"，是指与国家工作人员有近亲属、情妇（夫）以及其他共同利益关系的人。

■《最高人民法院、最高人民检察院〈关于办理贪污贿赂刑事案件适用法律若干问题的解释〉》【2016年】

第一条 贪污或者受贿数额在三万元以上不满二十万元的，应当认定为刑法第三百八十三条第一款规定的"数额较大"，依法判处三年以下有期徒刑或者拘役，并处罚金。

贪污数额在一万元以上不满三万元，具有下列情形之一的，应当认定为刑法第三百八十三条第一款规定的"其他较重情节"，依法判处三年以下有期徒刑或者拘役，并处罚金：

（一）贪污救灾、抢险、防汛、优抚、扶贫、移民、救济、防疫、社会捐助等特定款物的；

（二）曾因贪污、受贿、挪用公款受过党纪、行政处分的；

（三）曾因故意犯罪受过刑事追究的；

（四）赃款赃物用于非法活动的；

（五）拒不交待赃款赃物去向或者拒不配合追缴工作，致使无法追缴的；

（六）造成恶劣影响或者其他严重后果的。

受贿数额在一万元以上不满三万元，具有前款第二项至第六项规定的情形之一，或者具有下列情形之一的，应当认定为刑法第三百八十三条第一款

规定的"其他较重情节",依法判处三年以下有期徒刑或者拘役,并处罚金:

(一)多次索贿的;

(二)为他人谋取不正当利益,致使公共财产、国家和人民利益遭受损失的;

(三)为他人谋取职务提拔、调整的。

第二条 贪污或者受贿数额在二十万元以上不满三百万元的,应当认定为刑法第三百八十三条第一款规定的"数额巨大",依法判处三年以上十年以下有期徒刑,并处罚金或者没收财产。

贪污数额在十万元以上不满二十万元,具有本解释第一条第二款规定的情形之一的,应当认定为刑法第三百八十三条第一款规定的"其他严重情节",依法判处三年以上十年以下有期徒刑,并处罚金或者没收财产。

受贿数额在十万元以上不满二十万元,具有本解释第一条第三款规定的情形之一的,应当认定为刑法第三百八十三条第一款规定的"其他严重情节",依法判处三年以上十年以下有期徒刑,并处罚金或者没收财产。

第三条 贪污或者受贿数额在三百万元以上的,应当认定为刑法第三百八十三条第一款规定的"数额特别巨大",依法判处十年以上有期徒刑、无期徒刑或者死刑,并处罚金或者没收财产。

贪污数额在一百五十万元以上不满三百万元,具有本解释第一条第二款规定的情形之一的,应当认定为刑法第三百八十三条第一款规定的"其他特别严重情节",依法判处十年以上有期徒刑、无期徒刑或者死刑,并处罚金或者没收财产。

受贿数额在一百五十万元以上不满三百万元,具有本解释第一条第三款规定的情形之一的,应当认定为刑法第三百八十三条第一款规定的"其他特别严重情节",依法判处十年以上有期徒刑、无期徒刑或者死刑,并处罚金或者没收财产。

案例四十一

汶上县环境保护局单位受贿罪、局长贪污、受贿罪一案

一、当事人概况

公诉机关：山东省梁山县人民检察院

被告人：贾某（原汶上县环境保护局局长）

被告单位：汶上县环境保护局

二、基本案情

被告人贾某犯贪污罪的事实与证据：

（一）自2008年至2011年，被告人贾某利用其担任汶上县康驿镇党委书记的职务便利，多次使用公车去武汉市接送儿子，并将应由个人承担的费用共计18 363.66元在康驿镇报销。

上述事实的证据：

1. 书证

费用报销单若干、记账凭证若干，票据的开票地点大部分为武汉市。证明被告人将用于去武汉接送儿子的费用在康驿镇报销。

2. 证人证言

（1）证人李某甲（汶上县刘楼乡党委书记，2007年至2011年3月任康驿镇镇长）2014年5月20日在汶上县刘楼乡政府会议室提供的证言，证实其不清楚被告人贾某是否去武汉招商引资，且招商引资一般开始接触是书记、乡镇长或者与企业有关系的人，然后由分管镇长、经办人员办理，康驿镇与武汉无工作关系。

（2）证人王某甲（汶上县康驿镇纪委书记，2006年11月至2011年9月任康驿镇副镇长）2014年5月19日在汶上县康驿镇政府其办公室提供的证

言,证实其时任康驿镇分管招商引资副镇长,其不知道被告人贾某去武汉进行过招商引资,如果存在此情况其应该知道,并形成动态信息上报。

(3) 证人陈某甲(汶上县康驿镇政府办公室驾驶员,自2007年至贾某离开康驿镇一直任其司机)2014年5月18日在汶上县康驿镇政府一楼财所办公室提供的证言,证实2009年9月、2011年7月,其接受被告人贾某安排用公车载着贾某及其家人先后去武汉二次,均为接送孩子上大学,事后其将途中产生的费用通过康驿镇财所所长许某、康驿镇办公室主任陈某乙及时任康驿镇镇长的李某甲(第一次)、林某(第二次)签字同意后在财所分别报销3567元、6042.3元。

(4) 证人马某(汶上县康驿镇政府执法大队工作人员)2014年5月18日在汶上县康驿镇政府一楼财所办公室提供的证言,证实2008年8~9月,其接受被告人贾某的安排驾驶康驿镇政府的公车带着贾某及其妻儿去武汉,其认为是送贾某的儿子上大学,期间产生的费用共计1403.56元,贾某安排其在康驿镇财所报销。

(5) 证人陈某乙(汶上县康驿镇党委委员兼武装部长,2007年8月至2011年9月任康驿镇党委办公室主任)2014年5月18日在汶上县康驿镇政府一楼财所办公室提供的证言,证实2008年10月、2010年4月、2011年7月,被告人贾某分别安排其在武汉消费的发票上签字经办后在康驿镇报销,其还受贾某安排分别于2008年9月在马某经办的武汉相关票据、2009年9月在陈某甲经办的武汉相关票据、2011年7月在陈某甲经办的武汉相关票据上审核签字,其签字的以上发票均与其无关。

3. 被告人辩解

被告人贾某供认其在汶上县康驿镇任职期间,曾多次送孩子去武汉上学,并与武汉光谷工业园一个研究所的王博士商谈项目,但未将招商的事情告知康驿镇其他领导,仅将该情况告知办公室主任陈某乙(但陈某乙未提到知道该情况),招商也未有什么成果。

(二) 2012年6月8日,被告人贾某安排汶上县环保局财务科科长张某用一张汶上县佛都旅行社有限责任公司出具的金额3万元的发票将贾某任环保局书记期间的一些花费报销,后张某和樊某乙一起将报销所得钱款交付贾某。

上述事实的证据：

1. 书证

（1）收条及两张记录条，内容为2011年4月2日，汶上县环保局收到（2011年4月1日至2012年4月1日）房屋租赁费11万元；后该房租款被用于支付旅游费用102 565元。证实汶上县环保局2011年旅游费已经用房租费支付完毕。

（2）汶上县会计核算中心记账凭证及发票，证实2012年6月11日，汶上县环保局将一张编号00853825、开票日期2011年5月30日、收款单位汶上县佛都旅行社有限责任公司的发票、项目为学习考察费、金额为30 000元的发票以会议费的名义报销，该发票上有被告人贾某与樊某甲的签字，时间为2012年6月8日。

2. 证人证言

（1）证人张某（汶上县环保局财务科科长）分别于2014年4月25日、2014年5月10日、2014年7月22日在梁山县人民检察院提供的证言，证实2012年6月，被告人贾某称有一些不好下、没有报销的费用，要求其找发票报销，其遂将之前单位旅游时佛都旅行社出具的一张面额3万元的发票交付贾某，由贾某签字后交单位财务科樊某乙报销，后樊某乙与张某将报销的3万元钱交付贾某。

（2）证人樊某甲（原为汶上县环保局工会主席）2014年4月25日在梁山县人民检察院提供的证言，证实2011年的5月底或者6月初，其时任汶上县环保局工会主席，接受李某乙局长的安排在佛都旅行社吴会计提交的三张发票上签字，其并未在意发票的金额；在被告人贾某任局长期间其并未签过费用单据。

（3）证人李某乙（汶上县环保局原局长）2014年6月28日在梁山县看守所提供的证言，证实2011年，汶上县环保局组织单位全体人员外出旅游过，费用的支付由工会主席樊某甲和财务科张某、樊某乙经办；2011年汶上县环保局的老办公楼对外出租的房租费没入大账。

（4）证人樊某乙（汶上县环保局财务科出纳）分别于2014年7月22日、2014年9月30日在梁山县人民检察院办案工作区提供的证言，证实其听科长张某说被告人贾某安排张某找发票报销费用,张某遂将2011年环保局旅游时佛都旅行社开具的面额3万元的发票交其报销,后其与张某一起在贾某办公室将3万元现金交付贾某。

(5)证人吴某(汶上县佛都旅行社出纳)2014年9月29日在汶上县环保局提供的证言,证实2011年汶上县环保局通过佛都旅行社组织到江西旅游的费用已经结清,当时组团的是李局长,其将三张共计金额八万余元的发票交给汶上县环保局。

(三)2012年8月17日,被告人贾某安排汶上县环保局财务科科长张某从汶上县天安办公自动化综合经营部购买发票将贾某任环保局书记期间的一些花费报销,后张某和樊某乙一起将报销所得的31 300元现金交付贾某。

上述事实的证据:

1. 书证

汶上县环保局记账凭证,证实2012年8月20日,汶上县环保局将一张号码018××7724、金额33 804元、名称为印刷费、销货单位为汶上县天安办公自动化综合经营部的发票报销;该发票上有被告人贾某及经办人张某的签字,时间2012年8月17日。

2. 证人证言

(1)证人张某分别于2014年5月10日、2014年7月22日在梁山县人民检察院提供的证言,证实2012年8月,被告人贾某安排其准备三万元左右的发票将贾某任汶上县环保局书记期间一些没有手续的费用报销,后其从汶上县天安办公自动化综合经营部购买了一张三万多元钱的发票,将该发票报销后扣除税金2504元,其余31 300元由其与樊某乙一起在贾某办公室交给了贾某。

(2)证人樊某乙分别于2014年7月22日、2014年9月30日在梁山县人民检察院提供的证言,证实其曾先后二三次与张某一起到被告人贾某办公室送报销出来的钱,每次都是一万元以上,所报销的单据是由张某签字经办后找樊某乙入账报销;其听张某说被告人贾某安排张某购买发票为其报销费用,张某遂向天安办公自动化综合经营部购买一张金额33 804元的发票,后张某通过其报销，其与张某一起在贾某办公室将报销款3万元交给贾某。

（3）证人付某（汶上县天安办公自动化综合经营部经理）2014年5月29日在汶上县环保局提供的证言，证实2012年8月，其应汶上县环保局张某科长的要求，在未发生业务的情况下虚开了一张金额33 804元的发票，汶上县环保局出纳樊某乙支付给付某税金2504元。

（四）2012年10月19日，被告人贾某以赴济南参加环保干校学习名义向汶上县环保局财务科科长张某索要现金2万元，后将学习费用在单位报销，将从单位支取的2万元据为己有。

上述事实的证据：

1. 书证

（1）汶上县环保局小金库的真实收支记录，证实2012年10月19日支出"环保干学习"款2万元。

（2）张某整理的汶上县环保局小金库的收支记录，证实2012年10月19日支出"环保干校学习"款2万元。

（3）汶上县环保局记账凭证，证实2012年11月15日，汶上县环保局以培训费的名义将一张收款单位山东百事通国际旅行社有限公司、时间2012年10月24日、金额7560元、经营项目为培训组织服务费、付款单位汶上县环保局的发票报销，以会议费的名义将一张收款单位为济南军悦世源酒店有限公司、时间2012年10月21日、金额3200元、经营项目为会务费、无付款单位的发票报销。被告人贾某于2012年11月14日签字同意报销、李某丙签字经办。

（4）张某的银行卡交易明细，证实该银行卡于2012年10月19日现金支取2万元。

2. 证人证言

（1）证人张某2014年7月22日在梁山县人民检察院办案工作区提供的证言，证实被告人贾某去济南环保干校学习时从其保管的单位小金库借支的现金，贾某并未退还也未向其报账。

（2）证人刘某（贾某的司机）2014年7月23日在梁山县人民检察院提供的证言，证实被告人贾某去济南党校学习是其送去、接回，其未与贾某一起居住的事实。

（3）证人李某丙（汶上县环保局办公室主任）2014年4月29日在梁山县人民检察院提供的证言，证实被告人贾某曾去济南学习过两次，其不知道贾某是否从汶上县环保局拿钱。

（4）证人樊某乙2014年9月30日在梁山县人民检察院提供的证言，证实其听张某说，被告人贾某去济南学习时曾从张某处拿钱；贾某曾从樊某乙处索要钱款用于赴济南走访。

（五）2012年11月3日，被告人贾某以赴台考察名义向汶上县环保局财务科科长张某索要现金2万元。其赴台考察经费已由原单位汶上县康驿镇政府于2011年9月29日付清。被告人贾某赴台回来后捎带茶叶作为礼品送予汶上县环保局部分工作人员，将从单位支取的2万元据为己有。

上述事实的证据：

1. 书证

（1）汶上县环保局小金库的真实收支记录，证实2012年11月3日支出"去台湾"款2万元。

（2）张某整理的汶上县环保局小金库的收支记录，证实2012年11月3日支出"去台湾"款2万元。

（3）张某按照贾某的要求整理的汶上县环保局小金库的收支记录，证实2012年11月3日支出"去台湾"款2万元。

（4）中共汶上县委台湾工作办公室、汶上县人民政府台湾事务办公室关于组团赴台进行考察活动的请示（汶台发〔2012〕7号）、山东省人民政府台湾事务办公室赴台批复（鲁台赴台交字〔2012〕503号）及赴台人员名单，证实2012年11月10日经批准赴台的名单中有被告人贾某，赴台时间为2012年11月5日至11月12日。

（5）山东省行政事业单位资金往来结算收据及康驿镇记账凭证第57号、中国农业银行现金支票存根，证实2011年9月29日，中共汶上县委台湾工作办公室收到康驿镇支付的赴台考察费现金3万元。

（6）张某的银行卡交易明细，证实该银行卡于2012年11月3日支取现金2万元。

2. 证人证言

（1）证人郭某（中共汶上县委台湾工作办公室主任）2014年4月4日在其办公室提供的证言，证实时任汶上县环保局局长的贾某于2012年11月5日至11月12日参加赴台考察活动，经费3万元由申请赴台时所在的单位康驿镇政府承担，汶上县环保局未向汶上县台办缴纳该部分费用，汶上县台办向康驿镇出具一张收据。

（2）证人李某丙2014年4月29日在梁山县人民检察院提供的证言，证实被告人贾某赴台回来后说并未使用汶上县环保局的钱，是康驿镇政府出的钱，贾某还给单位领导班子成员带了茶叶，邀请喝了2瓶酒。

（3）证人樊某乙分别于2014年4月10日、2014年9月30日在梁山县人民检察院提供的证言，证实汶上县环保局财务科科长张某保管的支出表中记录的2012年11月3日支付"出台湾"费用2万元非其经手，其听张某说被告人贾某去台湾时从张某处拿了2万元，其不清楚贾某回来时是否给单位工作人员礼品。

（4）证人张某分别于2014年3月21日、2014年3月30日、2014年4月10日、2014年4月28日在梁山县人民检察院提供的证言，证实2012年11月3日，被告人贾某以去台湾的名义向其索要2万元，其从其保管的单位小金库中取出后交付贾某，其未收到贾某从台湾带回的礼品。

（5）证人王某乙（汶上县经济开发区经济发展局局长，时任汶上县环保局副局长）2014年3月31日在梁山县人民检察院提供的证言，证实其不清楚被告人贾某去台湾的费用是否由汶上县环保局出的。

（6）2013年4月19日，被告人贾某以参加山东省委党校学习名义向汶上县环保局财务科科长张某索要现金1万元，后将学习费用在单位报销，将从单位支取的1万元占为己有。

上述事实的证据：

1. 书证

（1）汶上县环保局小金库的真实收支记录，证实2013年4月19日支出"学习"款1万元。

（2）张某整理的汶上县环保局小金库的收支记录，证实2013年4月19

日支出"学习"款1万元。

（3）汶上县环保局会计核算记账凭证、发票、两张收款收据，证实2013年5月，汶上县环保局将收款单位济南山外村酒店有限公司、开票日期2013年4月21日、金额905元、经营项目为餐费的发票报销；将付款单位为汶上县环保局、时间2013年4月21日、执收单位名称为中国共产党山东省委员会党校、金额分别为2800元（项目为住宿费2份、培训费2份）、180元（住宿费）的两张收据报销。

2. 证人证言

（1）证人张某2014年7月22日在梁山县人民检察院提供的证言，证实被告人贾某去济南省委党校学习时从其保管的单位账外资金处索要了1万元，事后并未持发票找其报销也未交付余款。

（2）证人刘某2014年7月23日在梁山县人民检察院提供的证言，证实被告人贾某去济南党校学习是其开车送去、接回，其并未跟着贾某一起住。

（3）证人樊某乙2014年9月30日在梁山县人民检察院提供的证言，证实其听张某说被告人贾某去济南学习时曾从张某处拿钱。

单位受贿罪的事实与证据：

（一）2012年中秋节前、2013年春节前，被告人贾某先后两次安排汶上县环保局副局长王某乙以赞助费名义向汶上县小汶河河道走廊人工湿地水质净化工程承包人井某索要现金19万元、20万元，用于单位账外支出。

上述事实的证据：

1. 书证

（1）汶上县环保局小金库的真实收支记录，证实2012年12月21日收入"湿地"款39万元。

（2）张某整理的汶上县环保局小金库的收支记录，证实2012年8月18日收入"湿地款"19万元；2012年12月21日收入"湿地款"20万元；2012年12月10日支出取暖费13.95万元；2012年12月21日支出办公费20.21万元。

（3）张某按照贾某的要求整理的汶上县环保局小金库的收支记录及明细表，证实2012年环保局支出办公经费20.21万，取暖费13.95万元，走访费

60万，其他存财政局收入12.2224万元。其中2012年12月20日收入"湿地项目"款39万元；2012年12月27日支出办公费20.21万元。明细表上有贾某、张某、樊某乙的签字，时间为2013年6月26日。

（4）2012年环保局取暖费、办公经费分配表，证实2012年汶上县环保局将取暖费支付给93名单位职工，费用共计13.95万元；2012年12月21日，汶上县环保局将办公经费20.21万元支付给80名单位职工。

（5）梁山县人民检察院搜查笔录、张某济宁银行账户的交易明细，证实2012年8月18日，张某的银行账户存入19万元。

（6）中标通知书及建设工程施工合同、验收报告等文件，证实2012年7月4日，山东东华园林绿化有限公司通过招投标的形式被汶上县环保局确定为汶上县小汶河河道走廊人工湿地水质净化工程中标人，中标价530.49万元；2012年8月3日，双方签订建设工程施工合同；2012年10月23日，双方签订汶上县小汶河河道走廊人工湿地水质净化工程在线监测站补充协议；该工程于2013年8月10日经汶上县环保局、济宁市环保局等单位验收合格；2012年8月13日，汶上县环保局向汶上县人民政府请示申请环境监测监控能力资金550万元；2012年10月30日，汶上县环保局收到汶上县财政局拨款共计750万元。

2. 证人证言

（1）证人井某（汶上县供销社副主任，小汶河河道走廊人工湿地水质净化工程项目承建方）2014年3月31日在梁山县人民检察院提供的证言，证实其在2012年承建红沙河污水治理项目过程中，于2012年中秋节前先后两次被汶上县环保局的贾某、王某乙以赞助经费的名义分别索要现金19万元、20万元，款项由其以现金形式交付王某乙，王某乙并未向其开具收据、发票。

（2）证人王某乙（汶上县经济开发区经济发展局局长，时任汶上县环保局副局长）2014年3月31日在梁山县人民检察院提供的证言，证实其先后两次于2012年中秋节前、2013年春节前向承揽过汶上南泉河河道整治及水生植物和汶上污水处理厂至东护城河管网建设工程的井某分别索要赞助费现金19万元、20万元，井某给钱时不是很情愿，其将款项均交付财务科科长张某，并未向井某出具收款手续；最后一笔20万元好像是支付了2013年春节汶上县环保局职工的福利；其不清楚汶上县环保局是否存在小金库。

（3）证人张某分别于2014年3月21日、2014年3月30日、2014年4月28日、2014年7月22日在梁山县人民检察院提供的证言，证实其于2012年先后两次在被告人贾某的办公室收取了王某乙交付的承建汶上县小汶河河道走廊人工湿地水质净化工程项目的山东东华园林绿化有限公司项目款现金19万元、20万元，后其放入汶上县环保局小金库用于单位账外支出，贾某安排张某不将20万元的湿地项目款入账。

（4）证人樊某乙分别于2014年3月30日、2014年4月28日在梁山县人民检察院提供的证言，证实2013年6月底，其与财务科科长张某在应被告人贾某的要求统计汶上县环保局小金库账目时，接受贾某安排将未有银行交易明细的一笔20万元的湿地款不显示在账目上，后该账目明细由贾某签字认可。

（二）2013年1月，汶上县环保局向汶上县康驿镇政府拨付污水管网补助资金20万元，被告人贾某要求其返还环保局5万元作为办公经费，用于单位账外支出。

上述事实的证据：

1. 书证

（1）汶上县环保局小金库的真实收支记录，证实2013年1月9日收入"康驿"款5万元。

（2）张某整理的汶上县环保局小金库的收支记录，证实2013年1月9日收入"康驿"款5万元。

（3）张某按照贾某的要求整理的汶上县环保局小金库的收支记录及明细表，证实2013年1月27日收入"康驿项目"款5万元。

（4）汶上县环保局关于支付康驿镇污水管网补助5万元的会计核算记账凭证、收付通知单、结算票据及康驿镇政府申请南水北调工程配套资金的报告，证实2013年1月18日，汶上县环保局支付给康驿镇污水管网补助款20万元。

（5）康驿镇记账凭证、银行存根、收条及发票，证实康驿镇财所记账凭证显示2013年3月31日支出路某某污水管网治理工程款20万元；中国农业银行现金支票存根显示2012年1月21日支付给路某某10万元，2013年2月18日支付给路某某10万元；收条显示2012年1月21日支付给路某某5万元，2013年2月17日支付给路某某5万元，2013年3月19日支付给路某某10万元；康驿镇政府于2011年1月11日开具了两张金额均为10万元的发票，上有康驿镇镇长李某甲的签字。

2. 证人证言

（1）证人许某分别于2014年4月2日、2014年5月8日在梁山县人民检察院提供的证言，证实2013年1月，汶上县环保局拨付给康驿镇20万元资金用于偿还路某某的管网费，后康驿镇镇长王某丙安排其将5万元交付给汶上县环保局，其遂安排顾某办理此事，事后其在整理账目时得知该5万元系退给环保局的款项，康驿镇财务科以路某某领取管网费的名义变通列支。

（2）证人顾某（汶上县康驿镇人民政府财所会计）2014年4月2日在梁山县人民检察院提供的证言，证实2013年1月21日，其接受许某的安排从康驿镇财所的账户上取5万元现金送到汶上县环保局财务科，后将该款项以水泥管款的名义变通列支，汶上县环保局财务科并未开具收据。

（3）证人王某丙（时任汶上县康驿镇党委副书记兼镇长）2014年5月19日在汶上县执法局会议室提供的证言，证实2012年年底或者2013年年初，其与林某至汶上县环保局争取环保专项资金，时任局长的贾某同意后以环保局办公经费紧张为由索要返款，其在领取20万元款项后安排许某支付给汶上县环保局5万元。

（4）证人林某（时任汶上县康驿镇党委书记）2014年5月19日在汶上县委党校一楼提供的证言，证实其与王某丙至汶上县环保局向被告人贾某争取环保资金，贾某同意后以单位办公经费紧张为由索要5万元返还款，该20万元的环保资金到位后，康驿镇的现金出纳将5万元交给汶上县环保局财务人员。

（5）证人张某分别于2014年3月21日、2014年3月30日在梁山县人民检察院提供的证言，证实2013年1月27日，汶上县康驿镇将向汶上县环保局申请的排污治理经费中的5万元返还给汶上县环保局，该款项由康驿镇财所工作人员送给樊某乙保管,该账目贾某知晓。

(6)证人樊某乙2014年3月30日在梁山县人民检察院提供的证言,证实其于2012年1月27日收到康驿镇项目上给的5万元,其记不清是张某给的还是康驿镇项目上给的,也记不清该款项存在银行或者单位保险柜。

(三)2013年1月9日,汶上县环保局向汶上县苑庄镇政府拨付污水管网补助资金20万元,被告人贾某要求其返还10万元作为办公经费,用于单位账外支出。

上述事实的证据:

1. 书证

(1)汶上县环保局小金库的真实收支记录,证实2013年1月9日收入"苑庄"款10万元。

(2)张某整理的汶上县环保局小金库的收支记录,证实2013年1月9日收入"苑庄"款10万元。

(3)张某按照贾某的要求整理的汶上县环保局小金库的收支记录及明细表,证实2013年1月9日收入"苑庄项目"款10万元。

(4)汶上县环保局关于支付苑庄镇污水管网补助20万元的结算票据及苑庄镇政府申请关于污水处理管网工程建设补助资金的报告,证实2013年1月9日,汶上县环保局支付给苑庄镇污水管网补助款20万元。

(5)苑庄镇记账凭证、发票,证实苑庄镇财所记账凭证(总号540号与541号、分号14号与15号)显示2013年2月28日支出办公经费共计144 205.05元(所附为汶上县联民超市开具的办公用品的6张发票、儒都经贸有限公司开具的茶具的1张发票),支出印刷费、电费、邮电费、公务用车运行维护费共计119 503.85元(所附为博雅印务开具的打字复印费的6张发票)。

2. 证人证言

(1)证人李某丁(汶上县苑庄镇政府财所所长)2014年5月13日在汶上县苑庄镇政府财所提供的证言,证实2013年1月,苑庄镇政府向汶上县环保局提交了申请污水处理管网工程建设补助资金的报告,汶上环保局拨给苑庄镇20万元补助资金,苑庄镇镇长宋某甲安排其从上述款项中取出10万元给汶上县环保局财务科科长张某，张某并未开具收据，随后其以其他名义将上述10万元报销。苑庄镇不欠汶上县环保局钱款。

（2）证人宋某甲（汶上县苑庄镇党委书记）2014年9月29日在汶上县环保局提供的证言，证实2013年1月，其与李某某至汶上县环保局申请管网建设资金，被告人贾某答应拨付20万元后索要10万元返还给环保局，其遂安排苑庄镇财所所长李某丁将10万元返还款支付给环保局。

（3）证人张某分别于2014年3月21日、2014年3月30日在梁山县人民检察院提供的证言，证实被告人贾某告知其苑庄镇将从汶上县环保局领取的20万元排污治理费中的10万元返还给环保局，随后苑庄镇财所李某丁所长将该款送到其办公室，其收钱后将该事项告知贾某。

（四）2013年中秋节、2014年春节前，被告人贾某利用担任汶上县环保局局长的职务便利，以单位节日走访的名义先后两次向济宁富美环境研究设计院院长杨某（另案处理）索要现金2万元、3万元。2014年3月15日，贾某让办公室主任李某丙通知汶上县寅寺镇西寅寺村的村干部王某丁、宋某乙来该县环境保护局，以帮扶款的名义给予西寅寺村5万元，并授意王某丁、宋某乙将申请款项时间提前至2013年12月26日，收款时间提前至2014年1月27日。

上述事实的证据：

1. 书证

（1）申请，内容为2013年12月26日，汶上县寅寺镇西寅寺村因建设文明生态村投资78万余元，向汶上县环保局申请帮助。被告人贾某签字，同意补偿5万元，落款时间为2014年1月。

（2）收条，内容为2014年元月27日，王某丁、宋某乙收到5万元，用途为文明生态村建设。

（3）汶上县寅寺镇西寅寺村账目，内容为汶上县寅寺镇西寅寺村王某丁、宋某乙接受汶上县环保局局长贾某支付的5万元帮扶资金后，王某丁接受贾某安排制作的账目，将支付款项的时间均提前到2014年1月27日、28日、29日。

（4）借据，证实2014年1月23日，富美设计院院长杨某从其单位财务借出3万元，借款事由为公用。

2. 证人证言

（1）证人张某分别于2014年3月21日在汶上县环保局财务科、2014年3月30日、2014年4月28日、2014年7月22日在梁山县人民检察院提供的证言，证实2014年春节前，被告人贾某未告诉其他那里有5万元的事，且贾某在任期间汶上县环保局没有收到过富美设计院的环评回扣，其不清楚贾某是否向富美设计院要过钱。

（2）证人李某分别于2014年3月20日、2014年3月21日、2014年7月23日在梁山县人民检察院提供的证言，证实2014年3月15日，被告人贾某安排其将5万元钱作为帮扶款支付给西寅寺村，并让前来领款的村干部王某丁和宋某乙书写申请条、收条（领款时间提前到2014年1月27日），后贾某又向其索要村干部王某丁的手机号码，其不清楚该5万元帮扶款的来源。

（3）证人樊某乙2014年3月30日在梁山县人民检察院提供的证言，证实其不知道富美设计院与汶上县环保局有资金往来，其并未经手。

（4）证人刘某分别于2014年3月24日在汶上县环保局局长办公室、2014年7月23日在梁山县人民检察院提供的证言，证实2014年3月15日，被告人贾某借用其手机给李某丙打电话安排其通知西寅寺村干部到环保局，及其曾先后三四次开车载贾某到济宁富美环境设计院，其中案发前一个月左右贾某去过富美设计院，刘某不清楚贾某去干什么，富美设计院曾送给贾某两提酒。

（5）证人杨某（原济宁市富美环境研究设计院院长）分别于2014年3月10日、2014年3月20日在梁山县看守所提供的证言，证实2013年年初，其与被告人贾某经商议后决定富美设计院与汶上县环保局建立全面合作关系，贾某为富美设计院介绍业务，杨某支付给贾某费用用于单位走访；2013年中秋节前，贾某到杨某办公室向其索要费用，杨某支付给贾某2万元现金；2014年春节前，被告人贾某又向杨某索要费用，杨某在其办公室支付给贾某3万元现金、2瓶茅台酒、2瓶金门高粱酒；贾某并未说过通过富美设计院帮扶其他单位以及事后其曾将向贾某支付费用的情况告知李某某。

(6) 证人宋某乙（汶上县寅寺镇西寅寺村会计）分别于 2014 年 3 月 19 日、2014 年 3 月 21 日在梁山县人民检察院提供的证言，证实 2014 年 3 月 15 日，其与王某丁接到汶上县环保局办公室主任李某丙的电话后至被告人贾某的办公室，贾某称帮助西寅寺村争取了 5 万元帮扶资金，将 5 万元现金交付两人，并要求两人书写了申请及收条，并安排将上述文书的时间分别提前到 2013 年 12 月、2014 年 1 月 27 日，两人将钱领取后环保局的人曾联系王某丁询问钱款的支出情况。

(7) 证人王某丁（汶上县寅寺镇西寅寺村支部书记）分别于 2014 年 3 月 19 日、2014 年 3 月 21 日在梁山县人民检察院提供的证言，证实 2014 年 3 月 15 日，其与宋某乙接到汶上县环保局办公室主任李某丙的电话后至被告人贾某的办公室，贾某称帮助西寅寺村争取了 5 万元帮扶资金，将 5 万元现金交付两人，并要求两人书写了申请及收条，并安排将上述文书的时间分别提前到 2013 年 12 月、2014 年 1 月 27 日。被告人贾某在将 5 万元帮扶资金交付其两人后曾打电话给其，安排其将账做好，将账本上的支出时间提前。

三、处理结果

一审判决：被告单位汶上县环境保护局犯单位受贿罪，判处罚金人民币 30 万元，于判决生效后 10 日内缴清；追缴被告单位汶上县环境保护局违法所得人民币 59 万元，上缴国库；被告人贾某犯贪污罪，判处有期徒刑 10 年；犯单位受贿罪，判处有期徒刑一年六个月；数罪并罚，决定执行有期徒刑 11 年；追缴被告人贾某的违法所得 129 663.66 元，上缴国库；

二审裁定：驳回上诉、维持原判。

四、点评解析

(一) 贪污罪的定性

《刑法》第 382 条规定，国家工作人员利用职务上的便利，侵吞、窃取、骗取或者以其他手段非法占有公共财物的，是贪污罪。受国家机关、国有公司、企业、事业单位、人民团体委托管理、经营国有财产的人员，利用职务上的便利，侵吞、窃取、骗取或者以其他手段非法占有国有财物的，以贪污论。

《刑法》第383条规定，对犯贪污罪的，根据情节轻重，分别依照下列规定处罚，个人贪污数额在十万元以上的，处十年以上有期徒刑或者无期徒刑，可以并处没收财产；情节特别严重的，处死刑，并处没收财产。对多次贪污未经处理的，按照累计贪污数额处罚。

贪污罪的主体是国家工作人员，或者是受委托管理、经营国有财产的人员，这是贪污罪与职务侵占罪最主要的区别。贪污罪属于一种严重的经济犯罪，不仅损害了党和国家的形象，阻碍了社会主义法制建设的进程，同时还降低了党政机关的工作效率，造成整个社会的信任危机。

本案中被告人贾某担任汶上县康驿镇党委书记期间，正值其儿子在华中科技大学读书；去武汉方向的相关费用报销清单、会计记账凭、发票示明的消费地点和时间证实被告人贾某去武汉的时间恰逢大学开学或放假，且系贾某的家人陪同；同时，汶上县康驿镇党政班子主要领导成员均证明不清楚贾某是否去武汉招商，康驿镇与武汉没有工作关系。因此，被告人贾某利用职务上的便利，采取欺骗的手段非法占有国有财产，主观上存在故意、客观上实施了贪污的犯罪行为，构成贪污罪。被告人担任汶上县环保局局长期间以学习、考察的名义将个人消费支出的票据或者单位支出的票据用于报销，并将报销款项据为己有以达到侵占国有财产的目的。被告人贾某多次实施贪污犯罪的行为，并未受到任何处罚，其贪污数额应当累计计算，共计129 663.66元。

(二) 单位犯罪的认定

《刑法》第31条规定，单位犯罪的，对单位判处罚金，并对其直接负责的主管人员和其他直接责任人员判处刑罚。

1. 直接负责的主管人员和其他责任人员的认定问题

直接负责的主管人员，是在单位犯罪中起决定、批准、授意、纵容、指挥等作用的人员，一般是单位的主管负责人，包括法定代表人；其他直接责任人员，是在单位犯罪中具体实施犯罪并起较大作用的人员，既可以是单位的经营管理人员，也可是单位的职工，包括聘任、雇用人员。应当注意的是，在单位犯罪中，对于受单位领导指派或奉命而参与实施了一定犯罪行为的人员，一般不宜作为直接责任人员追究刑事责任。

2. 个人犯罪与单位犯罪的区分

《最高人民法院关于审理单位犯罪案件具体应用法律有关问题的解释》第2条规定，个人为进行违法犯罪活动而设立的公司、企业、事业单位实施犯罪的，或者公司、企业、事业单位设立后，以实施犯罪为主要活动的，不以单位犯罪论处。第3条规定，盗用单位名义实施犯罪，违法所得由实施犯罪的个人私分的，依照刑法有关自然人犯罪的规定定罪处罚。

由此单位犯罪的主要表现是为了单位谋取不正当利益或违法所得大部分归单位所有。无论初衷是否为单位谋利，违法所得大部分事实上归单位所有的，也认为具备此要件。

因此，本案上汶县环保局实施的违法所得归单位所有的行为构成单位犯罪。

五、实务提示

1. 单位受贿罪的构成条件是什么？
2. 如何认定单位犯罪中的直接负责人并追究其刑事责任？

六、法条链接

■《中华人民共和国刑法》（2015年修正）

第三十一条 单位犯罪的，对单位判处罚金，并对其直接负责的主管人员和其他直接责任人员判处刑罚。本法分则和其他法律另有规定的，依照规定。

第五十二条 判处罚金，应当根据犯罪情节决定罚金数额。

第五十三条 罚金在判决指定的期限内一次或者分期缴纳。期满不缴纳的，强制缴纳。对于不能全部缴纳罚金的，人民法院在任何时候发现被执行人有可以执行的财产，应当随时追缴。

由于遭遇不能抗拒的灾祸等原因缴纳确实有困难的，经人民法院裁定，可以延期缴纳、酌情减少或者免除。

【旧法第五十三条，已被修改】

第六十七条　犯罪以后自动投案，如实供述自己的罪行的，是自首。对于自首的犯罪分子，可以从轻或者减轻处罚。其中，犯罪较轻的，可以免除处罚。

被采取强制措施的犯罪嫌疑人、被告人和正在服刑的罪犯，如实供述司法机关还未掌握的本人其他罪行的，以自首论。

犯罪嫌疑人虽不具有前两款规定的自首情节，但是如实供述自己罪行的，可以从轻处罚；因其如实供述自己罪行，避免特别严重后果发生的，可以减轻处罚。

第六十九条　判决宣告以前一人犯数罪的，除判处死刑和无期徒刑的以外，应当在总和刑期以下、数刑中最高刑期以上，酌情决定执行的刑期，但是管制最高不能超过三年，拘役最高不能超过一年，有期徒刑总和刑期不满三十五年的，最高不能超过二十年，总和刑期在三十五年以上的，最高不能超过二十五年。

数罪中有判处有期徒刑和拘役的，执行有期徒刑。数罪中有判处有期徒刑和管制，或者拘役和管制的，有期徒刑、拘役执行完毕后，管制仍须执行。

数罪中有判处附加刑的，附加刑仍须执行，其中附加刑种类相同的，合并执行，种类不同的，分别执行。

第三百八十二条　国家工作人员利用职务上的便利，侵吞、窃取、骗取或者以其他手段非法占有公共财物的，是贪污罪。

受国家机关、国有公司、企业、事业单位、人民团体委托管理、经营国有财产的人员，利用职务上的便利，侵吞、窃取、骗取或者以其他手段非法占有国有财物的，以贪污论。

与前两款所列人员勾结，伙同贪污的，以共犯论处。

第三百八十三条　对犯贪污罪的，根据情节轻重，分别依照下列规定处罚：

（一）贪污数额较大或者有其他较重情节的，处三年以下有期徒刑或者拘役，并处罚金。

(二)贪污数额巨大或者有其他严重情节的,处三年以上十年以下有期徒刑,并处罚金或者没收财产。

(三)贪污数额特别巨大或者有其他特别严重情节的,处十年以上有期徒刑或者无期徒刑,并处罚金或者没收财产;数额特别巨大,并使国家和人民利益遭受特别重大损失的,处无期徒刑或者死刑,并处没收财产。

对多次贪污未经处理的,按照累计贪污数额处罚。

犯第一款罪,在提起公诉前如实供述自己罪行、真诚悔罪、积极退赃,避免、减少损害结果的发生,有第一项规定情形的,可以从轻、减轻或者免除处罚;有第二项、第三项规定情形的,可以从轻处罚。

犯第一款罪,有第三项规定情形被判处死刑缓期执行的,人民法院根据犯罪情节等情况可以同时决定在其死刑缓期执行二年期满依法减为无期徒刑后,终身监禁,不得减刑、假释。

第三百八十七条 国家机关、国有公司、企业、事业单位、人民团体,索取、非法收受他人财物,为他人谋取利益,情节严重的,对单位判处罚金,并对其直接负责的主管人员和其他直接责任人员,处五年以下有期徒刑或者拘役。

前款所列单位,在经济往来中,在账外暗中收受各种名义的回扣、手续费的,以受贿论,依照前款的规定处罚。

《中华人民共和国刑法》(1997年)

第五十三条 罚金在判决指定的期限内一次或者分期缴纳。期满不缴纳的,强制缴纳。对于不能全部缴纳罚金的,人民法院在任何时候发现被执行人有可以执行的财产,应当随时追缴。如果由于遭遇不能抗拒的灾祸缴纳确实有困难的,可以酌情减少或者免除。

第六十九条 判决宣告以前一人犯数罪的,除判处死刑和无期徒刑的以外,应当在总和刑期以下、数刑中最高刑期以上,酌情决定执行的刑期,但是管制最高不能超过三年,拘役最高不能超过一年,有期徒刑最高不能超过二十年。

如果数罪中有判处附加刑的,附加刑仍须执行。

案例四十二

张某玩忽职守、受贿罪一案

一、当事人概况

公诉机关：张家港市人民检察院

被告人：张某（原张家港市塘桥镇人民政府环境保护办公室工作人员）

二、基本案情

（一）玩忽职守罪

2011年9月，张家港市人民政府根据苏州市人民政府办公室苏府办〔2011〕181号《关于落实全市铅酸蓄电池行业整治工作的通知》要求，决定由张家港市环保局牵头、以关停企业所在地乡镇人民政府为责任主体关停全市四家铅酸蓄电池企业。塘桥镇人民政府环境保护办公室受镇政府指派，具体负责塘桥镇区域内三家蓄电池企业的关停工作。期间，被告人张某作为塘桥镇人民政府环境保护办公室工作人员，受领导指派，在负责对张家港市腾达蓄电池有限公司（以下简称腾达公司）申报的存放于浙江省嘉兴市千里猫皇进出口有限公司的生产设备进行权属审查、确认过程中，严重不负责任，既未要求腾达公司提供寄存设备的权属依据，也未向有关人员了解、核实寄存设备的明细、数量，仅凭腾达公司及其负责人钱某甲的申报和指认就出具意见予以确认，导致部分不属于腾达公司所有的设备被纳入评估，该部分设备评估净值为1 827 200元，直接造成张家港市财政补贴383 712元、塘桥镇财政补贴38 371.2元，共计人民币422 083.2元被腾达公司骗取，致使公共财产遭受重大损失。

被告人张某主动向司法机关投案，并如实供述了上述犯罪事实。并有证人钱某甲、章某、张某乙、徐某、张某丙、冯某、陆某甲、姚某、张某丁、孙某、黄某、常某的证言、情况通报、工作通知、调查报告请示、固定资产清单、评估报告、财政资金支付凭证、被告人张某的供述笔录等证据证实。

(二) 受贿罪

2008年11月至2014年6月，被告人张某在担任塘桥镇人民政府环境保护办公室工作人员期间，在负责塘桥镇区域内化工企业、铅酸蓄电池企业的日常监管、关停以及对关停企业申报评估设备权属确认、参与对关停企业的验收等过程中，利用职务便利，先后多次非法收受张家港市金秋聚氨酯有限公司总经理钱某乙等人的财物，共计人民币56 000元，并为他人谋取利益。具体分述如下：

(1) 2008年11月某日，被告人张某在张家港市金秋聚氨酯有限公司总经理钱某乙办公室，收受钱某乙所送人民币3000元。

(2) 2008年11月某日，被告人张某在张家港市金达化工有限公司总经理钱某丙办公室，收受钱某丙所送人民币3000元。

(3) 2012年10月某日，被告人张某在张家港市双龙蓄电池有限公司厂区场地上，收受该公司总经理钱某丁所送人民币20 000元。

(4) 2012年10月至2014年6月，被告人张某在张家港市华王纺织助剂有限公司场地等处，先后2次收受该公司总经理陆某乙所送人民币共计30 000元。

另查明：被告人张某于2013年10月将收受陆某乙的20 000元人民币上缴塘桥镇纪委；在法院审理期间，被告人张某的亲属代其退出赃款人民币36 000元，现暂存于法院。

以上事实，被告人张某在开庭审理过程中亦无异议，并有证人钱某乙、钱某丙、钱某丁、陆某乙的证言、验收资料、补贴审核意见、上缴登记表、暂扣款专用收据、案发经过、任职通知、劳动合同书、工作职责、人口信息、被告人钱某甲的供述笔录等证据证实。

三、处理结果

被告人张某犯玩忽职守罪，判处有期徒刑十个月；犯受贿罪，判处有期徒刑二年，决定执行有期徒刑二年六个月。暂存于法院的贿赂款人民币36 000元，予以没收，上缴国库。

四、点评解析

（一）本案被告人张某是否构成玩忽职守罪

《刑法》第 397 条规定，国家机关工作人员玩忽职守，致使公共财产、国家和人民利益遭受重大损失的，处三年以下有期徒刑或者拘役；情节特别严重的，处三年以上七年以下有期徒刑。本法另有规定的，依照规定。

《最高人民法院、最高人民检察院关于办理渎职刑事案件适用法律若干问题的解释（一）》第 1 条第 1 款规定，国家机关工作人员滥用职权或者玩忽职守，具有下列情形之一的，应当认定为《刑法》第 397 条规定的"致使公共财产、国家和人民利益遭受重大损失"：（1）造成死亡 1 人以上，或者重伤 3 人以上，或者轻伤 9 人以上，或者重伤 2 人、轻伤 3 人以上，或者重伤 1 人、轻伤 6 人以上的；（2）造成经济损失 30 万元以上的；（3）造成恶劣社会影响的；（4）其他致使公共财产、国家和人民利益遭受重大损失的情形。

玩忽职守罪是结果犯，如果未达到刑事立案标准的，一般给予行政处分。本案因被告人玩忽职守造成公共财产直接损失 30 万元以上，构成玩忽职守罪。

（二）本案是玩忽职守罪还是环境监管失职罪

环境监管失职罪与玩忽职守罪的主要区别是：

（1）主体不同。环境监管失职罪的主体是负有环境保护监督管理职责的国家机关工作人员，是特殊主体；而玩忽职守罪的主体是国家机关工作人员，主体具有一般性。其他国家机关工作人员不能成为环境监管失职罪的主体并构成环境监管失职罪；而对玩忽职守罪来说，任何国家机关的工作人员都可以成为玩忽职守罪的主体。

（2）客体不同。环境监管失职罪的客体是违反环境保护法规的规定，妨害国家对环境保护的监督管理活动；而玩忽职守罪的客体是妨害国家机关一般的管理活动。

（3）客观危害后果不完全相同。环境监管失职罪的客观危害后果是导致发生重大环境污染事故，致使公私财产遭受重大损失或者造成人身伤亡严重后果；而玩忽职守罪的客观危害后果是致使公共财产、国家和人民利益遭受重大损失。

本案被告人张某虽然为负有环境保护监管职责的国家机关工作人员，但在本案中没有导致环境污染事故，其妨害的是一般的管理活动。

因此，本案被告人张某不构成环境监管失职罪，而构成玩忽职守罪。

五、实务提示

负有环境保护监管职责的国家机关工作人员，如何界定触犯了环境监管失职罪还是玩忽职守罪？

六、法条链接

■《中华人民共和国刑法》【2015年修正】

第三百八十三条　对犯贪污罪的，根据情节轻重，分别依照下列规定处罚：

（一）贪污数额较大或者有其他较重情节的，处三年以下有期徒刑或者拘役，并处罚金。

（二）贪污数额巨大或者有其他严重情节的，处三年以上十年以下有期徒刑，并处罚金或者没收财产。

（三）贪污数额特别巨大或者有其他特别严重情节的，处十年以上有期徒刑或者无期徒刑，并处罚金或者没收财产；数额特别巨大，并使国家和人民利益遭受特别重大损失的，处无期徒刑或者死刑，并处没收财产。

对多次贪污未经处理的，按照累计贪污数额处罚。

犯第一款罪，在提起公诉前如实供述自己罪行、真诚悔罪、积极退赃，避免、减少损害结果的发生，有第一项规定情形的，可以从轻、减轻或者免除处罚；有第二项、第三项规定情形的，可以从轻处罚。

犯第一款罪，有第三项规定情形被判处死刑缓期执行的，人民法院根据犯罪情节等情况可以同时决定在其死刑缓期执行二年期满依法减为无期徒刑后，终身监禁，不得减刑、假释。

第三百八十五条 国家工作人员利用职务上的便利，索取他人财物的，或者非法收受他人财物，为他人谋取利益的，是受贿罪。

国家工作人员在经济往来中，违反国家规定，收受各种名义的回扣、手续费，归个人所有的，以受贿论处。

第三百八十六条 对犯受贿罪的，根据受贿所得数额及情节，依照本法第三百八十三条的规定处罚。索贿的从重处罚。

第三百九十七条 国家机关工作人员滥用职权或者玩忽职守，致使公共财产、国家和人民利益遭受重大损失的，处三年以下有期徒刑或者拘役；情节特别严重的，处三年以上七年以下有期徒刑。本法另有规定的，依照规定。

国家机关工作人员徇私舞弊，犯前款罪的，处五年以下有期徒刑或者拘役；情节特别严重的，处五年以上十年以下有期徒刑。本法另有规定的，依照规定。

■ 《中华人民共和国刑法》【1997年】

第三百八十三条 对犯贪污罪的，根据情节轻重，分别依照下列规定处罚：

（一）个人贪污数额在十万元以上的，处十年以上有期徒刑或者无期徒刑，可以并处没收财产；情节特别严重的，处死刑，并处没收财产。

（二）个人贪污数额在五万元以上不满十万元的，处五年以上有期徒刑，可以并处没收财产；情节特别严重的，处无期徒刑，并处没收财产。

（三）个人贪污数额在五千元以上不满五万元的，处一年以上七年以下有期徒刑；情节严重的，处七年以上十年以下有期徒刑。个人贪污数额在五千元以上不满一万元，犯罪后有悔改表现、积极退赃的，可以减轻处罚或者免予刑事处罚，由其所在单位或者上级主管机关给予行政处分。

（四）个人贪污数额不满五千元，情节较重的，处二年以下有期徒刑或者拘役；情节较轻的，由其所在单位或者上级主管机关酌情给予行政处分。

对多次贪污未经处理的，按照累计贪污数额处罚。

■ 《中华人民共和国刑法》【刑法修正案（八）】

第四百零八条 负有环境保护监督管理职责的国家机关工作人员严重不

负责任，导致发生重大环境污染事故，致使公私财产遭受重大损失或者造成人身伤亡的严重后果的，处三年以下有期徒刑或者拘役。

负有食品安全监督管理职责的国家机关工作人员，滥用职权或者玩忽职守，导致发生重大食品安全事故或者造成其他严重后果的，处五年以下有期徒刑或者拘役；造成特别严重后果的，处五年以上十年以下有期徒刑。

徇私舞弊犯前款罪的，从重处罚。

■《最高人民法院、最高人民检察院关于办理渎职刑事案件适用法律若干问题的解释（一）》【2013年】

第一条 国家机关工作人员滥用职权或者玩忽职守，具有下列情形之一的，应当认定为刑法第三百九十七条规定的"致使公共财产、国家和人民利益遭受重大损失"：

（一）造成死亡1人以上，或者重伤3人以上，或者轻伤9人以上，或者重伤2人、轻伤3人以上，或者重伤1人、轻伤6人以上的；

（二）造成经济损失30万元以上的；

（三）造成恶劣社会影响的；

（四）其他致使公共财产、国家和人民利益遭受重大损失的情形。

具有下列情形之一的，应当认定为刑法第三百九十七条规定的"情节特别严重"：

（一）造成伤亡达到前款第（一）项规定人数3倍以上的；

（二）造成经济损失150万元以上的；

（三）造成前款规定的损失后果，不报、迟报、谎报或者授意、指使、强令他人不报、迟报、谎报事故情况，致使损失后果持续、扩大或者抢救工作延误的；

（四）造成特别恶劣社会影响的；

（五）其他特别严重的情节。

案例四十三

环境监察队长崔某环境监管失职罪一案

一、当事人概况

公诉机关：江苏省盐城市阜宁县人民检察院

被告人：崔某（原江苏省盐城市饮用水源保护区环境监察支队二大队大队长）

二、基本案情

江苏省盐城市标新化工有限公司（以下简称标新公司）位于该市二级饮用水保护区内的饮用水取水河蟒蛇河上游。根据国家、市、区的相关法律法规文件规定，标新公司为重点污染源，系"零排污"企业。标新公司于2002年5月经过江苏省盐城市环保局审批建设年产500吨氯代醚酮项目，2004年8月通过验收。2005年11月，标新公司未经批准在原有氯代醚酮生产车间套产甘宝素。2006年9月，建成甘宝素生产专用车间，含11台生产反应釜。氯代醚酮的生产过程中所产生的废水有钾盐水、母液、酸性废水、间接冷却水及生活污水。根据验收报告的要求，母液应外售，钾盐水、酸性废水、间接冷却水均应经过中和、吸附后回用（钾盐水也可收集后出售给有资质的单位）。但标新公司自生产以来，从未使用有关排污的技术处理设施。除在2006年至2007年部分钾盐废水（共50吨左右）外售至阜宁助剂厂外，标新公司生产产生的钾盐废水及其他废水直接排放至厂区北侧或者东侧的河流中，导致2009年2月发生盐城市区饮用水源严重污染事件。盐城市城西水厂、越河水厂水源遭受严重污染，所生产的自来水中酚类物质严重超标，近20万盐城市居民生活饮用水和部分单位供水被迫中断66小时40分钟，造成直接经济损失543万余元，并在社会上造成恶劣影响。

盐城市环保局饮用水源保护区环境监察支队负责盐城市区饮用水源保

护区的环境保护、污染防治工作，标新公司位于市饮用水源二级保护区范围内，属该支队二大队管辖。被告人崔某作为二大队大队长，对标新公司环境保护监察工作负有直接领导责任。崔某不认真履行环境保护监管职责，并于2006年到2008年多次收受标新公司法定代表人胡某小额财物。崔某在日常检查中多次发现标新公司有冷却水和废水外排行为，但未按规定要求标新公司提供母液台账、合同、发票等材料，只是填写现场监察记录，也未向盐城市饮用水源保护区环境监察支队汇报标新公司违法排污情况。2008年12月6日，盐城市饮用水源保护区环境监察支队对保护区内重点化工企业进行专项整治活动，并对标新公司发出整改通知，但崔某未组织二大队监察人员对标新公司进行跟踪检查，监督标新公司整改。直至2009年2月18日，崔某对标新公司进行检查时，只在该公司办公室填写了1份现场监察记录，未对排污情况进行现场检查，没有能及时发现和阻止标新公司向厂区外河流排放大量废液，以致发生盐城市饮用水源严重污染。在水污染事件发生后，崔某为掩盖其工作严重不负责任，于2009年2月21日伪造了日期为2008年12月10日和2009年2月16日两份虚假监察记录，以逃避有关部门的查处。

2009年3月14日，崔某因涉嫌环境监管失职罪由江苏省盐城市阜宁县人民检察院立案侦查，同日被刑事拘留，3月27日被逮捕，5月13日侦查终结移送审查起诉。2009年6月26日，江苏省盐城市阜宁县人民检察院以被告人崔某犯环境监管失职罪向阜宁县人民法院提起公诉。2009年12月16日，阜宁县人民法院作出一审判决，认为被告人崔某作为负有环境保护监督管理职责的国家机关工作人员，在履行环境监管职责过程中，严重不负责任，导致发生重大环境污染事故，致使公私财产遭受重大损失，其行为构成环境监管失职罪；依照《刑法》第408条的规定，判决崔某犯环境监管失职罪，判处有期徒刑二年。一审判决后，崔某以自己对标新公司只具有督查的职责，不具有监管的职责，不符合环境监管失职罪的主体要求等为由提出上诉。

三、处理结果

一审判决：崔某犯环境监管失职罪，判处有期徒刑二年。

二审裁定：驳回上诉，维持原判。

四、点评解析

（一）崔某是否构成环境监管失职罪的主体

《刑法》第408条规定，负有环境保护监督管理职责的国家机关工作人员严重不负责任，导致发生重大环境污染事故，致使公私财产遭受重大损失或者造成人身伤亡的严重后果的，处三年以下有期徒刑或者拘役。这里规定的犯罪主体是"国家机关工作人员"。

《全国人大常委会关于刑法第九章渎职罪主体适用问题的解释》中规定：在依照法律、法规规定行使国家行政管理职权的组织中从事公务的人员，或者在受国家机关委托代表国家机关行使职权的组织中从事公务的人员，或者虽未列入国家机关人员编制但在国家机关中从事公务的人员，在代表国家机关行使职权时，有渎职行为，构成犯罪的，依照刑法关于渎职罪的规定追究刑事责任。按照上述规定，只要是从事公务的人员，代表国家机关行使职权时，有渎职行为的，就构成犯罪。

本案的崔某虽不是国家机关工作人员，但行使国家环境监管职权。因此，崔某构成环境监管失职罪的主体。

（二）崔某的行为是否构成环境监管失职罪

崔某所在二大队负责盐城市区饮用水源保护区的环境保护、污染防治工作，标新公司位于市饮用水源二级保护区范围内，被告人崔某作为二大队大队长，对标新公司环境保护监察工作负有直接领导责任。但崔某却未对排污情况进行现场检查，没有能及时发现和阻止标新公司向厂区外河流排放大量废液，以致发生盐城市饮用水源严重污染。盐城市城西水厂、越河水厂水源遭受严重污染，所生产的自来水中酚类物质严重超标，近20万盐城市居民生活饮用水和部分单位供水被迫中断66小时40分钟，造成直接经济损失543

万余元，并在社会上造成恶劣影响。

《最高人民法院、最高人民检察院关于办理环境污染刑事案件适用法律若干问题的解释》（2017）第 2 条规定，实施《刑法》第 339 条、第 408 条规定的行为，致使公私财产损失 30 万元以上，或者具有本解释第 1 条第 10 项至第 17 项规定情形之一的，应当认定为"致使公私财产遭受重大损失或者严重危害人体健康"或者"致使公私财产遭受重大损失或者造成人身伤亡的严重后果"。其中第 1 条第 11 项，规定"致使乡镇以上集中式饮用水水源取水中断十二小时以上的"。所以，崔某的行为既造成供水中断 66 小时 40 分钟，又造成直接经济损失 543 万元，无论是时间还是数额都已超过法律规定，社会影响非常恶劣。崔某不但构成环境监管失职罪，而且造成了严重后果，应当从重处罚。

从 2004 年，我国首例环境监管失职罪在武汉宣判后，十多年来，同类案件每年都在不断地增加，而且刑罚力度也在不断增加，适用刑罚上也是按照从重处罚。环境污染已经严重影响到我们每一个人的生活，这也要求负有法定环境保护监管职责的部门和工作人员，要不断提高保护力度，尽职尽责履行职责，以免由于自己的失职或者疏忽，造成严重的环境污染，给国家和人民造成不可挽回的经济损失，也给自己带来牢狱之灾。

五、实务提示

1. 如何认定渎职罪中的犯罪主体？
2. 环境监管失职罪的构成要件是什么？

六、法条链接

■《中华人民共和国刑法》【刑法修正案（八）】

第四百零八条　负有环境保护监督管理职责的国家机关工作人员严重不负责任，导致发生重大环境污染事故，致使公私财产遭受重大损失或者造成人身伤亡的严重后果的，处三年以下有期徒刑或者拘役。

负有食品安全监督管理职责的国家机关工作人员，滥用职权或者玩忽职守，导致发生重大食品安全事故或者造成其他严重后果的，处五年以下有期徒刑或者拘役；造成特别严重后果的，处五年以上十年以下有期徒刑。

徇私舞弊犯前款罪的，从重处罚。

■《全国人民代表大会常务委员会关于〈中华人民共和国刑法〉第九章渎职罪主体适用问题的解释》【2002年】

全国人大常委会根据司法实践中遇到的情况，讨论了刑法第九章渎职罪主体的适用问题，解释如下：

在依照法律、法规规定行使国家行政管理职权的组织中从事公务的人员，或者在受国家机关委托代表国家机关行使职权的组织中从事公务的人员，或者虽未列入国家机关人员编制但在国家机关中从事公务的人员，在代表国家机关行使职权时，有渎职行为，构成犯罪的，依照刑法关于渎职罪的规定追究刑事责任。

现予公告。

■《最高人民法院、最高人民检察院关于办理环境污染刑事案件适用法律若干问题的解释》【2017年】

第一条 实施刑法第三百三十八条规定的行为，具有下列情形之一的，应当认定为"严重污染环境"：

（一）在饮用水水源一级保护区、自然保护区核心区排放、倾倒、处置有放射性的废物、含传染病病原体的废物、有毒物质的；

（二）非法排放、倾倒、处置危险废物三吨以上的；

（三）排放、倾倒、处置含铅、汞、镉、铬、砷、铊、锑的污染物，超过国家或者地方污染物排放标准三倍以上的；

（四）排放、倾倒、处置含镍、铜、锌、银、钒、锰、钴的污染物，超过国家或者地方污染物排放标准十倍以上的；

（五）通过暗管、渗井、渗坑、裂隙、溶洞、灌注等逃避监管的方式排放、倾倒、处置有放射性的废物、含传染病病原体的废物、有毒物质的；

（六）二年内曾因违反国家规定，排放、倾倒、处置有放射性的废物、含传染病病原体的废物、有毒物质受过两次以上行政处罚，又实施前列行为的；

（七）重点排污单位篡改、伪造自动监测数据或者干扰自动监测设施，

排放化学需氧量、氨氮、二氧化硫、氮氧化物等污染物的;

（八）违法减少防治污染设施运行支出一百万元以上的;

（九）违法所得或者致使公私财产损失三十万元以上的;

（十）造成生态环境严重损害的;

（十一）致使乡镇以上集中式饮用水水源取水中断**十二小时以上**的;

（十二）致使基本农田、防护林地、特种用途林地五亩以上，其他农用地十亩以上，其他土地二十亩以上基本功能丧失或者遭受永久性破坏的;

（十三）致使森林或者其他林木死亡五十立方米以上，或者幼树死亡二千五百株以上的;

（十四）致使疏散、转移群众五千人以上的;

（十五）致使三十人以上中毒的;

（十六）致使三人以上轻伤、轻度残疾或者器官组织损伤导致一般功能障碍的;

（十七）致使一人以上重伤、中度残疾或者器官组织损伤导致严重功能障碍的;

（十八）其他严重污染环境的情形。

第二条 实施刑法第三百三十九条、第四百零八条规定的行为，致使公私财产损失三十万元以上，或者具有本解释第一条第十项至第十七项规定情形之一的，应当认定为"致使公私财产遭受重大损失或者严重危害人体健康"或者"致使公私财产遭受重大损失或者造成人身伤亡的严重后果"。

■《最高人民法院、最高人民检察院关于办理环境污染刑事案件适用法律若干问题的解释》【2013年】

第一条 实施刑法第三百三十八条规定的行为，具有下列情形之一的，应当认定为"严重污染环境"：

（一）在饮用水水源一级保护区、自然保护区核心区排放、倾倒、处置有放射性的废物、含传染病病原体的废物、有毒物质的;

（二）非法排放、倾倒、处置危险废物三吨以上的;

（三）非法排放含重金属、持久性有机污染物等严重危害环境、损害人体健康的污染物超过国家污染物排放标准或者省、自治区、直辖市人民政府根据法律授权制定的污染物排放标准三倍以上的；

（四）私设暗管或者利用渗井、渗坑、裂隙、溶洞等排放、倾倒、处置有放射性的废物、含传染病病原体的废物、有毒物质的；

（五）两年内曾因违反国家规定，排放、倾倒、处置有放射性的废物、含传染病病原体的废物、有毒物质受过两次以上行政处罚，又实施前列行为的；

（六）致使乡镇以上集中式饮用水水源取水中断十二小时以上的；

（七）致使基本农田、防护林地、特种用途林地五亩以上，其他农用地十亩以上，其他土地二十亩以上基本功能丧失或者遭受永久性破坏的；

（八）致使森林或者其他林木死亡五十立方米以上，或者幼树死亡二千五百株以上的；

（九）致使公私财产损失三十万元以上的；

（十）致使疏散、转移群众五千人以上的；

（十一）致使三十人以上中毒的；

（十二）致使三人以上轻伤、轻度残疾或者器官组织损伤导致一般功能障碍的；

（十三）致使一人以上重伤、中度残疾或者器官组织损伤导致严重功能障碍的；

（十四）其他严重污染环境的情形。

第二条 实施刑法第三百三十九条、第四百零八条规定的行为，具有本解释第一条第六项至第十三项规定情形之一的，应当认定为"致使公私财产遭受重大损失或者严重危害人体健康"或者"致使公私财产遭受重大损失或者造成人身伤亡的严重后果"。

案例四十四

环境保护局局长欧阳某、副局长彭某某滥用职权罪一案

一、当事人概况

公诉机关：广宁县人民检察院

被告人：欧阳某（原广宁县市政建设管理局局长、广宁县环保局局长）、彭某某（原广宁县环保局副局长）

二、基本案情

2006年7月，广宁县联和镇长汇金属制品厂（以下简称长汇厂）向广宁县环保局申请建设项目环境保护审批。时任广宁县环保局监督股股长的被告人彭某某在明知县环保局没有审批权的情况下，仍由监督股于2006年8月14日草拟《关于长汇厂建设项目环境影响报告书审批意见的函》，同意长汇厂在联和建厂。时任局长的被告人欧阳某在明知县环保局没有审批权的情况下，仍同意长汇厂在联和建厂。

2010年，长汇厂向广宁县环保局申请工程项目竣工环境保护验收。被告人欧阳某安排时任副局长兼任监督股股长的被告人彭某某任验收组组长。验收过程中，彭某某没有依法组织验收组成员到长汇厂进行现场检查和审议即形成验收意见。2010年9月2日，彭某某在明知法律规定及长汇厂不符合验收条件的情况下，同意通过环境保护验收。欧阳某在明知长汇厂不符合验收条件的情况下，仍同意通过环境保护验收。

2006年至2013年1月，被告人欧阳某、彭某某在明知长汇厂存在长期环境违法行为不符合排污许可证发放要求的情况下，一直越权、违法地向长汇厂发放《临时排污许可证》。

被告人欧阳某、彭某某滥用职权的行为，致使长汇厂环境违法问题长期

存在，最终导致广东北江支流漫水河于2013年1月发生氰化物浓度超标的严重环境污染事故。广宁县联和长汇金属制品厂氰化物非法排放水污染经济损失为32.19万元；广宁县江屯镇人民政府支出污水处理服务费、运输费、污泥处理费、清洁各车间的人工费共631 050元，共计952 950元。

另查明，广宁县纪律检查委员会、广宁县监察局于2013年3月和4月分别对欧阳某、彭某某的经济违纪问题进行了调查，在调查其两人经济违纪问题时，欧阳某、彭某某均交代了本人的渎职、失职行为。

上述事实，有检察机关提供并经法庭质证、认证的下列证据予以证实。

（一）现场勘验检查工作记录，证实长汇厂的位置、周边环境情况、厂房布局等相关情况

（二）书证

（1）户籍资料，证实欧阳某、彭某某个人的基本情况。

（2）干部任免审批表、广宁县人事局文件、任免通知，证实欧阳某于2004年8月至2012年1月任广宁县环境环保局局长；彭某某于2004年7月至2007年1月任广宁县环境环保局污染控制与监督股长；2007年1月至案发前任广宁县环境环保局副局长。

（3）广宁县环境环保局职能配置、内设机构和人员编制规定县环保局领导班子工作分工，证实时任局长的欧阳某负责广宁县环境环保局的全面工作。广宁县环境环保局具有以下等行政职能：①监督管理污染防治工作，负责环境监察和环境保护行政稽查。②落实建设项目（包括新建、扩建、技改项目）环境保护前置审批制度；监督建设项目环境影响评价和"三同时"制度的落实；审批建设项目环境影响报告书等职能。

（4）广宁县环境环保局职责、各股室职责、班子成员工作分工，证实彭某某作为广宁县环境环保局副局长，分管办公室、污染控制与监督管理股、规划股及工青妇工作。污染控制与监督管理股（以下简称监督股）的职能包括：负责建设项目（包括新建、扩建、技改项目）环境保护前置审批制度的落实，审批建设项目环境影响报告书等职能，组织实施排污许可证等环境监督管理工作。规划股的职责之一是负责环境统计工作。

（5）抓获经过、破案经过，证实彭某某被抓获的经过。

被告人欧阳某辩称，我对起诉书指控的犯罪事实及罪名无意见，希望从轻处罚。

其辩护人提出的辩护意见是：

（1）对公诉机关指控被告人没有审批权同意长汇厂建厂的意见有意见。

（2）对公诉人指控的越权，验收越权问题，广宁县环保局不应承担法律责任。

（3）对环境污染的损失一百多万元没有事实依据。

（4）被告人欧阳某有自首情节，情节极其轻微，对被告人免予刑事处罚。

被告人彭某某辩称，我对起诉书指控的犯罪事实及罪名无意见，希望从轻处罚。

辩护人提出的辩护意见是：

（1）2006年8月14日草拟《关于长汇厂建设项目环境影响报告书审批意见的函》，同意长汇厂在联和建厂与事实不符。事实上彭某某没有草拟文件，没有在文件上签名。

（2）公诉机关统计此次环境污染事故造成1 019 262.17元的经济损失有误。

（3）被告人彭某某有自首的情节。

（4）2013年1月17日漫水河污染事件发生后，彭某某为事故作了大量的工作，使事件的危害和不良影响降到最低，希望法院依法对被告人免予刑事处罚。

三、处理结果

被告人欧阳某犯滥用职权罪，免予刑事处罚。被告人彭某某犯滥用职权罪，免予刑事处罚。

四、点评解析

（一）欧阳某、彭某某审批长汇厂环评项目时，是否有权审批

（1）根据《环境保护法》《环境影响评价法》《广东省环境保护条例》

《建设项目环境保护管理条例》《建设项目环境影响评价文件分级审批规定》《广东省建设项目环境影响评价文件分级审批管理办法》《水污染防治法》《广东省建设项目保护管理条例》《广东省建设项目环境保护分级审批管理规定》等相关规定，长汇厂作为含电镀项目的重污染企业，应当编制环境影响报告书，对产生的环境影响进行全面评价。其环境影响评价文件由**市级以上环境保护行政主管部门审批**，广宁县环保局无权审批此建设项目。即使文件批准后，建设项目发生重大变动，也应当重新报批建设项目。建设项目与配套建设的环境保护设施必须同时设计、同时施工、同时投产使用。

（2）根据《广东省电镀行业统一规划统一定点实施意见》《关于进一步加强建设项目环境保护管理的意见》《关于进一步加快我省电镀行业统一规划统一定点基地建设工作的实施意见》《关于进一步加快我省电镀行业统一规划统一定点基地建设工作的实施意见的补充规定（试行）》《广东省电镀、印染等重污染行业统一规划统一定点实施意见》《肇庆市电镀、印染等重污染行业统一规划统一定点实施方法》等内容，可以看出本案的广宁县没有电镀行业定点基地，长汇厂其后扩大生产规模建立了3个电镀车间，应重新报批，并应当进入电镀基地建设、生产、经营。广宁县没有适合的基地建设，其租用广宁县联和镇土地建厂不符合规定。

（3）肇庆市环保局关于广宁长汇金属制品厂环评审批权限的说明，也证实电镀项目环境影响评价文件应由地市级以上环境保护行政主管部门审批。

以上可以看出，本案被告人所在的县级环保局对本案涉及的项目没有审批权，而且本案被告人不但超越审批权进行审批，而且在对广宁县长汇金属制品厂环评报告书的审批及评审时也没有组织专家对环评报告书进行评审。

（二）广宁县环境保护局的越权审批、验收及查处上的不作为导致环境污染的发生并造成严重的后果

（1）漫水河氰化物异常来源鉴定报告显示，2013年1月17日漫水河中氰化物超标的污染源是广宁县联和长汇金属制品厂。

（2）关于长汇厂非法排放氰化物总量的估算报告说明，经肇庆市环境科学研究所估算，该企业非法排放氰化物的总量为385kg。

（3）长汇厂环境污染事故损失汇总表证实，广宁县联和长汇金属制品厂氰化物非法排放水污染经济损失为32.19万元；广宁县江屯镇人民政府支出污水处理服务费、运输费、污泥处理费、清洁各车间人工费合计人民币631 050元，共计人民币952 950元。

因此，被告人欧阳某、彭某某身为国家机关工作人员，超越审批权进行审批，致发生严重环境污染事故，使公共财产、国家和人民利益遭受重大损失，其行为已构成滥用职权罪。

五、实务提示

1. 滥用职权罪的构成要件是什么？
2. 被告人被免于刑事处罚，是否能够继续享受相关的工资待遇？

六、法条链接

■《中华人民共和国刑法》【2015年修正】

第三百九十七条　国家机关工作人员滥用职权或者玩忽职守，致使公共财产、国家和人民利益遭受重大损失的，处三年以下有期徒刑或者拘役；情节特别严重的，处三年以上七年以下有期徒刑。本法另有规定的，依照规定。

国家机关工作人员徇私舞弊，犯前款罪的，处五年以下有期徒刑或者拘役；情节特别严重的，处五年以上十年以下有期徒刑。本法另有规定的，依照规定。

第六十七条　犯罪以后自动投案，如实供述自己的罪行的，是自首。对于自首的犯罪分子，可以从轻或者减轻处罚。其中，犯罪较轻的，可以免除处罚。

被采取强制措施的犯罪嫌疑人、被告人和正在服刑的罪犯，如实供述司法机关还未掌握的本人其他罪行的，以自首论。

犯罪嫌疑人虽不具有前两款规定的自首情节，但是如实供述自己罪行的，可以从轻处罚；因其如实供述自己罪行，避免特别严重后果发生的，可以减轻处罚。

第三十七条　对于犯罪情节轻微不需要判处刑罚的，可以免予刑事处罚，但是可以根据案件的不同情况，予以训诫或者责令具结悔过、赔礼道歉、赔偿损失，或者由主管部门予以行政处罚或者行政处分。

■《中华人民共和国环境影响评价法》【2016年】

第二十八条　环境保护行政主管部门应当对建设项目投入生产或者使用后所产生的环境影响进行跟踪检查，对造成严重环境污染或者生态破坏的，应当查清原因、查明责任。对属于为建设项目环境影响评价提供技术服务的机构编制不实的环境影响评价文件的，依照本法第三十三条的规定追究其法律责任；属于审批部门工作人员失职、渎职，对依法不应批准的建设项目环境影响评价文件予以批准的，依照本法第三十五条的规定追究其法律责任。

第三十五条　环境保护行政主管部门或者其他部门的工作人员徇私舞弊，滥用职权，玩忽职守，违法批准建设项目环境影响评价文件的，依法给予行政处分；构成犯罪的，依法追究刑事责任。

■《建设项目环境影响评价文件分级审批规定》【2009年】

第二条　建设对环境有影响的项目，不论投资主体、资金来源、项目性质和投资规模，其环境影响评价文件均应按照本规定确定分级审批权限。

■《广东省建设项目环境影响评价文件分级审批管理办法》【2013年】

第六条　地级以上市环境保护行政主管部门负责审批本办法第五条规定以外的下列建设项目的环境影响评价文件：

（一）由省投资主管部门审批、核准或备案，且按照国家环保总局的规定应当编制环境影响报告表或登记表的项目；

（二）由地级以上市投资主管部门审批、核准或备案，且按照国家环保总局的规定应当编制环境影响报告书或环境影响报告表的项目；

（三）在地级以上市范围内可能造成较大环境影响的项目，具体项目名录由地级以上市环境保护行政主管部门定期印发，报省环境保护行政主管部门备案；

（四）跨县级行政区域的项目；

（五）可能造成跨县级行政区域环境不良影响，有关环境保护行政主管部门对项目的环境影响评价结论有争议的项目。

第九章　不履行法定职责案例

案例四十五

王某某诉山东省环境保护厅不履行法定职责案

一、当事人概况

原告：王某某

被告：山东省环境保护厅

二、基本案情

2013年11月27日，原告王某某向被告山东省环境保护厅邮寄《请求履行法定职责申请书》，要求依法查处潍坊市坊子区汇华膨润土厂（该厂法定代表人为王某甲）在生产经营过程中严重环境污染行为，并责令其停产。

被告收到该申请后转交潍坊市环境保护局办理。

2014年1月13日，原告再次向被告邮寄《请求履行法定职责申请书》，要求被告查处王某甲在非法生产过程中严重污染环境行为，并查处有关执法人员的违法行为。

原告的这两份《请求履行法定职责申请书》均称，王某甲在原告隔壁建工厂造成的环境污染严重影响原告生活，受工厂振动影响，原告的仓库被震裂，给原告造成35万元损失。

2014年1月16日，被告将收到的原告的第二份申请转至潍坊市环境保护局要求其办理。

2014年1月23日，潍坊市环境保护局作出潍环信〔2014〕3号《关于潍坊汇华膨润土厂污染信访案件查处情况的报告》，向被告书面报告了被告转交的关于原告申请查处王某甲所办工厂污染环境案件的调查处理情况。

原告王某某诉称：王某甲为原告的邻居，2011年4月，王某甲在原告一墙之隔的地方占用耕地盖车间、晒碱性膨润土，开办了一家破碎生产各种假农药粉、膨润土粉、工业碱粉、铅粉、煤粉的高耗能、高污染的地下工厂，在无相关批准手续和合法证照的情况下，大规模生产至今。王某甲的工厂在非法生产过程中产生的粉尘、噪声和振动污染非常严重，严重影响原告及家人的身体健康和正常生活（原告用噪声仪夜间进行检测结果：室内63分贝、室外73分贝）。原告用钢筋混凝土整体浇注建造的居住用房和仓库共计700多平方米，从未出现过任何问题。

自2011年4月，王某甲的工厂用5R雷蒙机进行生产后，原告的仓库房梁和墙体被震坏二十多处，天花板被震掉七处，卧室部分也有较大损坏，已成危房。原告的深水井也被污染，无法饮用。

原告从2011年11月多次拨打潍坊市环境保护局坊子区分局7523156、潍坊市环境保护局8589091、环保热线12369、山东省环境保护厅0531-86106110等电话投诉100余次，均未得到处理。目前，王某甲造成的污染依然持续。

原告于2014年1月13号以特快专递的方式向被告邮寄《请求履行法定职责申请书》，请求被告依法履行监管职责，实地对王某甲的工厂污染依法进行查处，给原告一个公开、公正的书面处理决定和答复，但被告一直未予处理和答复。故请求：（1）判令被告对原告提出的《请求履行法定职责申请书》进行处理并给予书面答复；（2）被告承担本案诉讼费。

为此，原告向法庭提交了如下证据：

（1）请求履行法定职责申请书，原告用该证据证明其曾向被告提出要求针对王某甲的违法行为进行查处并给予答复；（2）山东省环境保护厅官方网站公布的"单位职责"页面打印件，原告用该证据证明其申请事项是被告的法定职责；（3）潍坊市坊子区汇华膨润土厂的个体工商户营业执照（副本），原告用该证据证明潍坊市坊子区汇华膨润土厂只能销售，不准生产；（4）潍坊市坊子区工商行政管理局政府信息公开申请表；(5) 潍坊市坊子区国家税务局政府信息公开申请表，原告用4号、5号证据证明工商部门和国税部门只依法批准潍坊市坊子区汇华膨润土厂进行销售，未批准王某甲的黑工厂生产，王某甲属无证照非法生产；(6) 李某某和邱某某出具的证明，原告用该证据证明王某甲的5R4119型雷蒙机和匹配专用的250KW变压器生产线是独立的生产工厂，不是销售型的潍坊市坊子区汇华膨润土厂，也不是潍坊市坊子区兴隆膨润土厂；(7) 赵某某出具的证明，原告用该证据证明王某甲购买了5R雷蒙机，用于自己生产，是一个独立的生产黑工厂，与王某乙个人独资企业潍坊市坊子区兴隆膨润土厂是两个不同的工厂，与潍坊市坊子区汇华膨润土厂也不是一个厂；(8) 山东省环境保护厅政府信息公开申请表，原告用该证据证明其于2014年8月21日向山东省环境保护厅申请政府信息公开；(9) 山东省环境保护厅于2014年9月9日对原告作出的〔2014〕第17号《山东省环境保护厅政府环境信息公开告知书》，原告用该证据证明被告查处的是潍坊市坊子区兴隆膨润土厂和潍坊市坊子区汇华膨润土厂，对王某甲的黑工厂未查处；(10) 潍坊市坊子区兴隆膨润土厂个人独资企业营业执照(副本)，原告用该证据证明王某乙为法定代表人的潍坊市坊子区兴隆膨润土厂是一个独立的生产工厂，不是潍坊市坊子区汇华膨润土厂，更不是王某甲的5R4119型雷蒙机及匹配专用的250KW变压器生产线的黑工厂；(11) 王某甲生产车间及变压器屋照片，原告用该证据证明王某甲黑工厂生产车间及匹配专用的250KW变压器屋子是独立的生产车间；(12) 潍坊市公安局110出警照片，原告用该证据证明原告因受王某甲黑工厂环境污染伤害，拨打110出警；(13)〔2014〕历行初字第123号《行政案件起诉状》，原告用该证据证明其分别请求被告查处王某甲的黑生产工厂和撤销王某乙的潍坊市坊子区兴隆膨润土厂的环评是两个不同的案件；(14)〔2014〕历行初字第123号《济南市历下区人民法院决定书》，原告用该证据证明原告请求被告查处的是王某甲的黑生产工厂，与王某乙生产工厂不是一个生产工厂，原告在2014年8月11日庭审中，请求被告查处王某甲黑工厂，被告却用查处王某乙的潍坊市坊子区兴隆膨润土厂来推脱；(15) 原告王某某给济南市历下区人民法院的信函，原告用该证据证明其在济南市历下区人民法院立案时，立案庭就已经审查确认王某甲的黑工厂和王某乙的工厂是两个厂，立了两个案；（16）〔2013〕潍坊子证民字第656号《公证书》，原告用该证据证明王某甲的黑工厂造成污染；（17）山东省潍坊市中级人民法院〔2014〕潍执他字第3号《执行裁定书》；（18）潍坊市环境保护局行政处罚强制执行申请书（潍环罚申字〔2013〕FZ02号），原告用17~18号证据证明被告6号证据中移交给潍坊市中级人民法院执行案件和本案无关；（19）王某甲的电费明细单，原告用该证据证明被告至今未查处王某甲的黑生产工厂；（20）潍坊市坊子区兴隆澎润土厂的电费明细单，原告用该证据证明王某乙与王某甲的黑生产工厂是两个不同的生产厂。

被告山东省环境保护厅辩称：被告对原告王某某的请求事项不具有管辖权。原告王某某2013年11月27日和2014年1月12日的《请求履行法定职责申请书》中反映潍坊市坊子区涌泉村村民王某甲在非法生产过程中严重污染环境行为，是由于潍坊市坊子区汇华膨润土厂（法人代表为王某甲）环境违法行为所致。对潍坊市坊子区汇华膨润土厂环境违法行为的查处，潍坊市环境保护局具有管辖权。

被告作为潍坊市环境保护局的上级环保部门，不直接管辖本案。在不具直接管辖权的情形下，被告已先后两次将原告王某某《请求履行法定职责申请书》交由潍坊市环境保护局办理。

2013年12月2日，被告收到原告王某某2013年11月27日的《请求履行法定职责申请书》，其请求事项涉及潍坊市坊子区汇华膨润土厂污染问题的调查处理。鉴于潍坊市坊子区汇华膨润土厂环境违法行为的查处归潍坊市环境保护局管辖，被告于2013年12月6日将《请求履行法定职责申请书》交由潍坊市环境保护局办理，并于2013年12月16日派员赴潍坊督办该案。

2014年1月14日，被告再次收到原告王某某2014年1月12日的《请求履行法定职责申请书》，其请求事项涉及潍坊市坊子区汇华膨润土厂污染问题的调查处理及对潍坊市环境保护局坊子分局执法人员的查处。被告于2014年1月16日将《请求履行法定职责申请书》再次交由潍坊市环境保护局，要求其与前次《请求履行法定职责申请书》一并办理。

被告作出上述行为的法律依据：《环境保护法》《环境影响评价法》《建

设项目环境保护管理条例》及《环境行政处罚办法》。

被告提交的证据如下：

（1）《请求履行法定职责申请书》，被告用该证据证明原告于2013年11月27日向被告邮寄了该申请书。（2）山东省环境保护厅办文单（收文号：2327）。（3）山东省环境监察总队办公室办文单（收文号：1660）；被告用2～3号证据证明其2013年12月5日收到原告2013年11月27日的《请求履行法定职责申请书》后转交潍坊市环境保护局办理。（4）原告2014年1月12日的《请求履行法定职责申请书》，被告用该证据证明原告于2014年1月12日再次提交《请求履行法定职责申请书》。（5）山东省环境保护厅办文单（收文号：132）。（6）山东省环境监察总队办公室办文单（收文号：63）；被告用5号、6号证据证明其收到原告2014年1月12日的申请书后，转交潍坊市环境保护局与2013年11月27日原告的《请求履行法定职责申请书》一并办理。

综上所述，被告依法不具有对原告反映环境污染行为查处职责，依法应驳回原告的诉讼请求。

三、处理结果

驳回原告王某某要求被告山东省环境保护厅对其提出的《请求履行法定职责申请书》进行处理并给予书面答复的诉讼请求。

四、点评解析

本案的争议焦点主要是被告的职权范围与法定职责的问题。行政机关既要严格履行自己的法定职责，又不能超越自己的职权，滥用权力，因此，行政机关准确把握自己的法定职责是最基本的要求。

根据《环境保护法》第7条第2款规定："县级以上地方人民政府环境保护行政主管部门，对本辖区的环境保护工作实施统一监督管理。"

《环境行政处罚办法》第14条第1款规定："县级以上环境保护主管部门在法定职权范围内实施环境行政处罚。"《环境行政处罚办法》第17条第1款规定："县级以上环境保护主管部门管辖本行政区域的环境行政处罚案件。"第 21 条第 1 款规定："不属于本机关管辖的案件，应当移送有管辖权的环境保护主管部门处理。"

从以上规定看出，对于王某甲企业的环境违法行为的查处，应当由王某甲企业所在地的潍坊市环境保护局执行。被告收到原告的申请后，发现不属于本局管辖的范围，将其转至王某甲的企业所在地的潍坊市，符合法律规定。在原告起诉前，潍坊市环境保护局已将查处情况向被告进行了报告。故在被告已经将案件转至潍坊市环境保护局处理后，原告又要求判令被告对其申请的事项进行处理并给予书面答复的诉讼请求无事实和法律依据。

五、实务提示

1. 环保行政机关的法定职责的法律依据有哪些？
2. 环保行政机关的法定职责有哪些？

六、法条链接

■《中华人民共和国环境保护法》【2015 年】

第十条 国务院环境保护主管部门，对全国环境保护工作实施统一监督管理；县级以上地方人民政府环境保护主管部门，对本行政区域环境保护工作实施统一监督管理。

县级以上人民政府有关部门和军队环境保护部门，依照有关法律的规定对资源保护和污染防治等环境保护工作实施监督管理。

【旧法第七条，已作修改】

《中华人民共和国环境保护法》【1990 年】

第七条第二款 县级以上地方人民政府环境保护行政主管部门，对本辖区的环境保护工作实施统一监督管理。

■《中华人民共和国环境影响评价法》【2016 年】

第三十一条 建设单位未依法报批建设项目环境影响报告书、报告表，或者未依照本法第二十四条的规定重新报批或者报请重新审核环境影响报告书、报告表，擅自开工建设的，由县级以上环境保护行政主管部门责令停止建设，根据违法情节和危害后果，处建设项目总投资额百分之一以上百分之五以下的罚款,并可以责令恢复原状;对建设单位直接负责的主管人员和其他直接责任人员,依法给予行政处分。

建设项目环境影响报告书、报告表未经批准或者未经原审批部门重新审核同意,建设单位擅自开工建设的,依照前款的规定处罚、处分。

建设单位未依法备案建设项目环境影响登记表的,由县级以上环境保护行政主管部门责令备案,处五万元以下的罚款。

海洋工程建设项目的建设单位有本条所列违法行为的,依照《中华人民共和国海洋环境保护法》的规定处罚。

【旧法第三十一条,已作修改】

《中华人民共和国环境影响评价法》【2003年】

第三十一条第一款　建设单位未依法报批建设项目环境影响评价文件,或者未依照本法第二十四条的规定重新报批或者报请重新审核环境影响评价文件,擅自开工建设的,由有权审批该项目环境影响评价文件的环境保护行政主管部门责令停止建设,限期补办手续;逾期不补办手续的,可以处五万元以上二十万元以下的罚款,对建设单位直接负责的主管人员和其他直接责任人员,依法给予行政处分。

■《建设项目环境保护管理条例》【1998年】

第二十八条　违反本条例规定,建设项目需要配套建设的环境保护设施未建成、未经验收或者经验收不合格,主体工程正式投入生产或者使用的,由审批该建设项目环境影响报告书、环境影响报告表或者环境影响登记表的环境保护行政主管部门责令停止生产或者使用,可以并处10万元以下的罚款。

■《环境行政处罚办法》【2010年】

第十四条第一款　县级以上环境保护主管部门在法定职权范围内实施环境行政处罚。

第十七条第一款　县级以上环境保护主管部门管辖本行政区域的环境行政处罚案件。

第二十一条第一款　不属于本机关管辖的案件,应当移送有管辖权的环境保护主管部门处理。

案例四十六

王某某诉北京市丰台区
环境保护局不履行法定职责案

一、当事人概况

原告：王某某

被告：北京市丰台区环境保护局

第三人：北京市丰台区王佐镇西王佐村村民委员会

二、基本案情

原告王某某起诉称：

由于王佐镇西王佐浴池十五年如一日将未经处理的污水直接向牤牛河排放。2013年7月29日，王某某将这一情况举报至被告北京市丰台区环境保护局（以下简称丰台环保局）。

2013年9月9日，丰台环保局作出《关于王佐镇西王佐浴池污水排放处理的回复》，称："经查，该浴池无照经营，隶属于丰台区王佐镇西王佐村委会，使用太阳能供热水，因自今年5月进行污水管线改造，该浴池至今处于关停状态，不存在污水排放问题。关于您所讲的排水口，次排水口是西王佐村南居民生活用水及西王佐村周边西、南、北侧雨水排放口。另就您反映该浴池无照经营问题，建议您向工商行政主管部门进行反映予以取缔。"

王某某对此回复不服，认为丰台环保局的回复歪曲了事实，向北京市环境保护局申请复查。

北京市环境保护局《信访事项复查意见书》称："由于该浴池现场检查未经营，不存在污水排放和无照经营问题。对于申请人提出的要求查处使用地下水作为浴池用水、冬季使用燃煤锅炉、无照经营等问题属于新提出的诉求，不在复查范围内，申请人应当向原办理机关提出。"

王某某对北京市环境保护局的《信访事项复查意见书》不服，认为市区两级环境保护局对王某某举报内容无任何实质性查处，没有依法履行自己的法定职责，又申请北京市人民政府予以复核。

北京市人民政府《信访事项复核意见书》维持了上述复查意见书。

2014年2月27日，王某某将北京市环境保护局诉至北京市海淀区人民法院。北京市海淀区人民法院〔2014〕海行初字第203号《行政裁定书》称北京市环境保护局不是适格的被告，建议王某某起诉丰台环保局。

2014年9月1日，北京市第一中级人民法院〔2014〕一中行终字第6797号《行政裁定书》维持了一审裁定书。

现原告王某某依据《水利法》《水污染防治法》《环境保护法》和丰台环保局主要职责等将被告丰台环保局诉至北京市丰台区人民法院，请求判决：丰台环保局依法履行对丰台区王佐镇西王佐村委会非法排放污水等予以查处的法定职责。

为此，原告王某某向法庭提交了如下证据：（1）举报信，证明王某某2013年7月29号向丰台环保局进行举报；（2）丰环保函〔2013〕114号《关于王佐镇西王佐浴池污水排放处理的回复》，证明该浴池无照经营，丰台环保局称浴池去年5月进行污水管道改造，是承认存在污水排放，丰台环保局无证据证明浴池无污水排放，亦无证据证明浴池未营业；（3）1号照片，证明2014年2月21日该浴池还在烧锅炉，浴池还在经营；（4）2号照片，证明2014年2月18日小雪驱走雾霾后，2月19日浴池还在排烟，仍处于营业中；（5）3号照片，证明牤牛河的污水不可能是西王佐村南居民生活用水及西王佐村周边西、南、北侧雨水；（6）4号照片，证明浴池为偷排污水，又建造一隐蔽排水口；（7）5号、6号照片，证明浴池十五年如一日排放污水；（8）复查申请，证明针对丰台环保局的回复王某某向北京市环境保护局提起了复查申请；（9）北京市环境保护局《信访事项复查意见书》，证明王某某向北京市环境保护局申请复查，北京市环境保护局改变了丰台环保局的答复意见；（10）复核申请，证明王某某向北京市人民政府提起了复核申请；（11）京信复核〔2014〕52号《信访事项复核意见书》，证明王某某向北京市人民政府申请复核，北京市人民政府维持了北京市环境保护局的复查意见；

（12）北京市海淀区人民法院〔2014〕海行初字第203号《行政裁定书》；（13）北京市第一中级人民法院〔2014〕一中行终字第6797号《行政裁定书》；证据12~13证明王某某以丰台环保局为被告主体适格。（14）王某某从丰台环保局官网下载的丰台环保局主要职责第2条，证明丰台环保局是适格的被告；（15）2014年3月14日《北京晨报》（头版、A04版）李克强答记者问《对腐败分子和行为零容忍》，2014年3月24日《北京晨报》（A06版）李克强在节能减排会议上强调《重拳打击偷排等"伤天害人"行为》，2014年3月5日《北京晨报》（头版、A05版）傅莹答记者问《重点解决"法律管不管用"问题》，2014年3月18号《北京晨报》（A07版）《向雾霾宣战，环保局预算逾5亿》，2014年3月15日《北京晨报》（A06版）《大气条例第一案处罚书送达》，2014年3月28日《北京晨报》（A13版）《严惩排污》，2014年3月26日《北京晨报》（A25版）《2012年全球700万人死于空气污染》，证明治理环境污染刻不容缓，丰台环保局和北京市环境保护局必须履行法定职责。

被告丰台环保局辩称：2013年7月29日，王某某向丰台环保局举报，称丰台区王佐镇西王佐浴池将未经处理的污水直接排入牤牛河，要求丰台环保局进行查处。接到举报后，丰台环保局依法展开调查。丰台环保局在调查时发现，该浴池自2013年5月起已经处于停业状态，无排污行为。

2013年9月9日，丰台环保局将调查结果以书面形式答复王某某。王某某对该答复不服，于2013年9月24日向北京市环境保护局提出复查申请。2013年10月8日，丰台环保局同北京市环境保护局、王佐镇政府相关负责人一起，对该浴池进行了复查，发现该浴池仍处于停业状态，无排污行为，北京市环境保护局对丰台环保局的答复予以维持。为确保群众环境权益，打击违法排污行为，丰台环保局同王佐镇政府相关负责人分别于2013年11月6日、12月18日对该浴池进行复查，发现该浴池一直处于停业状态。

王某某向北京市人民政府申请复核，北京市人民政府于2014年2月10日作出复核意见书，维持了北京市环境保护局及丰台环保局的答复意见。

自2014年1月起，丰台环保局委托王佐镇政府派专人每月一次对该浴池进行巡查，该浴池至今仍未营业，无违法排污行为。丰台环保局以事实为依据，以法律为准绳，已对王某某所举报事项进行调查，并按照《北京市信访条例》规定，将调查结果在法定期限内通过法定形式答复王某某，已依法履职。北京市环境保护局、北京市人民政府已对丰台环保局的履职情况进行了核查，并予以维持，说明丰台环保局调查处理行为事实清楚，适用法律准确，履职到位。

同时，被告向法庭提交了如下证据：(1) 举报信，证明丰台环保局接到王某某的举报；(2) 2013 年 8 月 6 日车辆派遣单、现场监察记录表 0008817、现场照片，证明丰台环保局派车调查王某某举报事项，经调查浴池已停止经营，没有污水排放，王某某所称排水口没有异常情况；(3) 丰环保函〔2013〕114 号《关于王佐镇西王佐浴池污水排放处理的回复》，证明在法定期限内对王某某举报事项进行了答复；(4) 2013 年 10 月 8 日车辆派遣单及现场监察记录表 0008847，证明北京市环境保护局与丰台环保局一同调查王某某所举报事项，发现浴池仍处于停业状态；(5) 北京市环境保护局《信访事项复查意见书》，证明北京市环境保护局维持了丰台环保局的答复；(6) 2013 年 11 月 6 日车辆派遣单、现场监察记录表 0009335、现场照片，证明丰台环保局于 2013 年 11 月 6 日进行复查，浴池仍处于停业状态；(7) 2013 年 12 月 18 日车辆派遣单、现场检查笔录、现场照片，证明丰台环保局于 2013 年 12 月 18 日进行了复查，浴池大门已锁，处于停业状态；(8) 京信复核〔2014〕52 号《信访事项复核意见书》，证明北京市人民政府对丰台环保局履责情况进行复核并予以维持；(9) 北京市丰台区王佐镇人民政府《关于王佐镇西王佐中心村浴池有关情况的说明》，证明丰台环保局依法履行职责，该浴池一直处于停业中。

2014 年 12 月 9 日对丰台区王佐镇西王佐村浴池进行现场勘验，并制作了现场勘验笔录。

综上所述，王某某的诉讼请求没有事实和法律依据，故请求法院依法驳回王某某的诉讼请求。

西王佐村委会述称：王某某陈述的与事实不符，2013 年 5 月西王佐浴池已停业，至今未营业，请求法院驳回王某某的诉讼请求。

2014 年 12 月 9 日，丰台区法院对丰台区王佐镇西王佐村浴池进行现场勘验，并制作了现场勘验笔录。经查，丰台区王佐镇西王佐浴池大门紧锁，未见人员出入，浴池内桌椅布满灰尘，无照明条件，浴池喷头已经损坏。

三、处理结果

一审判决：被告北京市丰台区环境保护局于判决生效后三个月内对王某某2013年7月29日所举报事项进行调查并作出处理。

二审裁定：驳回上诉，维持一审判决。

四、点评解析

（一）被告丰台环保局是否具有对丰台区王佐镇西王佐村浴池排放污水进行查处的法定职责

根据《水污染防治法》第8条的规定，丰台环保局作为区县环境保护行政主管机关，负有对本行政区域内水污染防治实施统一监督管理，对辖区内单位或个人检举的污染损害水环境事项进行调查和处理的法定职责。因此，被告对本案的查处负有法定职责。

（二）被告丰台环保局是否履行了其法定的职责

本案中，王某某于2013年7月29日举报丰台区王佐镇西王佐浴池排放污水问题，丰台环保局经调查发现该浴池自2013年5月起已经处于停业状态，不存在排污行为，并将该调查结果以书面形式答复王某某。

根据《行政处罚法》《环境行政处罚办法》，对违法行为查处的时效为违法行为发生之日起到被发现之日止未超过二年，法律另有规定的除外。违法行为处于连续或者继续状态的，从行为终了之日起计算。王某某举报时浴池停业尚不足三个月，根据丰台环保局证据体现的调查情况，丰台环保局仍应在其职责范围内根据法律法规对该浴池在2013年5月是否存在违法行为进行调查，并根据调查情况作出相应处理。而不能以当时企业处于停业状态、当时没有排污行为就不再查处。对于涉嫌违反环境保护法律、法规和规章的违法行为的查处，不应仅限于举报或者调查之时是否存在违法行为，还应在举报或者调查之前两年期限的时间范围内进行调查，并应考虑相关违法行为是否存在连续或者继续状态。

因此,丰台环保局仅以调查之时不存在排污行为即对王某某的举报进行答复,而未进一步进行查处,违反法律法规的规定,丰台环保局应当根据王某某的举报进行进一步调查,根据查清的事实作出查处,丰台区环境保护局对此并未履行自己的法定职责。因此,本案法院的判决是正确的。

五、实务提示

1. 环保行政机关如何判断自己的法定职责有哪些?
2. 环保行政机关如何判断自己是否履行了法定职责?

六、法条链接

■《中华人民共和国环境保护法》【2015 年】

第十条 国务院环境保护主管部门,对全国环境保护工作实施统一监督管理;县级以上地方人民政府环境保护主管部门,对本行政区域环境保护工作实施统一监督管理。

县级以上人民政府有关部门和军队环境保护部门,依照有关法律的规定对资源保护和污染防治等环境保护工作实施监督管理。

■《中华人民共和国水污染防治法》【2008 年】

第二条 本法适用于中华人民共和国领域内的江河、湖泊、运河、渠道、水库等地表水体以及地下水体的污染防治。

海洋污染防治适用《中华人民共和国海洋环境保护法》。

第八条 县级以上人民政府环境保护主管部门对水污染防治实施统一监督管理。

交通主管部门的海事管理机构对船舶污染水域的防治实施监督管理。

县级以上人民政府水行政、国土资源、卫生、建设、农业、渔业等部门以及重要江河、湖泊的流域水资源保护机构,在各自的职责范围内,对有关水污染防治实施监督管理。

第六十九条 环境保护主管部门或者其他依照本法规定行使监督管理权的部门,不依法作出行政许可或者办理批准文件的,发现违法行为或者接到对违法行为的举报后不予查处的，或者有其他未依照本法规定履行职责的行为的，对直接负责的主管人员和其他直接责任人员依法给予处分。

■《中华人民共和国行政处罚法》【2009 年】

第二十九条　违法行为在二年内未被发现的，不再给予行政处罚。法律另有规定的除外。

前款规定的期限，从违法行为发生之日起计算；违法行为有连续或者继续状态的，从行为终了之日起计算。

■《北京市水污染防治条例》【2011 年】

第五条　市和区、县环境保护行政主管部门对本行政区域内的水污染防治实施统一监督管理。

市和区、县水行政主管部门对本行政区域内的水资源保护和再生水利用进行管理，负责污水处理和河道综合整治等方面工作。

发展和改革、规划、农业、市政市容、国土资源、卫生、住房和城乡建设、园林绿化、工商、旅游等行政主管部门按照各自的职责，依法做好有关水污染防治工作。

市和区、县环境保护行政主管部门可以根据需要聘请监督员，协助开展水污染防治工作。

■《环境行政处罚办法》【2010 年】

第五十五条　【作出处罚决定的时限】环境保护行政处罚案件应当自立案之日起的 3 个月内作出处理决定。案件办理过程中听证、公告、监测、鉴定、送达等时间不计入期限。

第三篇

信访专题

2005年5月1日实施的《信访条例》（修订）第2条第1款规定："本条例所称信访，是指公民、法人或者其他组织采用书信、电子邮件、传真、电话、走访等形式，向各级人民政府、县级以上人民政府工作部门反映情况，提出建议、意见或者投诉请求，依法由有关行政机关处理的活动。"

信访工作是党的群众工作的重要组成部分，在切实维护群众合法权益、及时反映社情民意、着力促进社会和谐等方面发挥着重要作用。信访工作不只是和风细雨，也常有暴风骤雨，可以预见、不可预见的异常事件时有发生。2016年1月4日，被称为"环保钦差"的中央环保督察组正式亮相。一年来，中央环保督察组到各地督察中受理了大量的环境信访问题。

环境信访是人民群众通过信访方式求助于政府解决某项或某些环境污染问题的一种方式。对群众反映的环境问题，必须运用所掌握的法律知识作出准确、合理的解释和处理。针对具体问题，我们要依据事实和相关法律公平、公正、合情、合理地予以解决，使投诉人心服口服，达到群众满意、息诉罢诉的目的。同时，信访工作应建立缓冲带和防火墙，引入中介机构化解矛盾。

正如2016年4月21日，中共中央总书记、国家主席、中央军委主席习近平就做好信访工作，妥善处理信访突出问题作出重要指示，强调要综合施策，下大气力处理好信访突出问题，把群众合理合法的利益诉求解决好。同时，中共中央政治局常委、国务院总理李克强作出批示，要求有关部门有针对性地完善解决思路和措施，认真处理信访反映的突出问题，同时注意完善体制机制，努力化解矛盾，维护群众合法权益。

依法行政是信访工作的基础，具备较强的专业和法律知识是对每一个信访工作者的基本要求。尤其是围绕全面推进依法治国的重点任务，切实按照"把信访纳入法治化轨道"的工作要求，把依法治国的理念和要求贯穿到信访工作制度改革中，依法理性表达诉求，依法规范信访行为，依法维护合法权益，依法解决信访问题，真正做到依法行政，从而实现依法治国。

第十章　环保信访案例

案例四十七

济南长城炼油厂废气泄漏事件信访案

一、当事人概况

信访人：济南长城炼油厂周围居民群众
被信访人：济南长城炼油厂
信访受理行政机关：济南市环境保护局

二、基本案情

2011年8月1日，济南长城炼油厂在常减压装置和催化装置检修过程中，因环保措施不到位，造成了废气泄漏事件，严重影响周边居民生活并引发群众投诉，产生不良的社会影响。

为此，周围居民群众集体向济南市环保局递交信访材料，要求对被信访人济南长城炼油厂进行查处，并公布相关处理结果。

济南市环境保护局受理上述信访后，立即着手调查、现场监测：（1）该企业坐落在市主城区的西南部，位于城市主导风向上，伴随着城市建设的不断扩展，原本处于郊区的企业逐渐被陆续建设的居民小区所包围；（2）企业内部虽然制定了各项环保规章制度及环境保护岗位责任，但针对设备检修期间废水量加大、易发生废气泄漏事件等情况缺乏足够的重视，对突发环境事件的应急预案制定及落实不够；（3）经多次现场应急监测表明，该企业泄漏的废气未对大气环境造成明显污染，特征污染物均未超标，但排放气体异味明显，给公众带来明显不适及恐慌。

三、处理结果

要求长城炼油厂进一步加强环境安全防控工作，确保此类事件不再发生，并责成长城炼油厂限期开展环境风险评价工作，限期修订突发环境事件应急预案，完善环境风险预警监测措施、应急处置措施，并向市环保局申请验收，限期不能完善或验收不合格，实行停产治理。

四、点评解析

环境信访是人民群众通过信访方式求助于政府解决某项或某些环境污染问题的一种方式，环境问题与群众生活息息相关，"群众利益无小事"。群众信访对于企业的环境违法行为起到了监督作用。因此，对于环保信访必须高度重视。

环境投诉案件呈现数量大、多元化和复杂化的趋势。长期以来合法信访与违法信访及非访不清、受理范围宽泛、群众信访不信法、信上不信下、司法机关作出判决后继续闹访等现象同时存在，作为环保部分依法行政是信访工作的基础，应当具备较强的专业和法律知识是对每一个信访工作者的基本要求。

2016年1月19日，环保部转发了《江苏省分类处理环境信访诉求问题法定途径清单》的函，江苏省制定的《江苏省分类处理环境信访诉求问题法定途径清单》内容比较全面、有特色、有创新，对于环境信访的处理提供了参考依据。环境信访清单，根据群众反映对象、具体诉求以及法律法规授权等因素，将环保部门面对的信访问题分为四类：一是环保业务类，包括群众举报企事业单位和其他生产经营者存在环境违法行为，申请调解环境污染损害纠纷等，由环保部门负责处理；二是复议诉讼类，主要指发生环境民事纠纷，经调查处理后未达成协议，或者达成协议后反悔或已经进入诉讼、行政复议程序的，由环保部门告知走复议或诉讼途径；三是环境信访类，则主要是反映环保人员工作方法、作风的，由上一级环保部门调查核实或转行政监察部门;第四类是非环保部门职能类,群众对"大环保"而非环保部门职责范畴的问题,引导群众向当地主管部门、政府信访机构等部门反映情况。

本案中,作为信访受理机构的济南市环境保护局立即着手调查、现场监测,并及时地提出处理意见,给予信访居民群众及时的答复,圆满、妥善地解决了上述信访问题。

五、实务提示

1. 信访受理机关如何从心理上消除对信访的恐惧?
2. 信访受理机关如何正确地运用法律去解决信访问题?
3. 涉及多个部门的信访工作,应如何协调工作?

六、法条链接

■《中华人民共和国信访条例》【2005年】

第二条 本条例所称信访,是指公民、法人或者其他组织采用书信、电子邮件、传真、电话、走访等形式,向各级人民政府、县级以上人民政府工作部门反映情况,提出建议、意见或者投诉请求,依法由有关行政机关处理的活动。

采用前款规定的形式,反映情况,提出建议、意见或者投诉请求的公民、法人或者其他组织,称信访人。

第十条 设区的市级、县级人民政府及其工作部门,乡、镇人民政府应当建立行政机关负责人信访接待日制度,由行政机关负责人协调处理信访事项。信访人可以在公布的接待日和接待地点向有关行政机关负责人当面反映信访事项。

县级以上人民政府及其工作部门负责人或者其指定的人员,可以就信访人反映突出的问题到信访人居住地与信访人面谈沟通。

第三十三条 信访事项应当自受理之日起60日内办结;情况复杂的,经本行政机关负责人批准,可以适当延长办理期限,但延长期限不得超过30日,并告知信访人延期理由。法律、行政法规另有规定的,从其规定。

第三十四条 信访人对行政机关作出的信访事项处理意见不服的,可以自收到书面答复之日起 30 日内请求原办理行政机关的上一级行政机关复查。收到复查请求的行政机关应当自收到复查请求之日起 30 日内提出复查意见，并予以书面答复。

第三十五条　信访人对复查意见不服的，可以自收到书面答复之日起 30 日内向复查机关的上一级行政机关请求复核。收到复核请求的行政机关应当自收到复核请求之日起 30 日内提出复核意见。

复核机关可以按照本条例第三十一条第二款的规定举行听证，经过听证的复核意见可以依法向社会公示。听证所需时间不计算在前款规定的期限内。

信访人对复核意见不服，仍然以同一事实和理由提出投诉请求的，各级人民政府信访工作机构和其他行政机关不再受理。

■环境保护部办公厅关于转发《江苏省分类处理环境信访诉求问题法定途径清单》的函（环办厅函〔2016〕119 号）

各省、自治区、直辖市环境保护厅（局）：

为深入推进信访工作制度改革，把信访纳入法治化轨道，江苏省环境保护厅结合实际，制定了《江苏省分类处理环境信访诉求问题法定途径清单》，内容比较全面，有特色、有创新，现转发给你们供参考。请结合本地实际，抓紧制定本地区法定途径清单，把中央信访改革要求落到实处。

■《国务院法制办公室、国家信访局对〈信访条例〉第三十四条、第三十五条中"上一级行政机关"的含义及〈信访条例〉的适用问题解释》

根据《信访条例》的立法精神和所确定的原则，经国务院批准，现对《信访条例》第三十四条、第三十五条中"上一级行政机关"的含义及《信访条例》的适用问题解释如下：

一、《信访条例》第三十四条、第三十五条中"上一级行政机关"的含义：原办理行政机关、复查机关是设区的市级以下人民政府工作部门的，其上一级行政机关是指本级人民政府或者上一级人民政府主管部门；原办理行政机关、复查机关是省级人民政府工作部门的，其上一级行政机关是指本级人民政府。

二、信访人在 2005 年 5 月 1 日前提出的信访事项尚未办理完毕的，参照新修订的《信访条例》的规定办理；已经办结，信访人提出新的事实或者理由重新信访的,按照新修订的《信访条例》的规定办理。不能提出新的事实或者理由的,不再重新受理。

■《关于进一步加强和规范联合接访工作的意见》【2015年】

一、总体要求

深入贯彻落实中央关于信访工作制度改革和信访法治建设的部署要求,坚持以依法按政策解决信访问题为核心,坚持"属地管理、分级负责,谁主管、谁负责,依法、及时、就地解决问题与疏导教育相结合"的原则,坚持一站式接待、一条龙办理、一揽子解决,形成统一领导、综合协调、部门负责、分类处理的工作格局,努力把信访事项特别是初次来访解决在初始、化解在属地。

……

三、运行机制

……

(六)联合会商制度。对涉及多个部门的信访问题,由主责部门或信访部门组织协调,相关责任部门参与会商,共同研究制定解决方案。对联合会商难以解决的疑难复杂信访问题,可提请本级信访工作联席会议协调。

(七)信访听证制度。对社会关注度高、争议较大的信访问题,除涉及国家秘密及个人隐私的,可进行公开听证,以此促进问题解决、矛盾化解,实现息诉息访。听证会由主责部门或信访部门负责组织。

(八)社会力量参与机制。组织律师、心理咨询师和专业社会工作者进驻联合接访场所,辅助做好法律援助、心理咨询和情绪疏导等工作。组织党代表、人大代表、政协委员定期到联合接访场所接待来访群众,充分发挥老干部、老党员、老模范、老教师、老军人等参与解决信访问题的特殊作用。

(九)教育疏导机制。通过多种形式,加强经常性的法制宣传教育,着力引导来访群众依法理性反映诉求,规范信访行为。为进驻警务室创造良好工作条件,支持配合依法维护信访秩序。对违反联合接访场所有关规定、言行过激的来访群众,做好教育劝导工作。对信访活动中的违法犯罪行为,由政法机关依法处理。

■《关于进一步加强环境影响评价管理防范环境风险的通知》（环发〔2012〕77号）

......

三、严格建设项目环境影响评价管理，强化环境风险评价

......

（八）改、扩建相关建设项目应按照现行环境风险防范和管理要求，对现有工程的环境风险进行全面梳理和评价，针对可能存在的环境风险隐患，提出相应的补救或完善措施，并纳入改、扩建项目"三同时"验收内容。

四、加强建设项目"三同时"验收监管，严格落实环境风险防范和应急措施

......

（十五）对存在较大环境风险隐患的相关建设项目，建设单位应委托环境监理单位开展环境监理工作，重点关注项目施工过程中各项防治污染、防止生态破坏以及防范环境风险设施的建设情况，未按要求落实的应及时纠正、补救。环境监理报告应作为试生产审查和环保验收的依据之一。

■《关于构建全省环境安全防控体系的实施意见》（鲁环发〔2009〕80号）

......

三、开展环境隐患排查，建立环境风险源动态管理档案

（一）对于所有已建项目，当地环保部门要督促企业每年进行一次环境风险隐患自查，并针对本辖区环境风险源每年组织一次全面排查。

（二）对在排查中发现存在环境安全隐患的风险源单位，当地环保部门要责成风险源单位委托有资质的环境影响评价单位补做环境风险评价，并报环境工程评估机构和环境影响评价文件审查机构进行评估审查。

（三）环境风险源单位要按照评估审查意见，限期完善环境风险预警监测措施、应急处置措施和应急预案，并向审查机构申请验收，验收合格后方可准予正常生产；对限期不能完善或验收不合格的，应当实行限产或停产治理。

（四）经环境风险评价，对存在重大环境安全隐患且选址不当的已建项

目，环保部门应当向当地政府提出结构调整或搬迁的建议。

（五）各级环保部门要建立环境风险源动态档案，并及时更新。各市环保部门的档案更新情况要于每年 1 月 15 日前报省环保部门备案。

四、完善环境预警体系，提高突发环境事件快速反应能力

……

（三）落实报告制度。1. 剧毒物质超标报告制度。风险源单位和城市污水处理厂发现剧毒物质超标后，应当在 2 小时内向当地环保部门报告；环保部门发现剧毒物质超标或接到报告后，应当在 2 小时内向上一级环保部门报告。2. 突发环境事件报告制度。风险源单位发现突发环境事件后，应当在 1 小时内向当地环保部门报告；环保部门发现突发环境事件或接到报告后，应当在 1 小时内向同级人民政府和上一级环保部门报告。发生较大（Ⅲ级）、重大（Ⅱ级）、特别重大（Ⅰ级）突发环境事件，可越级上报。对迟报、谎报、瞒报和漏报的，要按照有关规定追究相关单位和人员的责任。

第四篇

环保公益诉讼

环保公益诉讼制度的建立，充满了坎坷。新的法律、司法解释、政策的陆续出台，让我们对环保公益诉讼充满了期待，对未来的环保维护充满了力量。

2005年12月3日，国务院发布的《国务院关于落实科学发展观加强环境保护的决定》指出："发挥社会组织的作用，鼓励检举和揭发各种环境违法行为，推动环境公益诉讼。"这一决定明确要建立环境公益诉讼制度。

经过八年对公益诉讼制度激烈的争论。终于在2013年1月1日实施的《民事诉讼法》（2015年）第55条规定："对污染环境、侵害众多消费者合法权益等损害社会公共利益的行为，法律规定的机关和有关组织可以向人民法院提出诉讼。"由此，公益诉讼制度首次写入法律中。

2014年10月28日，《中共中央关于全面推进依法治国若干重大问题的决定》中提出"探索建立检察机关提起公益诉讼制度"。

2015年1月1日实施的《环境保护法》（2015年）第58条规定："对污染环境、破坏生态，损害社会公共利益的行为，符合下列条件的社会组织可以向人民法院提起诉讼：（一）依法在设区的市级以上人民政府民政部门登记；（二）专门从事环境保护公益活动连续五年以上且无违法记录。符合前款规定的社会组织向人民法院提起诉讼，人民法院应当依法受理。提起诉讼的社会组织不得通过诉讼牟取经济利益。"在此，对于环境公益诉讼的原告资格进行了进一步界定，可操作性大大增强。

2015年1月7日，《最高人民法院关于审理环境民事公益诉讼案件适用法律若干问题的解释》第2条规定："依照法律、法规的规定，在设区的市级以上人民政府民政部门登记的社会团体、民办非企业单位以及基金会等，可以认定为环境保护法第五十八条规定的社会组织。"

2015年7月1日，十二届全国人大常委会第十五次会议通过了《全国人民代表大会常务委员会关于授权最高人民检察院在部分地区开展公益诉讼试点工作的决定》。试点地区确定为北京、内蒙古、吉林、江苏、安徽、福建、山东、湖北、广东、贵州、云南、陕西、甘肃十三个省、自治区、直辖市。人民法院应当依法审理人民检察院提起的公益诉讼案件。

第十一章 环保公益诉讼案例

案例四十八

中华环保联合会诉德州晶华集团振华有限公司首例雾霾公益诉讼案

一、当事人概况

原告：中华环保联合会
被告：德州晶华集团振华有限公司

二、基本案情

被告德州晶华集团振华有限公司（以下简称振华公司）成立于2000年，经营范围包括电力生产、平板玻璃、玻璃空心砖、玻璃深加工、玻璃制品制造等。2002年12月，振华公司600T/D优质超厚玻璃项目通过环境影响评价的审批。2003年11月，通过"三同时"验收。2007年11月，振华公司高档优质汽车原片项目通过环境影响评价的审批。2009年2月，通过"三同时"验收。

根据德州市环境保护监测中心站的监测，2012年3月、5月、8月、12月，2013年1月、5月、8月，振华公司废气排放均能达标。2013年11月、2014年1月、5月、6月、11月，2015年2月排放二氧化硫、氮氧化物及烟粉尘存在超标排放情况。

德州市环境保护局分别于2013年12月、2014年9月、2014年11月、

2015年2月对振华公司进行行政处罚，处罚数额均为10万元。

2014年12月，山东省环境保护厅对其进行行政处罚，处罚数额10万元。

2015年3月23日，德州市环境保护局责令振华公司立即停产整治，2015年4月1日之前全部停产，停止超标排放废气污染物。

2015年3月24日，原告中华环保联合会提起诉讼。2015年3月27日，振华公司生产线全部放水停产，并于德城区天衢工业园以北养马村新选厂址，原厂区准备搬迁。

原告中华环保联合会起诉称，振华公司原有三条浮法玻璃生产线，1#线已于2011年全面停产，2#线、3#线因玻璃生产特殊工艺要求及冬季供暖，一直继续生产，振华公司虽已投入资金建设了两线脱硫除尘设施，但2#线、3#线两个烟囱向大气长期超标外排放污染物，造成了严重的大气污染，严重影响了周围居民生活，被环境保护主管部门多次处罚后仍未整改，继续超标向大气排放污染物。据此，原告请求法院判令：（1）被告立即停止超标向大气排放污染物，增设大气污染防治设施，经环境保护行政主管部门验收合格并投入使用后方可进行生产经营活动；（2）被告赔偿因超标排放污染物造成的损失2746万元（按照被告大气污染防治设施投入及运营的成本计算得出）；（3）被告赔偿因拒不改正超标排放污染物行为造成的损失780万元（以10万为基数，自2015年1月1日开始暂计算至2015年3月19日）；（4）被告在省级及以上媒体向社会公开赔礼道歉；（5）本案诉讼、检验、鉴定、专家证人、律师及诉讼支出的费用由被告承担。上述第二、三项诉讼请求中的赔偿款项支付至地方政府财政专户，用于德州市大气污染的治理。

被告振华公司答辩称：（1）被告已经停止侵害；（2）原告所诉因果关系难以判定，大气污染是动态的，无法确定大气污染是由被告一家企业造成的；（3）对原告单方作出的鉴定评估意见不认可，原告所诉损害赔偿金额及要求在媒体公开道歉没有事实依据，原告在索赔时应当考虑被告已经实际投入的运营成本；（4）同意原告要求被告将赔偿款项放置专项财政账户的诉讼请求。

2015年12月，原告中华环保联合会与环境保护部环境规划院订立技术咨询合同，委托其对振华公司排放大气污染物致使公私财产遭受损失的数额，包括污染行为直接造成的财产损坏、减少的实际价值，以及为防止污染扩大、消除污染而采取必要合理措施所产生的费用进行鉴定。

2016年5月，环境保护部环境规划院环境风险与损害鉴定评估研究中心根据已经双方质证的证据作出评估意见，鉴定结果为：振华公司位于德州市德城区市区内，周围多为居民小区，原有浮法玻璃生产线三条，1#浮法玻璃生产线已于2011年10月全面停产，2#生产线600t/d优质超厚玻璃生产线和3#生产线400t/d高档优质汽车玻璃原片生产线仍在生产。（1）污染物性质，主要为烟粉尘、二氧化硫和氮氧化物。根据《德州晶华集团振华有限公司关于落实整改工作的情况汇报》有关资料显示：截至2015年3月17日，振华公司浮法二线未安装或未运行脱硫和脱硝治理设施；浮法三线除尘、脱硫设施已于2014年9月投入运行；（2）污染物超标排放时段的确认，二氧化硫超标排放时段为2014年6月10日~2014年8月17日，共计68天，氮氧化物超标排放时段为2013年11月5日~2014年6月23日、2014年10月22日~2015年1月27日，共计327天，烟粉尘超标排放时段为2013年11月5日~2014年6月23日，共计230天；（3）污染物排放量，在鉴定时段内，由于企业未安装脱硫设施造成二氧化硫全部直接排放进入大气的超标排放量为255吨，由于企业未安装脱硝设施造成氮氧化物全部直接排放进入大气的排放量为589吨，由于企业未安装除尘设施或除尘设施处理能力不够造成烟粉尘部分直接排放进入大气的排放量为19吨；（4）单位污染物处理成本，根据数据库资料，二氧化硫单位治理成本为0.56万元/吨，氮氧化物单位治理成本为0.68万元/吨，烟粉尘单位治理成本为0.33万元/吨；（5）虚拟治理成本，根据《环境空气质量标准》《环境损害鉴定评估推荐方法（第Ⅱ版）》《突发环境事件应急处置阶段环境损害评估技术规范》，本案项目处环境功能二类区，生态环境损害数额为虚拟治理成本的3~5倍，本报告取参数5，二氧化硫虚拟治理成本共计713万元，氮氧化物虚拟治理成本2002万元，烟粉尘虚拟治理成本31万元；鉴定结论，被告企业在鉴定期间超标向空气排放二氧化硫共计255吨、氮氧化物共计589吨、烟粉尘共计19吨，单位治理成本分别按0.56万元/吨、0.68万元/吨、0.33万元/吨计算，虚拟治理成本分别为713万元、2002万元、31万元，共计2746万元。

被告振华公司称：其曾分别与德州峰骋液压机械有限公司、张家港市锦明环保工程装备有限公司、德州海山水电暖设备安装有限公司等公司订立施工合同或购销合同，就2#生产线、3#生产线脱硫除尘项目供货、施工、安装、制作等进行了约定，各合同约定价款总计为1815万元，被告振华公司要求将此费用从赔偿数额中扣除。

庭审时，环境保护部环境规划院专家吴某出庭，就二氧化硫、氮氧化物、烟粉尘超标排放给大气造成的损害、污染物排放时间、污染物排放量、单位治理成本、虚拟治理成本、生态损害赔偿数额的确定以及被告投入运营设备是否会对虚拟治理成本产生影响提出专家意见。专家吴某认为，二氧化硫、氮氧化物以及烟粉尘是酸雨的前导物，超标排放肯定会对财产及人身造成损害，进而对生态环境造成损害，使大气环境的生态服务价值功能受到损害，影响大气环境的清洁程度和生态服务价值功能；因被告单位项目区域周围多为居民社区、属于环境保护域内保护的敏感点，按照环境损害评估推荐方法虚拟治理成本可取3～5倍，可取较高值为参数5；被告已经投入的运营设备对虚拟治理成本的计算不会产生影响，且虚拟治理成本中不包含惩罚性赔偿因素。

原告支付技术咨询合同费用10万元并提供票据；原告与山东康桥律师事务所于2016年4月20日订立委托代理合同，约定按照诉讼标的2746万元计算代理费，为436 100元，但未提交交款凭证或发票，原告亦承认至开庭之日该费用未发生；原告主张为诉讼支出交通住宿等费用1万元，但未提交支付凭证。

原告中华环保联合会于2005年4月22日经民政部登记注册，业务范围：包括开展环境领域公众参与、社会监督，多渠道多角度为环境领域公众参与和社会监督创造条件，构建环境领域公众参与和社会监督的平台等多项与环境保护公益活动有关的业务范围。同时，原告提交了经民政部年度检查，2009年度合格、2010年度合格、2011年度基本合格、2012年度基本合格、2013年度合格，并声明自成立以来无违法记录。

本案证据有：中华环保联合会章程、声明、2009～2013年度报告书、振华公司 600t/d 优质超厚玻璃生产线项目环境影响评价报告表及审批意见、振华公司高档优质汽车玻璃原片项目环境影响报告表及审批意见、振华公司 600t/d 优质超厚玻璃生产线项目及天然气替代重油燃烧节能改造工程竣工环境保护验收监测表及审批意见、振华公司高档优质汽车玻璃原片项目竣工环境保护验收监测报告表及验收的批复、振华公司废气监测报告、德州市环境保护局行政处罚决定书、技术咨询合同、鉴定评估意见、合同、调查笔录、庭前会议笔录、勘验笔录及开庭笔录。

三、处理结果

被告德州晶华集团振华有限公司于本判决生效之日起 30 日内赔偿因超标排放污染物造成的损失 2198.36 万元，支付至德州市专项基金账户，用于德州市大气环境质量修复；被告德州晶华集团振华有限公司在省级以上媒体向社会公开赔礼道歉；被告德州晶华集团振华有限公司于本判决生效之日起 10 日内支付原告中华环保联合会所支出的评估费 10 万元；驳回原告中华环保联合会其他诉讼请求。

四、点评解析

（一）本案原告、被告主体是否适格

2015 年 1 月 1 日实施的《环境保护法》第 58 条规定，对污染环境、破坏生态、损害社会公共利益的行为，符合下列条件的社会组织可以向人民法院提起诉讼：（1）依法在设区的市级以上人民政府民政部门登记；（2）专门从事环境保护公益活动连续五年以上且无违法记录。

原告中华环保联合会系 2005 年 4 月 22 日在民政部登记成立的社会组织，自登记之日至本案起诉之日成立满五年，从事环境保护公益活动满五年，并无违法记录，且被告振华公司对原告作为环保公益组织提起本案诉讼亦无异议。因此，原告中华环保联合会是本案的适格主体。

关于被告主体问题，根据《最高人民法院关于审理环境民事公益诉讼案件适用法律若干问题的解释》第 1 条规定，"法律规定的机关和有关组织依据民事诉讼法第五十五条、环境保护法第五十八条等法律的规定,对已经损害社会公共利益或者具有损害社会公共利益重大风险的污染环境、破坏生态的行为提起诉讼,符合民事诉讼法第一百一十九条第二项、第三项、第四项规定的,人民法院应予受理。"第18条规定,"对污染环境、破坏生态,已经损害社会公共利益或者具有损害社会公共利益重大风险的行为,原告可以请求被告承担停止侵害、排除妨碍、消除危险、恢复原状、赔偿损失、赔礼道歉等民事责任"。被告振华公司超量排放的二氧化硫、氮氧化物、烟粉尘会影响大气的服务价值功能。其中,二氧化硫、氮氧化物是酸雨的前导物,超量排放可致酸雨从而造成财产及人身损害,烟粉尘的超量排放将影响大气能见度及清洁度,亦会造成财产及人身损害。被告振华公司自2013年11月起,多次超标向大气排放二氧化硫、氮氧化物、烟粉尘等污染物,经环境保护行政管理部门多次行政处罚仍未改正,其行为属于法律规定的"具有损害社会公共利益重大风险的行为",故被告振华公司是本案的适格被告。

(二)被告振华公司应承担何种民事责任,损害赔偿数额如何计算

根据《最高人民法院关于审理环境民事公益诉讼案件适用法律若干问题的解释》第18条的规定,环境民事公益诉讼案件承担责任的方式包括六种:停止侵害、排除妨碍、消除危险、恢复原状、赔偿损失、赔礼道歉。被告振华公司已于2015年3月27日停产,可认定为已经停止侵害。优良的环境可以成为人的精神活动的对象,被告振华公司超标向大气排放污染物,其行为侵害了社会公共的精神性环境权益,应当承担赔礼道歉的民事责任。而对于关于原告中华环保联合会请求"增设大气污染防治设施,经环境保护行政主管部门验收合格并投入使用后方可进行生产经营活动"的诉讼请求,该项诉讼请求不属于上述方式中的任何一种,且被告已经停止侵害。因此,该请求不予支持。

关于赔偿损失。环境保护部环境规划院进行鉴定评估,经评估,二氧化硫单位治理成本为0.56万元/吨,超标排放255吨,虚拟治理成本为142.8万元(0.56万元/吨×255吨);氮氧化物单位治理成本为0.68万元/吨,超

标排放 589 吨，虚拟治理成本 400.52 万元（0.68 万元/吨×589 吨）；烟粉尘单位治理成本为 0.33 万元/吨，超标排放 19 吨，虚拟治理成本 6.27 万元（0.33 万元/吨×19 吨）。该鉴定评估报告虽系单方委托作出，评估机构具有法定资质，评估事项与待证事实有关，评估依据均已经过原告、被告双方的质证，具备证据的真实性、客观性、关联性，且被告振华公司未举出相反证据推翻该鉴定评估报告，所以该报告可以作为认定事实的依据。

根据德州市环境保护局《关于德州晶华集团振华有限公司高档优质汽车玻璃原片项目环境影响评价执行标准的意见》《环境空气质量标准》（GB3095 - 2012）、《环境损害鉴定评估推荐方法（第Ⅱ版）》、《突发环境事件应急处置阶段环境损害评估技术规范》的规定，利用虚拟治理成本法计算得到的环境损害可以作为生态环境损害赔偿的依据，被告振华公司所在区域为空气功能区为二类，按照规定，环境空气二类区生态损害数额为虚拟治理成本的 3~5 倍，法院酌情按虚拟治理成本的 4 倍计算生态损害数额，即 2198.36 万元（142.8 万元×4 + 400.52 万元×4 + 6.27 万元×4）。

《侵权责任法》第 66 条规定，因污染环境发生纠纷，污染者应当就法律规定的不承担责任或者减轻责任的情形及其行为与损害之间不存在因果关系承担举证责任。被告振华公司主张因其已投入脱硫设备，运营成本 1815 万元，应当据此减轻责任。但是，鉴定评估报告是对被告振华公司现有脱硫、除尘设备予以确认的情况下对污染物超标排放量及治理成本进行了认定，故对被告振华公司该项抗辩本院不予认可。

关于原告中华环保联合会要求被告振华公司赔偿因超标排放污染物造成的损失 780 万元。原告中华环保联合会该项诉讼请求的依据是《大气污染防治法》第 99 条及《环境保护法》第 59 条，该两条规定的是行政处罚而非民事责任，且《最高人民法院关于审理环境民事公益诉讼案件适用法律若干问题的解释》中并未规定惩罚性赔偿，故原告中华环保联合会该项诉讼请求法院不予支持。

关于评估费用、律师费以及为诉讼支出的其他合理费用问题。根据环境民事公益诉讼司法解释第 22 条规定，原告请求被告承担检验、鉴定费用，合理的律师费以及为诉讼支出的其他合理费用的，人民法院可以予以支持。原告中华环保联合会主张律师费 40 万元及其他诉讼支出费用 1 万元，未提交支付凭证，所以法院不予支持。对其主张的评估费用 10 万元属于合理支出应当予以赔偿。

五、实务提示

1. 怎样准确确定公益诉讼中的被告？
2. 哪些属于能够追究被告相关负责人污染环境罪的情形？

六、法条链接

■《中华人民共和国环境保护法》【2015 年】

第五十八条 对污染环境、破坏生态，损害社会公共利益的行为，符合下列条件的社会组织可以向人民法院提起诉讼：

（一）依法在设区的市级以上人民政府民政部门登记；

（二）专门从事环境保护公益活动连续五年以上且无违法记录。

符合前款规定的社会组织向人民法院提起诉讼，人民法院应当依法受理。

提起诉讼的社会组织不得通过诉讼牟取经济利益。

■《最高人民法院关于审理环境民事公益诉讼案件适用法律若干问题的解释》【2015】

第一条 法律规定的机关和有关组织依据民事诉讼法第五十五条、环境保护法第五十八条等法律的规定，对已经损害社会公共利益或者具有损害社会公共利益重大风险的污染环境、破坏生态的行为提起诉讼，符合民事诉讼法第一百一十九条第二项、第三项、第四项规定的，人民法院应予受理。

第二条 依照法律、法规的规定，在设区的市级以上人民政府民政部门登记的社会团体、民办非企业单位以及基金会等，可以认定为环境保护法第五十八条规定的社会组织。

第四条 社会组织章程确定的宗旨和主要业务范围是维护社会公共利益，且从事环境保护公益活动的，可以认定为环境保护法第五十八条规定的"专门从事环境保护公益活动"。

社会组织提起的诉讼所涉及的社会公共利益,应与其宗旨和业务范围具有关联性。

第五条 社会组织在提起诉讼前五年内未因从事业务活动违反法律、法规的规定受过行政、刑事处罚的,可以认定为环境保护法第五十八条规定的"无违法记录"。

第十八条 对污染环境、破坏生态,已经损害社会公共利益或者具有损害社会公共利益重大风险的行为,原告可以请求被告承担停止侵害、排除妨碍、消除危险、恢复原状、赔偿损失、赔礼道歉等民事责任。

第二十二条 原告请求被告承担检验、鉴定费用,合理的律师费以及为诉讼支出的其他合理费用的,人民法院可以依法予以支持。

■《中华人民共和国民事诉讼法》【2013年】

第一百一十九条 起诉必须符合下列条件:

(一) 原告是与本案有直接利害关系的公民、法人和其他组织;

(二) 有明确的被告;

(三) 有具体的诉讼请求和事实、理由;

(四) 属于人民法院受理民事诉讼的范围和受诉人民法院管辖。

■《中华人民共和国侵权责任法》【2010年】

第十五条 承担侵权责任的方式主要有:

(一) 停止侵害;

(二) 排除妨碍;

(三) 消除危险;

(四) 返还财产;

(五) 恢复原状;

(六) 赔偿损失;

(七) 赔礼道歉;

(八) 消除影响、恢复名誉。

以上承担侵权责任的方式,可以单独适用,也可以合并适用。

第六十六条 因污染环境发生纠纷,污染者应当就法律规定的不承担责任或者减轻责任的情形及其行为与损害之间不存在因果关系承担举证责任。

■《中华人民共和国大气污染防治法》【2016年】

第九十九条　违反本法规定，有下列行为之一的，由县级以上人民政府环境保护主管部门责令改正或者限制生产、停产整治，并处十万元以上一百万元以下的罚款；情节严重的，报经有批准权的人民政府批准，责令停业、关闭：

（一）未依法取得排污许可证排放大气污染物的；

（二）超过大气污染物排放标准或者超过重点大气污染物排放总量控制指标排放大气污染物的；

（三）通过逃避监管的方式排放大气污染物的。

案例四十九

中华环保联合会等
诉定扒造纸厂水污染侵权公益诉讼案

一、当事人概况

原告：中华环保联合会、贵阳公众环境教育中心

被告：贵阳市乌当区定扒造纸厂

二、基本案情

被告贵阳市乌当区定扒造纸厂（以下简称定扒造纸厂）位于贵阳市南明河下游河边，始建于1993年，经过几次改造，至2004年，设计年生产能力达6000吨。根据环保技改要求，被告应做到全部生产废水回收利用（即废水的零排放），废气应达标排放。被告住所地环保部门给被告颁发的排污许可证也记载：允许排放的污染物仅为二氧化硫、烟尘，不包含废水的排放。而被告并未按环保部门要求严格对废水进行处理、回收利用，而仅是修建了总储量约800立方米的两个水池，将生产废水抽入水池沉淀。

自2003年起，被告就因经常将生产废水偷偷排入南明河或超标排放锅炉废气，多次受到当地环保部门处罚并对其作出限期整改决定；2003年11月，被告向南明河排放生产污水被环保部门限期整改；2004年3月，因循环水池渗漏及锅炉除硫设施未使用被环保部门处罚1000元；2005年3月，被告再次因将废水排入南明河被环保部门处以9000元罚款。被告因此向环保部门承诺：如果今后有污水直接排入南明河的情况发生，将自行关闭工厂，以此保证工业污水的零排放。

被告在受到上述行政处罚之后仍未遵守其承诺，依旧向南明河排放大量废水。2010年10月18日，原告中华环保联合会接到贵阳市乌当区群众投诉，称定扒造纸厂将生产废水排放到南明河，导致南明河受到污染，希望中华环

保联合会进行监督,消除污染。10月30日,原告安排人员进行实地调查发现,被告厂区位于贵阳市的母亲河南明河的旁边,当天白天该厂正常生产,未见向南明河排放生产废水。晚7时开始,发现该厂通过位于厂区和南明河之间的溶洞排放大量的生产废水,现场气味刺鼻,南明河上有大量泡沫。次日(31日)凌晨6时,发现该厂仍通过溶洞向南明河大量排污,污染产生的大量泡沫与上游流入的南明河水汇合,形成一条长长的污染带。

原告中华环保联合会是经过民政部登记的社会团体法人,业务主管单位为环境保护部,业务范围为组织开展环境论坛、法律援助、宣传教育、国际国内交流合作开发咨询业务。

贵阳公众环境教育中心为经过贵阳市民政局登记的民办非企业单位,业务主管为贵阳市环保局,业务范围为开展各种形式的公众环境教育研究、学术交流等活动,通过开展公众环境教育,在城乡倡行低碳生活,向社会公众传播生态文明理念,促进市民环境意识的成长,促进生态文明建设繁荣发展。

原告认为被告的行为已违反环境保护法和水污染防治法的相关规定,不仅在没有排放污水许可的情况下偷排污水,且偷排的污水还大大超过国家允许排放的标准,严重地污染了南明河,侵害了贵阳市民的公共环境利益,遂代表环境公共利益起诉至法院。

经法院委托贵阳市环境中心监测站对被告排放的废水取样检测,废水中氨氮含量为8.2毫克/升,化学需氧量为967毫克/升,色度为200倍,生化需氧量330毫克/升,均严重超过国家允许的排放标准,而其排污口下游的南明河水属劣五类水质。法院委托了贵阳市环境监测中心站对涉案污水进行采样并检测,产生相关检测费用1500元。经原告申请,该费用已由贵阳市两湖一库基金会从环境公益诉讼援助基金中先行垫付。原告中华环保联合会为提起环境公益诉讼,支付了律师费10 000元。

上述事实有下列证据证明。

1. 原告提供的证据

(1)社团法人登记证、民办非企业单位登记证。(2)2010年10月30日,原告在定扒村南明河边所拍摄的照片2张及当日被告偷排污水录像。(3)部分报道。(4)被告2006~2009年工商登记年检报告。(5)发票、缴款书。

2. 法院根据原告申请调取及保全的证据

（1）法官及技术人员在被告法定代表人吕某某的参与下取样、吕某某指认排污口、污水池等照片。（2）溶洞内污水管排污视频。（3）法院证据保全笔录及送达笔录。（4）水样检测分析报告。（5）被告1991年建厂时环评报告、2001年技改批复、环评报告及验收申请表。（6）被告排污许可证。（7）乌当区环保局对被告的处罚材料。（8）被告2008年~2010年11月缴纳增值税的情况。

3. 被告提供的证据

定扒造纸厂营业执照、组织机构代码证、排污许可证。

三、处理结果

被告定扒造纸厂立即停止向南明河排放污水，消除对南明河产生的危害，并承担原告合理支出的律师费用及贵阳市两湖一库基金会垫付的检测费用。

四、点评解析

（一）两原告是否具备提起本案诉讼的主体资格

2015年1月1日实施的《环境保护法》第58条规定，对污染环境、破坏生态、损害社会公共利益的行为，符合下列条件的社会组织可以向人民法院提起诉讼：（1）依法在设区的市级以上人民政府民政部门登记；（2）专门从事环境保护公益活动连续五年以上且无违法记录。符合前款规定的社会组织向人民法院提起诉讼，人民法院应当依法受理。提起诉讼的社会组织不得通过诉讼牟取经济利益。本案两原告中华环保联合会及贵阳公众环境教育中心都是通过合法登记的环保组织，具有提起环境公益诉讼的主体资格。但是，本案发生在2015年以前，法院依据《贵阳市促进生态文明建设条例》第23条的规定"检察机关、环境保护管理机构、环保公益组织为了环境公共利益，可以依照法律对污染环境、破坏资源的行为提起诉讼，要求有关责任主体承担停止侵害、排除妨碍、消除危险、恢复原状等责任"。

《最高人民法院关于审理环境民事公益诉讼案件适用法律若干问题的解释》第2条规定,依照法律、法规的规定,在设区的市级以上人民政府民政部门登记的社会团体、民办非企业单位以及基金会等,可以认定为环境保护法第58条规定的社会组织。同时,该解释第4条规定,社会组织章程确定的宗旨和主要业务范围是维护社会公共利益,且从事环境保护公益活动的,可以认定为《环境保护法》第58条规定的"专门从事环境保护公益活动"。

本案南明河受到了严重的污染,严重损害了贵阳市民的公共环境利益。在公共利益受到侵害而又没有具体受害人提起诉讼之时,两原告就受到侵害的公众环境利益提起环境公益诉讼,是依照法律法规规定行使监督、控告权的一种方式,充分体现了我国环保组织、团体正以实际行动参与环境管理、监督环境法的实施、推进环境保护,并发挥积极的作用。

(二)本案判决是否正确、被告的辩解是否成立

根据《水污染防治法》第20条第1款"国家实行排污许可制度",该条第3款"禁止企业事业单位无排污许可证或者违反排污许可证的规定向水体排放前款规定的废水、污水"之规定,企业排污应当取得排污许可证,按照排污许可证记载的排污项目进行排污,而被告贵阳市乌当区定扒造纸厂所取得的排污许可证载明,其能够排放的污染物仅为二氧化硫、烟尘等,不包含废水,即其不能向外排放生产废水。而其却采取白天储存,夜间偷排的方式,利用溶洞向南明河排放工业废水,经检测,被告排放的工业废水中化学需氧量、生化需氧量、色度等指标严重超标,从直观上、实质上都对南明河产生了污染,危害了公共利益,因此,被告的行为违反了《水污染防治法》第20条第1款、第3款及第22条第2款"禁止私设暗管或者采取其他规避监管的方式排放水污染物"之规定。

同时,《环境保护法》第42条第1款规定,排放污染物的企业事业单位和其他生产经营者,应当采取措施,防治在生产建设或者其他活动中产生的废气、废水、废渣、医疗废物、粉尘、恶臭气体、放射性物质以及噪声、振动、光辐射、电磁辐射等对环境的污染和危害。该条第4款规定,严禁通过暗管、渗井、渗坑、灌注或者篡改、伪造监测数据,或者不正常运行防治污

染设施等逃避监管的方式违法排放污染物。

被告辩称其系因设备损坏才导致污水外排，理由明显不能成立。设备损坏应当在合理期限内修复，不可能持续向外排污。而从本案的证据看，被告因多次违法排放污水被行政机关处罚，就本次诉讼而言，原告2010年10月18日就接到被告违法排污的投诉；在10月30日原告取证时被告仍在向南明河排放污水，而且采取逃避监管的方式偷排。其违法排污显然是主动的、连续性的行为而非其所称的设备损坏所致，被告曾多次因违反规定排放工业废水、废气被行政处罚，却仍对事件的严重性置若罔闻，持续向南明河排污，严重污染南明河水质，使环境公共利益受到严重侵害。

根据《侵权责任法》第65条、第15条的规定，被告应当承担侵权民事责任，立即停止排放污水、消除对南明河产生的危害。同时，根据《最高人民法院关于审理环境民事公益诉讼案件适用法律若干问题的解释》第18条、第22条的规定，法院支持原告的诉讼请求符合法律规定。因此，本案判决是正确。

五、实务提示

1. 提起公益诉讼的条件是什么？
2. 本案的被告是否构成污染环境罪？

六、法条链接

■《中华人民共和国环境保护法》【2015年】

第六条 一切单位和个人都有保护环境的义务。

地方各级人民政府应当对本行政区域的环境质量负责。

企业事业单位和其他生产经营者应当防止、减少环境污染和生态破坏，对所造成的损害依法承担责任。

公民应当增强环境保护意识，采取低碳、节俭的生活方式，自觉履行环境保护义务。

第四十一条 建设项目中防治污染的设施，应当与主体工程同时设计、同时施工、同时投产使用。防治污染的设施应当符合经批准的环境影响评价文件的要求，不得擅自拆除或者闲置。

第四十二条　排放污染物的企业事业单位和其他生产经营者，应当采取措施，防治在生产建设或者其他活动中产生的废气、废水、废渣、医疗废物、粉尘、恶臭气体、放射性物质以及噪声、振动、光辐射、电磁辐射等对环境的污染和危害。

排放污染物的企业事业单位，应当建立环境保护责任制度，明确单位负责人和相关人员的责任。

重点排污单位应当按照国家有关规定和监测规范安装使用监测设备，保证监测设备正常运行，保存原始监测记录。

严禁通过暗管、渗井、渗坑、灌注或者篡改、伪造监测数据，或者不正常运行防治污染设施等逃避监管的方式违法排放污染物。

第五十八条　对污染环境、破坏生态，损害社会公共利益的行为，符合下列条件的社会组织可以向人民法院提起诉讼：

（一）依法在设区的市级以上人民政府民政部门登记；

（二）专门从事环境保护公益活动连续五年以上且无违法记录。

符合前款规定的社会组织向人民法院提起诉讼，人民法院应当依法受理。

提起诉讼的社会组织不得通过诉讼牟取经济利益。

■《中华人民共和国环境保护法》（1989年旧法）

第六条　一切单位和个人都有保护环境的义务，并有权对污染和破坏环境的单位和个人进行检举和控告。

第二十六条　建设项目中防治污染的设施，必须与主体工程同时设计、同时施工、同时投产使用。防治污染的设施必须经原审批环境影响报告书的环境保护行政主管部门验收合格后，该建设项目方可投入生产或者使用。

防治污染的设施不得擅自拆除或者闲置，确有必要拆除或者闲置的，必须征得所在地的环境保护行政主管部门同意。

■《贵阳市促进生态文明建设条例》【2010】

第二十三条　检察机关、环境保护管理机构、环保公益组织为了环境公共利益，可以依照法律对污染环境、破坏资源的行为提起诉讼，要求有关责任主体承担停止侵害、排除妨碍、消除危险、恢复原状等责任。

检察机关、环保公益组织为了环境公共利益，可以依照法律对涉及环境资源的具体行政行为和行政不作为提起诉讼，要求有关行政机关履行有利于保护环境防止污染的行政管理职责。

■《中华人民共和国水污染防治法》【2008 年】

第二十条　国家实行排污许可制度。直接或者间接向水体排放工业废水和医疗污水以及其他按照规定应当取得排污许可证方可排放的废水、污水的企业事业单位，应当取得排污许可证；城镇污水集中处理设施的运营单位，也应当取得排污许可证。排污许可的具体办法和实施步骤由国务院规定。

禁止企业事业单位无排污许可证或者违反排污许可证的规定向水体排放前款规定的废水、污水。

第二十二条　向水体排放污染物的企业事业单位和个体工商户，应当按照法律、行政法规和国务院环境保护主管部门的规定设置排污口；在江河、湖泊设置排污口的，还应当遵守国务院水行政主管部门的规定。

禁止私设暗管或者采取其他规避监管的方式排放水污染物。

■《最高人民法院关于审理环境民事公益诉讼案件适用法律若干问题的解释》【2015】

第二条　依照法律、法规的规定，在设区的市级以上人民政府民政部门登记的社会团体、民办非企业单位以及基金会等，可以认定为环境保护法第五十八条规定的社会组织。

第四条　社会组织章程确定的宗旨和主要业务范围是维护社会公共利益，且从事环境保护公益活动的，可以认定为环境保护法第五十八条规定的"专门从事环境保护公益活动"。

社会组织提起的诉讼所涉及的社会公共利益，应与其宗旨和业务范围具有关联性。

第六条　社会组织在提起诉讼前五年内未因从事业务活动违反法律、法规的规定受过行政、刑事处罚的，可以认定为环境保护法第五十八条规定的"无违法记录"。

第十八条　对污染环境、破坏生态，已经损害社会公共利益或者具有损害社会公共利益重大风险的行为，原告可以请求被告承担停止侵害、排除妨碍、消除危险、恢复原状、赔偿损失、赔礼道歉等民事责任。

第二十二条　原告请求被告承担检验、鉴定费用，合理的律师费以及为诉讼支出的其他合理费用的，人民法院可以依法予以支持。

■《中华人民共和国侵权责任法》【2010年】

第十五条　承担侵权责任的方式主要有：

（一）停止侵害；

（二）排除妨碍；

（三）消除危险；

（四）返还财产；

（五）恢复原状；

（六）赔偿损失；

（七）赔礼道歉；

（八）消除影响、恢复名誉。

以上承担侵权责任的方式，可以单独适用，也可以合并适用。

第六十五条　因污染环境造成损害的，污染者应当承担侵权责任。

案例五十

贵州锦屏县人民检察院诉锦屏县环境保护局公益诉讼案

一、当事人概况

原告：贵州省锦屏县人民检察院

被告：贵州省锦屏县环保局

二、基本案情

2014年8月，贵州省锦屏县人民检察院（以下简称县检察院）向锦屏县环保局（以下简称县环保局）发出检察建议书，就其所发现的雄军公司、鸿发公司等7家石材加工企业在该局下达环境违法行为限期改正通知书后，仍未建设完成环保设施并擅自开工，建议县环保局及时加强督促与检查，确保上述企业按期完成整改。其后于2015年4月再次向该局发出两份检察建议书。但该县环保局既不予以回复，也未履行监管职责。

在2015年7月和10月的走访中，县检察院发现有关企业仍存在环境违法行为，国家和社会公共利益持续处于受侵害的状态。为此，贵州省检察院委托贵州大学资源与环境工程学院的两位专家前往污染发生地进行现场调查，经过取样检测，形成专家意见书。专家建议："停止污水排放、及时清理沉淀池、优化升级现有处理设施、落实监督管理，确保处理设施正常运行，对难以达标排放的实行关停，以有效保护清水江水体水质和水生生态系统，避免污染扩大及环境恶化。"县检察院根据《全国人民代表大会常务委员会关于授权最高人民检察院在部分地区开展公益诉讼试点工作的决定》《检察机关提起公益诉讼试点方案》以及贵州省高级人民法院《关于环境保护案件指定集中管辖的规定（试行）》的规定。同年12月18日，县检察院以县环保局为被告提起行政公益诉讼，请求法院确认该局怠于履行监管职责行为违法，并判令该局对雄军、鸿发两公司进行处罚。

被告县环保局辩称，2014年8月该局在专项执法检查中，发现鸿发、雄军等7家石材生产企业存在未建设污染防护措施，遂对7家企业下达了限期改正通知书，责令停止生产，于2014年9月30日前完成污染防治建设，并报请验收合格后，方能投入使用。同年11月11日，该局再次对鸿发、雄军石材进行执法检查，发现二石材场虽然建有排污设施，但未经环保部门验收，主体工程已投入使用，同日向二石材场下达了《责令改正违法行为决定书》，责令立即停止生产。此举说明已依法履行了监管义务。

县检察院提起公益诉讼后，迅速引起了当地党委、政府的高度重视，锦屏县人民政府责成县环保局立即采取措施，通过该县环保、国土等相关职能部门联合执法，于2015年12月31日对涉事所有企业采取了关停措施。县检察院当庭认可，并据此提出撤回第二项诉请。法院予以准许。

三、处理结果

被告县环境保护局在2014年8月5日至2015年12月31日对有关企业违法生产的行为怠于履行监管职责的行为违法。

四、点评解析

（一）原告是否具备提起本案诉讼的主体资格

关于环境公益诉讼中，环保公益组织提起诉讼的情况比较多，而且有明确的法律依据。关于县检察院提起公益诉讼部分地方性法律、法规有相关的规定，同时2015年7月1日，第十二届全国人民代表大会常务委员会第十五次会议决定：授权最高人民检察院在生态环境和资源保护、国有资产保护、国有土地使用权出让、食品药品安全等领域开展提起公益诉讼试点。为了纠正行政机关在环保案件中屡屡不作为的弊病，十八届四中全会提出，检察机关在履行职责中发现行政机关违法行使职权或者不行使职权的行为，应该督促其纠正，探索建立检察机关提起公益诉讼制度。本案即是人民法院首例审结的检察机关提起的公益诉讼案件。

（二）被告的行为是否违法

《环境保护法》第 10 条规定，县级以上地方人民政府环境保护主管部门，对本行政区域环境保护工作实施统一监督管理。被告县环保局作为锦屏县境内石材加工企业环评登记的审批机关，应当对企业生产建设过程中是否存在环境违法行为进行管理和监督。对企业环境违法行为应当依法立案查处。被告虽先后对鸿发、雄军等公司作出限期改正通知书和行政处罚，但由于之后未及时履行监管责任，致使有关企业违法生产至 2015 年 12 月 31 日。被告怠于履行监管职责的行为是违法的。

五、实务提示

1. 确认被告违法的后果是什么？
2. 环保行政机关如何有效地监督行政处罚的执行？

六、法条链接

■《中华人民共和国环境保护法》【2015 年】

第十条　国务院环境保护主管部门，对全国环境保护工作实施统一监督管理；县级以上地方人民政府环境保护主管部门，对本行政区域环境保护工作实施统一监督管理。

县级以上人民政府有关部门和军队环境保护部门，依照有关法律的规定对资源保护和污染防治等环境保护工作实施监督管理。

【旧法第七条，已作修改】

《中华人民共和国环境保护法》【1989 年旧法】

第七条　国务院环境保护行政主管部门，对全国环境保护工作实施统一监督管理。

县级以上地方人民政府环境保护行政主管部门，对本辖区的环境保护工作实施统一监督管理。

国家海洋行政主管部门、港务监督、渔政渔港监督、军队环境保护部门和各级公安、交通、铁道、民航管理部门，依照有关法律的规定对环境污染防治实施监督管理。

县级以上人民政府的土地、矿产、林业、农业、水利行政主管部门，依照有关法律的规定对资源的保护实施监督管理。

■《全国人民代表大会常务委员会关于授权最高人民检察院在部分地区开展公益诉讼试点工作的决定》

（2015年7月1日第十二届全国人民代表大会常务委员会第十五次会议通过）

为加强对国家利益和社会公共利益的保护，第十二届全国人民代表大会常务委员会第十五次会议决定：授权最高人民检察院在生态环境和资源保护、国有资产保护、国有土地使用权出让、食品药品安全等领域开展提起公益诉讼试点。试点地区确定为北京、内蒙古、吉林、江苏、安徽、福建、山东、湖北、广东、贵州、云南、陕西、甘肃十三个省、自治区、直辖市。人民法院应当依法审理人民检察院提起的公益诉讼案件。试点工作必须坚持党的领导、人民当家作主和依法治国的有机统一，充分发挥法律监督、司法审判职能作用，促进依法行政、严格执法，维护宪法法律权威，维护社会公平正义，维护国家利益和社会公共利益。试点工作应当稳妥有序，遵循相关诉讼制度的原则。提起公益诉讼前，人民检察院应当依法督促行政机关纠正违法行政行为、履行法定职责，或者督促、支持法律规定的机关和有关组织提起公益诉讼。本决定的实施办法由最高人民法院、最高人民检察院制定，报全国人民代表大会常务委员会备案。试点期限为二年，自本决定公布之日起算。

最高人民法院、最高人民检察院应当加强对试点工作的组织指导和监督检查。试点进行中，最高人民检察院应当就试点情况向全国人民代表大会常务委员会作出中期报告。试点期满后，对实践证明可行的，应当修改完善有关法律。

本决定自公布之日起施行。

■《贵阳市促进生态文明建设条例》【2010年】

第二十三条　检察机关、环境保护管理机构、环保公益组织为了环境公共利益，可以依照法律对污染环境、破坏资源的行为提起诉讼，要求有关责任主体承担停止侵害、排除妨碍、消除危险、恢复原状等责任。

检察机关、环保公益组织为了环境公共利益，可以依照法律对涉及环境资源的具体行政行为和行政不作为提起诉讼，要求有关行政机关履行有利于保护环境防止污染的行政管理职责。

后　记

　　三年前就已经有编写这样一本环境行政执法经典案例精编与解析的想法，但付诸构思和实施亦有一年的时间。在这期间，参与编写的北京市石景山区环境保护局的工作人员和北京首特律师事务所的律师也都抛弃了所有的犹豫，不断地更新和改进。

　　这让我想起了 2016 年 10 月 30 日在山东泰山参加国际马拉松比赛的事，2013 年我患上了腰椎间盘突出症，疼痛难忍，去空军总医院、301 医院等医院觅方，均未见效。后来，在友人的建议下，我于 2015 年开始走路和倒走，从 1 公里走起，在科学指导下坚持不懈，由走到慢跑；由 1 公里跑逐渐到 3 公里、5 公里、10 公里，再到报名参加这次泰山的半马比赛。非常幸运的是，这次国际马拉松比赛，不但是我人生中的第一次马拉松，还是首届"西政杯"中国法律人马拉松邀请赛；不但增添了自己的信心，而且还收获了友谊。

　　作为一名法律人，不但对自己充满信心，而且对我国的依法治国充满信心，对我国的环境建设、生态文明建设亦充满信心。2016 年环保领域发生了诸多大事，例如，1 月，中央环保督察试点在河北展开；7 月，第一批中央环境保护督察全面启动，对内蒙古、黑龙江、江苏、江西、河南、广西、云南、宁夏等 8 地开展环保督察工作。11 月，第二批中央环保督察对北京、上海、广东、重庆、湖北、陕西、甘肃等 7 地开展环保督察工作。"动真格、硬碰硬"是中央环保督察的特点。通过督察，国家掌握了省级党委和政府贯彻落实国家环境保护决策部署、解决突出环境问题、落实环境保护主体责任情况，推动被督察地区生态文明建设和环境保护工作，促进绿色发展。我有幸接触到了中央环保督察组的一些工作，对其"动真格、硬碰硬"深有感触。12

月，中共中央办公厅、国务院办公厅印发《关于全面推行河长制的意见》明确，到2018年年底我国将全面建立"河长制"。"绿水青山就是金山银山"已成为全社会的共识，全社会保护生态环境的合力正在形成。

人生就是一场马拉松，只要坚持跑在路上，使出自己的洪荒之力，我们早晚都会相见。其实，我国环境保护、生态文明的构建，也是一场马拉松，只要坚持不懈，蓝天白云、青山绿水一定会常伴。

或许，正是这种信念，感动了我国环保领域的著名专家王灿发先生，所以，当我受所有编委人员的委托，请王灿发先生为本书作序，先生欣然应允，令我非常感动。出版社的齐梓伊女士为本书的设计和编撰倾尽心思，还有北京市石景山区环境保护局李元员局长、吴景义副局长等工作人员以及把我带入环保领域并对我律师专业栽培的恩师高金波先生，还有我的家人以及同事、朋友们给予的大力支持，在此一并向你们致谢、感恩！

不忘初心，"大家捋起袖子加油干"！

方富贵

2017年1月22日